AtV DOKUMENT UND ESSAY

Sie gehören zu den Führungskräften in der Wirtschaft, stehen als Politikerinnen ihren Mann, gestalten selbstbewußt ihr persönliches Leben und haben die Patriarchen längst entmachtet. Wahlrecht, Quotenregelungen, Mutterschutz und Erziehungsgeld sind das Instrumentarium, das all dies ermöglicht. So beschreiben Männer, vor allem Politiker, häufig und gern die Welt der Frauen. Der Alltag in der Bundesrepublik und in jedem anderen Land der Erde sieht anders aus: Frauen werden noch immer durch Gesten, Worte und in Bildern diskriminiert, sie werden sexuell belästigt, finanziell ausgebeutet, geprügelt, vergewaltigt. Sie sind Menschen zweiter Klasse und vornehmlich als Objekt männlicher Begierde interessant. Wenn Gewalt Gradmesser für Unterdrückung ist, dann haben viele Frauen auch in unserer industriellen Welt den Status von Sklaven.

Die Täter sind keine kriminellen Psychopathen, ihre Handlungen sind das Ergebnis jahrhundertelang propagierter Männlichkeit und eine Konsequenz gesellschaftlicher Machtstrukturen.

Mit ironischer Distanz zum eigenen Geschlecht stellt Peter B. Heim den Mythos von der „natürlichen" Überlegenheit des Mannes in Frage und ermuntert Frauen, sich vor den Fäusten der Herren zu schützen und für ihre Emanzipation zu kämpfen.

Peter B. Heim, geboren 1947, ging 1967 nach Frankreich, war mehr als ein Jahrzehnt in München in einem großen Konzern beschäftigt, dann Filmemacher, freier Fotograf und Autor. Lebt heute mit seiner Frau und zwei Kindern auf dem bayerischen Land.

Publikationen: Von Macht und Mißbrauch. Marburg 1990, Rechts REPs rechts. Berlin 1990, Von links nach rechts. München 1991.

Peter B. Heim

Women are the Niggers of the World

Über Frauen, Herrenmenschen und Nietzsches Peitsche

Aufbau Taschenbuch Verlag

ISBN 3-7466-7005-5

1. Auflage 1994

Umschlaggestaltung Bert Hülpüsch
Satz LVD GmbH, Berlin
Druck Elsnerdruck, Berlin
Printed in Germany

Inhalt

Für Malina und David

Tag der offenen Tür

Erzählung aus einem Frauenhaus

Die Bühne zeigte sich nur in dem Raum, der freigelassen worden war, ein Stuhl war dort plaziert, ein Garderobenständer, dahinter ein Vorhang. Publikum gab es kaum, vielleicht zwanzig Stühle waren besetzt. Um sich noch schnell etwas zu entspannen, tuschelte es gewaltig zwischen den Reihen, überkreuz und nach hinten wurde gelacht und geredet. Viele der Zuschauer kannten sich.

Es dauerte einige Zeit, bis Ruhe eingekehrt war, als Frau W. den freien Raum betrat, die Bühne. Sie blieb vor dem Vorhang stehen, erst als kein Laut mehr zu hören war, ging sie zu dem Stuhl, setzte sich, als hätte sie einen Schreibtisch vor sich, schrieb also, ordnete, legte ein Blatt von einem Stoß auf einen anderen.

Aus einem Lautsprecher kam das Klingeln eines Telefons, und Frau W. griff nach einem Hörer.

Schon nach den ersten Sätzen war für die Zuschauer begreiflich geworden: die Anruferin suchte Hilfe, war von ihrem Mann geschlagen worden, hatte sich auf die Straße geflüchtet, Angst, zurückzugehen.

Frau W. war also Beraterin in einem Frauenhaus und schilderte die Möglichkeiten, dort vorübergehend einen Platz zu bekommen, empfahl einen Gang zum Arzt und die Begleitung einer Freundin, falls es dem Mann einfallen sollte, sie zu suchen.

Die Frau ließ sich durchs Telefon nur schwer beruhigen, immer wieder mußte Frau W. bestätigen, daß man ihr helfen würde, sie nicht im Stich ließe.

Dann legte Frau W. auf. Sie verließ ihren Platz hinter dem Schreibtisch und verschwand hinter dem Vorhang. Im Zuschauerraum blieb es ruhig.

Frau W. kam wieder auf die Bühne, hielt vor sich mit beiden

Händen einen Stuhl, setzte ihn dem anderen Stuhl gegenüber ab. Frau W. nahm Platz und begann Fragen an den anderen Stuhl zu stellen, wiederholte dabei stets die nicht hörbaren Antworten.

Die Zuschauer erfuhren so, daß eine Frau M. 23 Jahre alt sei, verheiratet seit ihrem 18. Lebensjahr, drei Kinder habe. Er, das war ihre große Liebe gewesen, bei ihm hatte sie sich geborgen gefühlt, weil er so stark gewesen war und so männlich und trotzdem zärtlich, bis sie dann von den Zärtlichkeiten schwanger geworden sei.

Am Anfang habe er sich um das Kind gekümmert, aber dann immer weniger, immer häufiger sei er mit seinen Freunden weggegangen, und dann wäre das zweite Kind gekommen. Viel habe er nicht verdient, also wäre jetzt auch das Geld knapp geworden, und sie hätten sich immer häufiger deswegen gestritten. Er habe gesagt, daß er sein Geld brauche. Wenn er schon nach dem dritten Bier nach Hause müßte, weil er kein Geld mehr habe, wie würde er dann vor den Freunden dastehen.

Frau W. fragte an dieser Stelle, ob sich Frau M. in der Geldnot von ihrem Mann allein gelassen gefühlt habe. Frau M. schien zu nicken, sagte aber nichts. Doch als Frau W. weiterfragte, gab sie wieder Antworten, erzählte von jenem Abend, als der Mann nach Hause gekommen sei, spät, und sie habe ihm Vorwürfe gemacht, und beide wären immer mehr in Zorn geraten, und sie hätte einen gläsernen Aschenbecher auf den Boden geschmissen, die Splitter wären in alle Ecken geflogen.

Da habe der Mann sie angeschaut und geschrieen, sie habe ihn aber nicht verstanden, und dann habe er ihr eine Ohrfeige gegeben und dann noch eine. Sie sei umgefallen, und der Mann habe weitergeschlagen, und am nächsten Tag habe er ihr gesagt, sie dürfe so nicht auf die Straße und es tue ihm leid und er würde es nie wieder tun.

Frau M. schien auf ihre Schuhspitzen zu schauen, man konnte es dem Blick von Frau W. entnehmen. Beide schwiegen eine Zeit, im Publikum war kein Laut zu hören.

Frau W. fragte aber doch noch, wie es denn weitergegangen sei, und Frau M. sprach auch wieder: der Mann sei eine Zeitlang ganz liebevoll gewesen und auch richtig zärtlich, und dann sei sie mit ihrem dritten Kind schwanger gewesen. Obwohl er es verlangte, abtreiben konnte sie das Kind nicht.

Der Mann sei jetzt jeden Abend weggewesen, weil er das Kindergebrüll nicht mehr ertragen konnte, und in der Nacht immer betrunken nach Hause gekommen. Anfangs habe er sie nur geschlagen, wenn sie etwas gesagt habe, und dann eigentlich jede Nacht, weil sie daran schuld sei, daß er keinen Erfolg im Beruf habe. Eigentlich wolle er sich umschulen lassen, aber das ginge ja auch nicht, weil sie nicht aufpassen könne und wie ein Karnickel die Bälger schmeißen würde.

Aber zu dieser Zeit, sagte Frau M., sei das gar nicht mehr so schlimm gewesen, er wäre meist so betrunken gewesen, daß er gar nicht mehr richtig schlagen konnte.

Warum sie damals nicht ihren Mann verlassen habe, fragte Frau W., und Frau M. schwieg lange, sie fand wohl keinen Grund, denn Frau W. mußte eine neue Frage stellen.

Daß sie dann doch weggegangen wäre, sagte Frau M., hätte nur daran gelegen, daß in einer Nacht der Florian wieder einmal wach geworden sei und geweint habe. Als der Mann keine Lust mehr gehabt hätte, auf sie einzuschlagen, sei er zu dem Kinderbett gegangen und habe auf den Jungen eingeschlagen. Sie sei in die Küche gelaufen und habe das Brotmesser genommen. Als der Mann das Messer sah, hörte er auf zu schlagen, sagte auch nichts.

In dieser Nacht weckte sie die beiden anderen Kinder, zog sie alle an und ging mit ihnen aus der Wohnung. Der Mann schlief in seinem Bett.

Ob sie wieder zu ihrem Mann zurückwolle, fragte Frau W. Frau M. hatte wohl ganz leise geantwortet, denn die Zuschauer mußten sich vorbeugen, um zu hören, daß Frau M. schon zurückwolle, aber nur, wenn er verspräche, daß er den Kindern nichts tut.

Ob sie denn glaube, daß ihr Mann ein solches Versprechen auch halten würde, wollte dann Frau W. wissen. Die Zuschauer warteten, aber Frau M. sagte nichts, und auch Frau W. schwieg. Im Publikum kam keine Unruhe auf, obwohl das Schweigen lange anhielt. Jeder konnte die Tränen sehen, die Frau W. über das Gesicht liefen.

WARUM

Ausgangsposition

Es ist eine der hartnäckigen und verlogenen Gewohnheiten in unserer Gesellschaft, männliche Gewalt gegen Frauen und Kinder zu tabuisieren bzw. erst dann davon zu sprechen, wenn Knochen knirschen und Blut aus Mund und Nasen fließt. Zwar sind in der Bundesrepublik in der Diskussion über Kindesmißhandlungen zwischenzeitlich Ansätze erkennbar, nicht erst den Schlag ins kindliche Gesicht als Gewalt zu definieren, aber Politiker wie Öffentlichkeit tun sich ausgesprochen schwer damit. Dies gilt noch mehr für Gewalt gegen Frauen.

Diskriminierungen von Frauen durch Sprache, Bilder und Verhalten sind so alltäglich, daß sie selten als solche wahrgenommen werden, aber trotzdem jeden Tag in unzähligen Fällen ihre Auswirkungen haben.

Männer realisieren kaum, daß ein wesentliches und oft erst auslösendes Moment für Gewalt die Geringschätzung für das „Objekt" ist.

Dies zeigte sich zum Beispiel in den letzten Jahren bei der sogenannten Asyldebatte, als bundesrepublikanische Politiker und Medien systematisch am negativen Bild jener Menschen arbeiteten, die aus politischen oder wirtschaftlichen Gründen aus anderen Ländern und Kontinenten zu uns kamen. Die Demagogen hatten großen Erfolg und gewollte und ungewollte Erfüllungsgehilfen. 17 Morde und mehr als 2.400 „amtliche" ausländerfeindliche Straftaten im Jahr 1992 sprechen eine deutliche Sprache.

Es hat sicher seine Richtigkeit, wenn in diesem Zusammenhang auf die besondere Situation Deutschlands, also Wiedervereinigung, wirtschaftliche Rezession etc. hingewiesen wird. Aber es gibt eben immer wieder solche besonderen Situationen, in denen Mann nach Feinden sucht, an denen er sich schlagkräftig

„bewähren“ kann. Wer sich vom Image her besonders gut eignet, der ist dann als erster dran.

Frauen zum Beispiel.

Es ist weder ein natürlicher Instinkt, der Männer dazu bringt, Frauen zu prügeln, noch ist es genetisch vorprogrammiert, das Frauen zur beliebtesten Zielgruppe männlicher Gewalt werden. Es ist die Geschichte von Frau und Mann, die die männlichen Fäuste fliegen läßt; es ist das Frauenbild, an dem die Patriarchen seit mehr als 3000 Jahren arbeiten. Das Bild von der schwachen Frau, von der geistig nicht ebenbürtigen Frau, von der Frau, die mit ihrer Sexualität Männer immer wieder ins Unglück stürzt.

John Lennon sang in einem seiner Lieder: „Woman is the Nigger of the World“. Das hat insbesondere seine Berechtigung im Hinblick auf den dümmlichen Einwand, Frauen bräuchten doch nur etwas an ihrer Situation zu ändern. Wenn sie es nicht täten, läge es wohl daran, daß Frauen es nicht anders haben wollten. Sic! Doch die Mechanismen sind die gleichen wie bei der Unterdrückung und Versklavung von Farbigen: Die Absicht genügt nicht, denn der Gegner ist kompromißlos, durchtrainiert und in der Übermacht. Ließen unseren Männergesellschaften die Kriege gegen Menschen und Natur etwas Zeit, arbeiteten sie daran, daß sich im Verhältnis der Geschlechter nichts ändert. Am liebsten aber haben sie das eine mit dem anderen verbunden. An dieser Tatsache haben weder Wahlrecht noch Quotenregelung definitiv etwas geändert.

Es ist „Der Krieg gegen die Frauen“, so die Feministin Marylin French in ihrem gleichnamigen Buch, der den Status quo aufrechterhält. Die Methoden haben sich zwar im Lauf der Jahrtausende teilweise verändert, das wesentlichste Moment eines jeden Krieges ist aber immer noch die Gewalt. In der Bundesrepublik wird das durch mehr als 4000 Frauen nachgewiesen, die jedes Jahr Schutz in Frauenhäusern suchen. Sie sind die Spitze des überdimensionalen Eisberges.

Warum gerade ein Mann auf die Idee kommt, ein Buch über die männliche Gewalt gegen Frauen zu schreiben, muß erklärt, zumindest erläutert werden.

Meine Geschlechtsgenossen höre ich bereits aufheulen, den größeren Teil von ihnen jedenfalls. „Nestbeschmutzer" wird wohl noch eine der moderaten Bezeichnungen sein, die Androhung von Gewalt eine der anderen Möglichkeiten. Schließlich ist es eine männliche Domäne, das Unvermögen, etwas zu verstehen, durch irrationales Verhalten zu kompensieren. Daran wird leider dieses Buch kaum etwas ändern können.

Viele Frauen werden sich fragen, warum sich ein Mann anmaßt, über dieses Thema zu schreiben. Ein Mann, der nicht beurteilen, geschweige denn nachfühlen kann, was es heißt, männlicher Gewalt ausgesetzt zu sein. Und ihre Frage ist berechtigt.

Was ich dem entgegenzusetzen habe, ist allein die Tatsache, daß ich als Mann sehr gut reflektieren kann, wie Männer denken, sehen und wie sie handeln. Weshalb dieses Buch nur die männliche Seite beleuchtet, rigide und ohne jeden Anspruch auf Objektivität und vor allem, ohne nach Verständnis zu suchen.

Ich kam vor bald zehn Jahren durch die Arbeit von Isabella Pavel, die an der Entstehung dieses Buchs wesentlich beteiligt ist, mit der männlichen Gewalt gegen Frauen indirekt in Berührung. Sie war lange Zeit in einem Frauenhaus tätig, und ihre Berichte riefen in mir nicht nur Bestürzung hervor, sondern auch den Verdacht, daß ich unter gewissen Umständen genauso gewalttätig werden könnte, wie die Freunde und Ehemänner dieser Frauen im Frauenhaus.

Ich glaubte nicht, daß in mir ein besonderes Gewaltpotential schlummere, es war vielmehr die bereits geäußerte Vermutung, daß Gewalt gegen Frauen größtenteils auf einem gesellschaftlichen Mißverständnis basiert, dem Mann sich nur schwer entziehen kann, selbst wenn er sich darum bemüht.

Ich erkannte, daß eine Unterlegenheit der Frauen als naturgegeben vorausgesetzt und propagiert wird, die aber nicht dazu führt, eventuelle Beschützerinstinkte zu wecken. Vielmehr versucht Mann, wohl wissend, daß diese Unterlegenheit nicht real ist, mit körperlicher Gewalt deren Existenz immer wieder „nachzuweisen".

Es gibt Bücher, die über die sprachlichen Mißverständnisse

zwischen Mann und Frau aufklären, andere widmen sich der Frage, wie die beiden Geschlechter zu einem harmonischen Zusammenleben kommen können. Dieses Buch beschränkt sich darauf, Situationen und männliche Positionen zu schildern, Zusammenhänge zu dokumentieren und zu kommentieren. Für den konkreten Fall sollen Adressen und Telefonnummern, unter denen Hilfe angeboten wird, Möglichkeiten zu einem ersten Agieren und Reagieren schaffen. Denn was Männer noch nie am Prügeln gehindert hat, das war das Verständnis, das man ihnen entgegenbrachte. Der Versuch, beiden Seiten in diesem einseitigen Geschlechterkrieg gerecht zu werden, wurde für dieses Buch deshalb gar nicht erst unternommen.

Die Situation von Frauen in unserer Gesellschaft wird sich nicht aufgrund besserer Einsicht von Männern ändern, die Aufgabe muß von Frauen selber in Angriff genommen werden. Dabei kann Verständnis für das männliche Verhalten hilfreich sein, aber nur als Grundlage für die „Wahl der Waffen".

Der Mythos vom ewigen Patriarchat

Rückblick auf Anfänge und Entwicklung einer Lüge

Männerglaube kann mitunter Berge versetzen und bringt nicht selten Frauen und Kinder ins Krankenhaus: Wer glaubt, über jemanden Macht zu haben, neigt dazu, Gewalt gegen diesen einzusetzen. Der männliche Glaube an die „natürliche" Herrschaft des Mannes über die Frau – und in der Familie über Frau und Kinder – ist sicher nicht der einzige Beweggrund, aber er ermutigt den Gläubigen zumindest eher zur Gewalt, als daß er ihn daran hindert.

Diese vermeintliche Überlegenheit schließt fatalerweise ja die Überzeugung von der Minderwertigkeit des anderen mit ein; daher kann durchaus davon ausgegangen werden, daß der Mythos vom ewigen Patriarchat, von der führenden Rolle des Mannes von der ersten Stunde der Menschheit an, ein wesentlicher Grund für die miserablen Umgangsformen vieler Männer ist.

Im Gegensatz zu zahlreichen Tierarten ist für den sogenannten Herrn der Schöpfung ein Zeichen von Unterlegenheit nämlich alles andere als ein Anlaß für Toleranz und Nachsichtigkeit, insbesondere Frauen gegenüber ist dies oftmals erst der Ausgangspunkt für die vernichtenden Schläge.

So ist dieser Einsatz männlicher Kraft ein seit einigen tausend Jahren erprobtes Mittel zur Erhaltung einer Machtposition, die sich nicht unwesentlich durch den Glauben des Mannes an eine „natürliche" Unterlegenheit der Frau legitimiert sieht und im Begriff des Patriarchats einen wohlklingenden Namen erhalten hat.

Bereits die Anfänge der Menschheit pflegt die Männerwelt so ins Bild zu setzen, daß ganz und gar einem immer noch beliebten Klischee über Frauen entsprochen wird. Zum Beispiel in Filmen, die vorgeben, sich mit eben dieser Epoche auseinanderzusetzen. Wenn es auch oftmals mit dem Deckmantel des Humors kaschiert wird, das Bild ist perfide: Der Mann trotzt stets mutig den Widrigkeiten des Lebens und ermöglicht Frauen überhaupt erst das Überleben, da diese nicht nur zu schwach, sondern auch zu dumm dazu wären. Das setzt sich in der „Liebe" fort, wenn das Steinzeitmännlein der Auserkorenen die Keule über den Kopf haut und sie ins Gebüsch schleppt. Der versierte männliche Zuschauer weiß natürlich, was dort geschieht und quittiert deshalb die Szene mit einem Ausbruch von Heiterkeit.

Im Denken der Männerwelt ist fest verankert, daß seit Urzeiten aufrechte Männer nur Jäger sein können und die Frau ein Wild ist, dem man nur mit List und Tücke und Gewalt beikommt. Dieses Credo wird vielfach unterstützt durch Ethnologen und Anthropologen, denen allein der Gedanke an die Existenz eines Matriarchats in den frühen Zeiten der Menschheit, an Epochen, in denen Frauen das Leben bestimmten, ein Schaudern verursacht.

Will man sich unvoreingenommener mit der Situation der Frau in grauer Vorzeit befassen, so ist man bald gefangen in einem Netz von Spekulationen, die auf der eigenen Phantasie und Thesen der Anthropologie und Ethnologie basieren.

Letztere sind mit Vorsicht zu genießen, da die Wissenschaft im Verlaufe des letzten Jahrhunderts ihre Erkenntnisse nicht nur ergänzte, sondern teilweise über den Haufen warf.

Der Homo sapiens soll als Jäger und Sammler in kleineren Gruppen gelebt haben, in denen Mann der Ernährer einer damals schon familienähnlichen Konstellation war.

Womöglich weniger als ein Prozent der Menschheitsgeschichte – nämlich die letzten zehntausend Jahre – sei anderen gesellschaftlichen Formen vorbehalten.

So jedenfalls sah und sieht es die überwiegende Mehrheit der Anthropologen und leistet damit den gängigen Vorstellungen über eine grundsätzliche Vormachtstellung des Mannes Vorschub.

Wissenschaftler wie Richard B. Lee und Irven DeVore zeichnen ein etwas anderes Bild. In ihren Ende der sechziger Jahre veröffentlichten Artikeln gehen sie davon aus, daß die Menschen der sogenannten Jägergesellschaft keinesfalls den ganzen Tag damit beschäftigt waren zu jagen, sondern vornehmlich Beeren, Pilze, Wurzeln etc. suchten. Für die Beschaffung und Zubereitung der Speisen sollen sie täglich nur zwei bis vier Stunden aufgewandt haben. Waren unsere Urahnen also eher Sammler und Ackerbauern, ist das Bild vom unentwegt durch die Wälder und Savannen streifenden Manne erheblich beeinträchtigt und die Vorstellung, der Mann sei schon Ernährer und somit Oberhaupt der Familie gewesen, erscheint eher unwahrscheinlich.

Das Szenario könnte vielmehr wie folgt ausgesehen haben: Die Entwicklung des Primaten hat nicht nur zum aufrechten Gang, sondern auch zur Neotonie geführt. Aufgrund der körperlichen Veränderungen verkürzte sich die Dauer der Schwangerschaft und die Neugeborenen bedurften länger der Fürsorge der Erwachsenen. Baby und Kleinkind erhielten mehr Gelegenheit zu lernen, eine Voraussetzung für die Zunahme dessen, was als menschliche Intelligenz bezeichnet wird.

Da es kein „Freizeitangebot" gab, Kneipen oder Fußballspiel noch nicht existierten, läßt sich annehmen, daß Frau wie Mann den Großteil des Tages in der „Familie", zumindest in der Horde verbrachten, also einerseits durchaus Mann Gelegenheit hatte, sich den Kindern und sonstigen familiären Belangen zu widmen, und andererseits die Sippe nicht auf den Mann als Jäger angewiesen war, um die hungrigen Mäuler zu stopfen.

Wenn man unbedingt den Mann als Jäger beibehalten will, kann man davon ausgehen, daß diese Tätigkeit eher zweitrangig war.

Steif und fest auf der Jäger-Theorie beharrend, folgert die Mehrzahl der männlichen Wissenschaftler jedoch, Frau müsse vor allem mit dem Großziehen der Kinder beschäftigt gewesen sein und habe sich höchstens noch dem Kräutergarten und der Zubereitung der Mahlzeiten gewidmet. Schon damals seien die Männer diejenigen gewesen, die sich der wichtigeren Dinge des Lebens annahmen, nämlich der Jagd auf gefährliche Tiere, und sich dem täglichen Kampf ums Überleben stellten. Zwar gesteht man den Frauen wegen dieser angenommenen Aufgabenteilung einen wesentlichen Anteil an der kulturellen und humanitären Entwicklung der Menschheit zu, doch gleichzeitig wird daraus ein Strick gedreht, den sie noch heute um den Hals spüren: das Patriarchat.

Unberücksichtigt bleibt bei dieser Sichtweise meist, daß man sich wahrscheinlich erst vor wenigen tausend Jahren der Beteiligung des Mannes an der Zeugung eines Kindes bewußt wurde. Die Annahme ist wohl nicht unberechtigt, daß bis dahin der Frau in den Gesellschaften die naturgegeben wichtigere Position zuerkannt wurde, galt sie doch als diejenige Person, die für die Erhaltung der Sippe den wichtigsten Beitrag leistete: sie bekam die Kinder.

Das kann auch nicht durch die wissenschaftliche Erkenntnis abgewertet werden, daß in den Horden Neugeborene getötet wurden. Es mag heute zynisch klingen, aber in der Frühzeit der Menschheit war dies wohl die einzige Methode der Geburtenkontrolle.

Trotzdem gehen Ethnologen, wenn sie männlichen Geschlechts sind, gerne von der Annahme aus, daß ein Matriarchat nie existiert habe, es höchstens einige wenige Formen von Matrifokalität gab, was ausdrücken soll, daß in solchen Gesellschaften zwar die Frauen im sozialen Mittelpunkt standen, aber keine „Herrschaft“ über den Mann ausübten. Damit wird gleichzeitig impliziert, daß Gesellschaftsformen, die ohne das „Herrschen“ auskamen, Ausnahmefälle, ja eher Unfälle der kulturhistorischen Entwicklung gewesen sein müssen.

Diese Einschätzung verliert sich auch nicht, wenn sich das Augenmerk auf Kulturen der jüngeren Zeit richtet. Glücklicherweise gibt es jedoch Kolleginnen und Kollegen einer anderen Fakultät, die Archäologen, die mit ihren handfesteren Beweisen die Angelegenheit in ganz anderem Licht erscheinen lassen.

1966 veröffentlichte der britische Archäologe James Mellaart einen Bericht über Ausgrabungen bei der türkischen Stadt Catal Hüyük. Mellaart und sein Team waren dort 1962 auf die Überreste einer Stadt gestoßen, deren Ursprung bis auf das 10. Jahrtausend v.u.Z. zurückführen könnte. Die Funde belegten die Existenz einer urbanen Siedlung, deren Bewohner unter anderem mit Bewässerung, Tierzucht, Webkunst, Töpferei und einfacher Metallverarbeitung vertraut waren. Und sie besagten, daß in Catal Hüyük eine matrifokale Gesellschaft existierte. Dieser Terminus soll beibehalten werden, um nicht den Beispielen kleinlicher Differenzierungen zu folgen. Mellaart selber sprach von einer „Unterordnung des Mannes".

Insbesondere die ausgegrabenen Tempel und Kultstätten ließen keinen Zweifel daran, daß einer Göttin nichts gleichwertiges Männliches zur Seite gestellt war, Männer in dieser Berufssparte überhaupt nicht vorkamen. Auch im irdischen Bereich waren in dieser Kultur keine Herren zu finden, sondern nur Männer, die zum Beispiel nach dem Tode kein den Frauen vergleichbares Begräbnis bekamen, für sie gab es nur einfache Gräber.

Ein Phänomen, von dem im Zusammenhang mit patriarchalischen Kulturen nicht berichtet wird: Es gab keinerlei Anhaltspunkte für kriegerische Auseinandersetzungen oder Gewalt in dieser Gesellschaft.

Andere Ausgrabungsfunde besagten, daß die Ernährung vor allem vegetarisch war, Tiere als Nutztiere gehalten wurden und nicht, um sie zu schlachten und ihr Fleisch zu verzehren. Die vorgefundenen Malereien erzählten von einem Stierkult, wie er auch für eine spätere minoische Kultur bezeichnend war. Sie ist ein weiteres Beispiel dafür, daß die Herrschaft des Mannes nicht bei einem Adam anfing und bis zum heutigen Tag andauert und daß ein Wissenschaftler zum Glück mitunter einen anderen korrigieren kann.

So zum Beispiel Arthur Evans, ein weiterer englischer Archäologe, der um 1900 anhand seiner Ausgrabungen in Knossos auf der griechischen Insel Kreta für die Männerwelt „unerhörte" Erkenntnisse gewann. Er stieß auf eine Kultur, in der im 2. Jahrtausend v.u.Z. die Frauen in allen Bereichen im Vordergrund standen; noch nicht einmal solche „Männerdomänen" wie gefährliche Spiele mit Stieren waren davon ausgenommen. Viele Funde besagen, daß dieses minoische Volk ebenfalls unkriegerisch und friedlich lebte und in seiner Prosperität in keinster Weise vergleichbaren patriarchalischen Gesellschaften nachstand. Somit wird die gerne vorgetragene These widerlegt, daß matrifokale Gesellschaften nur bei Völkern vorkamen, die als „einfache" Ackerbauern ihr Leben fristeten.

Arthur Evans entdeckte Zeugnisse einer Stadt mit etwa 80 000 Einwohnern, in der Handwerk und Handel zentral von einem Beamtenstand mit Hilfe einer eigens hierfür erfundenen Schrift verwaltet wurden und deren „Führungskräfte" Frauen waren.

Ein ähnliches Bild ergibt sich für Ägypten im 5. Jahrhundert v.u.Z., von dem der griechische Geschichtsschreiber Herodot zu berichten wußte, daß der Handel von Frauen betrieben worden sei, während Männer zu Hause an Webstühlen gearbeitet hätten. Überlieferte Eheverträge veranlassen sogar die Chauvinisten unter den Ethnologen, von einer Gleichstellung von Frauen und Männern auszugehen. Papyrusrollen, die zum Teil aus dem 9. Jahrhundert v.u.Z. stammen, besagen nämlich, daß es Frauen nicht nur möglich war, sich scheiden zu lassen, sie konnten für die Zeit nach der Trennung Unterhaltsansprüche an die Männer geltend machen, oftmals aufgrund einer sogenannten Pfandklausel, die ihnen schon während der Ehe ein Vetorecht in allen wirtschaftlichen Belangen einräumte.

Verläßt man die Alte Welt und macht einen großen Zeitsprung in die Neue, stößt man auf den nordamerikanischen Indianerstamm der Irokesen, der es sich noch im 18. Jahrhundert erlaubte, nicht nur das wirtschaftliche und gesellschaftliche Leben von Frauen bestimmen zu lassen, sondern auch das politische.

Bezeichnenderweise sprechen Völkerkundler hier ebenfalls von einer Gleichberechtigung der Geschlechter, ringen sich allenfalls dazu durch, von Matrifokalität zu sprechen. An dieser Einstellung konnte auch der nordamerikanische Indianerstamm der Hopi nichts ändern, bei dem bis zur Mitte unseres Jahrhunderts Frauen weitgehend das gesellschaftliche und wirtschaftliche Leben bestimmten, die Familien sowohl matrilinear als auch matrilokal orientiert waren. Der „Stammbaum" von Töchtern und Söhnen war also durch die Mütter bestimmt, und die Männer zogen zu den Frauen, wenn sie heirateten.

Vor allem letztere Gegebenheit führte bei den Hopi wie bei vielen anderen Völkern und Stämmen durch die Jahrtausende zu einer zwangsläufigen Vorrangstellung der Frauen, da sich der Mann, ohne Rückhalt durch Brüder oder Vater, in der Familie der Frau quasi in der Minderheit befand, denn die Brüder der Frau verließen ja das Haus, wenn sie heirateten.

Im Gegensatz zum patriarchalischen System führte diese Konstellation jedoch nicht zu einer Übermacht der Frauen und zur Unterdrückung der Männer, vielmehr war Matrilokalität hier wie in vielen anderen Fällen offenbar eine Basis für ein friedliches Zusammenleben. Von den Hopi wird jedenfalls berichtet, daß es so gut wie keine Gewalt gab, weder zwischen Frauen und Männern noch zwischen den Männern.

Mehr und mehr Wissenschaftler widmen sich der Anthropologie und Ethnologie mit ungetrübterem Blick, vor allem die Frauen unter ihnen. Während die Mehrzahl der männlichen Kollegen verbissen damit beschäftigt ist, gegen viele Erkenntnisse das Bild von der immerwährenden Macht des Mannes über die Frau aufrechtzuerhalten, versuchen sie, die Krusten der männlichen Vorstellungswelt aufzubrechen.

Wogegen sie anzukämpfen haben, macht ein Zitat aus dem Buch „Der Mythos vom Matriarchat" von Uwe Wesel besonders deutlich. Dort ist in Zusammenhang mit Johann Jakob Bachofens Werk „Das Mutterrecht" davon die Rede, daß die Menschheit zunächst unter der Herrschaft des weiblich-stofflichen Prinzips gelebt hat, *„das dann – Gott sei Dank – durch das männlich-geistige überwunden und abgelöst wurde"*. Hierzu erübrigt sich jeder Kommentar, es sei nur angemerkt, daß die Hervorhebung durch den Autor dieses Buches vorgenommen wurde.

Daß Wesel hier Gott seinen Dank abstattet, ist wohl durchaus berechtigt, haben doch dessen Stellvertreter auf Erden wesentlich zur Unterdrückung der Frau beigetragen.

Es darf in diesem Zusammenhang nicht unerwähnt bleiben,

daß eben dieser Bachofen Mitte des 19. Jahrhunderts als einer der ersten und wenigen in seinem zentralen Werk „Mutterrecht" die Existenz von Matriarchaten aufzeigte und sich damit Spott und Haß der damaligen Kollegen zuzog.

Mit ihm, Ferdinand von Eckstein, Lewis H. Morgan, Robert Ranke Graves oder Ernest Borneman erschöpft sich jedoch weitgehend der Kreis jener mutigen Männer, die sich ernsthaft mit der Existenz von Matriarchaten auseinandersetzten. Ansonsten waren es Frauen, die mehr Licht ins Dunkel brachten.

Wie wichtig es gerade für Frauen ist, das einseitige, männlich geprägte Bild zu zerstören, zeigt die Erkenntnis, daß Macht und Herrschaft nur dort bestehen können, wo auch der Unterdrückte daran glaubt. Margarete Mitscherlich beschreibt dieses Zusammenwirken in ihrem Buch „Die friedfertige Frau" folgendermaßen: „Herrschaft kann nur aufrechterhalten werden, wenn sie sich auf verschleierte sadomasochistische Befriedigung aufbaut. Dann verbindet sich die Lust am Erteilen von Befehlen mit der Lust, die Befehlshaber zu befriedigen und Gehorsam, Ordnung, Unterwerfung zu genießen."

Wer aus diesen Worten schlußfolgert, dem Mann läge nun einmal die Lust am Befehlen im Blut und der Frau das Dienen, liefert nur den Nachweis, daß er stoisch auf seinen gewohnten Denkschienen dahinfährt.

Weder gibt es einen Beweis für eine derartige grundsätzliche „Anlage" bei Frau oder Mann, noch läßt sich aus der Geschichte von Matriarchat und Patriarchat dergleichen ableiten. Schließlich „verschwanden" matriarchalische Kulturen nicht, weil Männer die Lust an der Macht entdeckten oder Frauen die Lust an der Unterdrückung oder beides zur gleichen Zeit. Für diesen Wandel in den Geschlechterbeziehungen werden zum Beispiel von Gunnar Heinsohn ganz andere und vor allem konkretere Gründe angenommen. In „Privateigentum Patriarchat Geldwirtschaft" stellt er die These auf, daß nicht zuletzt klimabedingte Katastrophen die herrschenden Strukturen verändert haben könnten. Der Boden war in matrilokalen Gesellschaften die Existenzgrundlage der Menschen. Er war nicht Eigentum einzelner Personen, sondern Gemeinschaftsgut der zumeist für längere Zeiträume seßhaften Sippen. Die vorrangige Position der Frauen basierte unter anderem darauf, daß sie den Boden bewirtschafteten. Zwangen äußere Gegebenheiten eine Sippe zu Wanderbewegungen, verschlechterten sich die Lebensbedingungen. In solchen Zeiten der Not bildeten sich möglicherweise Männerhorden, denen, so Heinsohn, vor allem „das Mißtrauen gegenüber dem Fremden" gemeinsam war.

Die Mythen berichten in vielfältiger Form von Gründen für dieses Mißtrauen, wurde doch die Katastrophe, das Nichtmehr-Funktionieren den weiblichen Göttinnen und deren Vertreterinnen angelastet. Eine Tradition bis in unsere Tage: Taifune und Orkane erhielten bis vor nicht allzu langer Zeit generell weibliche Namen.

Die Männerhorden können das erprobte Gefüge sukzessive zerstört haben. Mann sah nun wohl nicht mehr seinen Platz bei den Frauen, holte sie eher mit Versprechen oder auch Gewalt zu sich und schuf somit Voraussetzungen für Patrilokalität.

Diese Entwicklung beeinflußte auch die Darstellung der Götter: In der babylonischen Mythologie verdankt der Sonnengott Marduk seine neue Position dem Abschlachten der Großen Göttin Tiamat. Bei den Ägyptern ist Gott Schu ein Mann der Stunde, bei den Indoariern Indra. Ihnen allen und anderen ist gemeinsam, daß sie die ursprüngliche Einheit von Himmel und Erde gewaltsam aufheben, damit also den Grundstock für eine geschlechtsspezifische Polarisierung legen. Die neuen mythischen Herren brüsteten sich gerne damit, daß sie Göttinnen deren besondere Kräfte raubten. Beliebtes Objekt ist das Feuer, das zum wesentlichen männlichen Attribut werden sollte, wenn die selbsternannten Herren der Schöpfung weite Teile der Erde mit Flamme und Schwert überziehen. Ein weiteres Indiz für den Anbruch von Männergewalt ist die Vergewaltigung, die insbesondere in der griechischen Überlieferung alles andere als einen Einzelfall darstellt. Vor allem Göttervater Zeus machte sich zahlreiche weibliche Wesen mit Gewalt und in Tiergestalten gefügig.

Um jedoch die verschiedenen Veränderungen in ein irdisches

Patriarchat münden zu lassen, bedurfte es nicht allein einer Umstrukturierung der göttlichen Zuständigkeiten. Die höchstwahrscheinlich durch gravierende klimatische Veränderungen erzwungenen Wanderbewegungen zwangen zu einem ernährungstechnischen Umdenken. Vieh wurde zu einer wichtigen Nahrungsquelle, die gleichzeitig den Vorteil besaß, daß sie sich vermehrte, es konnte „Mehrwert" damit geschaffen werden. Ein Mehrwert, der als Tausch- und Zahlungsmittel benutzt wurde, der individuell aufgeteilt und vererbt werden konnte. Nicht umsonst hatten und haben in vielen Sprachen die Worte „Geld" und „Vieh" die gleichen semantischen Wurzeln.

Was einem Einzelnen gehörte, konnte ihm schließlich auch weggenommen werden. Die Mythologie dürfte die realen Verhältnisse wiedergeben. Das Rauben und Morden machte nun Sinn, denn eine Beute konnte dem eigenen Vermögen zugeschlagen werden. In matrilokalen Gesellschaften hatte ein Todesfall keinerlei Auswirkung auf das gemeinschaftliche Eigentum gehabt.

Wie einige Jahrtausende später zwei andere Herren erkannten, schufen diese „Errungenschaften" Abhängigkeiten und Unterdrückung, von denen bis zum heutigen Tag insbesondere Frauen betroffen sind.

Diesem neuen Besitzdenken muß allerdings noch eine andere Auswirkung unterstellt werden. Mit der Entdeckung des Privateigentums lief eine viel folgenschwerere Entwicklung parallel, die wohl dem Mann angelastet werden muß. Es ging nunmehr nicht nur um sein Vieh, sondern auch um seine Frau und seine Kinder, d.h. Menschen wurden wie Besitz behandelt, zur Sache degradiert, zum Sklaven ohne Rechte.

Die weiteren Folgen lassen sich den Geschichtsbüchern entnehmen. Jene so gern zitierte Wiege unserer abendländischen Kultur, das antike Griechenland, dümpelte auf einem Meer von Blut, um dann selber darin zu versinken. Die Chronologie ist geläufig: Der sukzessive Wandel von der patrilinear und patrilokal ausgerichteten Gesellschaft zum Patriarchat führte in der mykenischen Hochkultur zu einer ersten Blütezeit, der allerdings bald ein Niedergang folgte. Unter dem Diktat des Patriarchats verkümmerten viele Fähigkeiten, die die matrilinearen Sippen auf dem Peloponnes und in Vorderasien ausgebildet hatten. Etwa ab dem Jahr 1200 v.u.Z. lassen sich Schrift und kunstvolle Kleidung für lange Zeit nicht mehr nachweisen, die Verarbeitung von Bronze und Eisen verzeichnete ebenso einen rigorosen Niedergang wie die Architektur.

Es dauerte etwa fünf Jahrhunderte, bis Handel und Wandel, Kultur und Künste wieder einen Aufschwung erlebten. Bezeichnenderweise setzt hier die Geschichtsschreibung an, rühmt die Bildung der griechischen „polis", des Stadtstaates, feiert die Institutionalisierung des Begriffs der „demos", dem bis heute als Demokratie ein uneingeschränkt positives Image erhalten blieb.

Nicht ganz zu Recht allerdings, wie der Altphilologe Georg Thomson moniert. Seiner These zufolge bezeichnete bei Homer das Wort demos „sowohl eine Strecke bebauten Landes als auch die darauf lebende Bevölkerung", war also eher ein verwaltungstechnischer Begriff als Urbegriff einer Volksherrschaft, wie Demokratie gerne und realitätsfern übersetzt wird. So war es dann auch nicht „das" Volk, das in der Blütezeit Griechenlands herrschte, es war das Patriarchat, nun allerdings mit einem philosophischen Überbau, wie er sich bis zum heutigen Tag in den Köpfen festgesetzt hat; im männlichen Kopf fühlte er sich offensichtlich am wohlsten.

Das System der Machtausübung durch eine Minderheit – von Männern natürlich – wurde perfektioniert. Nicht mehr die Zugehörigkeit zu einer Kaste entschied über Rechte, die Gesetzgebung Solons machte im 5. Jahrhundert v.u.Z. das Einkommen zum Kriterium. Damit wurde den Armen politisches Stimmrecht entzogen, und die Frauen wurden mundtot gemacht, erstmals so systematisch und so nachhaltig, nämlich für mehr als zweitausend Jahre.

Die griechischen Statthalter des Patriarchats leisteten ganze Arbeit. Frauen wurden aus dem öffentlichen Leben verbannt und in die Häuser zurückgedrängt. Laut Euripides gereichte es der „Frau zum Tadel, nicht von selber und unaufgefordert im Hause zu bleiben". Für sie war in dieser Männergesellschaft gerade noch als Hetäre oder Sklavin Platz, aber auch hier waren sie nur zweite Wahl nach ihren männlichen Pendants.

In Homers Odyssee wird die Wertschätzung für die Frauen in einem Satz deutlich und präzise formuliert. „Nichts ist abscheulicher doch, nichts unverschämter auf Erden als das Weib“, sagt Homer, und der Dichter Menander setzt noch eins drauf: „Ein bös’ Gewächs im Leben ist das Weib; als nöt’ges Übel aber kaufen wir es doch.“

Im klassischen Athen konnten Frauen keine Geschäfte abwikkeln, konnte nicht erben, vielmehr wurde die Tochter bei Tod des Vaters an dessen Bruder oder einen anderen Verwandten männlichen Geschlechts „vererbt“. Der Sexualforscher Ernest Borneman schreibt in seiner kritischen Auseinandersetzung mit der Männerherrschaft „Das Patriarchat“ über den Status der Athenerin: „Sie besaß zwar ein potentielles Bürgerrecht, das sie in legitimer Ehe ihren Söhnen weiterreichte; seine Ausübung blieb aber immer an die Wehrfähigkeit geknüpft. Und da sie als Frau keine Wehrfähigkeit besaß, konnte sie auch kein volles Bürgerrecht beanspruchen. Sie war bestenfalls eine Art Behälter, in dem die Wehrfähigkeit von dem Vater auf den Sohn transportiert wurde.“

Eine Auswertung von Fakten und Indizien drängt den Schluß auf, daß die Abkehr von den matrifokalen Gesellschaftsformen auch das Ende humaner Lebensformen bedeutete. Das Patriarchat war aber nicht nur innovativ auf dem Gebiet der Sklaverei und bei der Unterdrückung der Frauen. Während seiner ersten großen Blüte auf europäischen Boden zeigten die Herren auch, zu welchem Handwerk sie sich besonders berufen fühlten. Und so führten sie Kriege und Eroberungszüge gegen Sparta, Korinth, in Ägypten, gegen Perser und Phönizier. Daß sie damit ihren eigenen Untergang programmierten, hätte ja vielleicht Sinn haben können, wenn nicht auf dem Boden des heutigen Italien eine neue patriarchalische Hochburg entstanden wäre, ein imperium romanum paternalisticum, das eine weitere Steigerung männlicher Gewalt mit sich brachte.

Im alten Rom verbesserte sich die Situation von Frauen aus

der ökonomischen und politischen Führungsschicht partiell. Der überwiegende Teil des weiblichen Geschlechts wurde jedoch auch unter den Cäsaren auf die Funktion eines Soldatenlieferanten reduziert, war Reservoir für Arbeitskraft und Dienstleistungen. Nach römischem Recht konnten Frauen für Vergehen und Verbrechen belangt werden, nur sie selber hatten keine Möglichkeit zu klagen. Der treue Staatsbürger hingegen war sogar verpflichtet, jeden Ehebruch der Gattin der Justiz anzuzeigen. Nicht vermelden mußte er allerdings, wenn er seine Frau ermordet oder sonstwie ums Leben gebracht hatte; sie galt als sein Eigentum, mit dem er tun und lassen konnte, was er wollte.

Während sich die römischen Herren der Schöpfung innerhalb und außerhalb des Hauses ausgesprochen rege sexuell betätigten, verlangten sie von „ihren" Frauen ein höchstes Maß an Tugend, ein Schachzug, der sich noch heute in der Männerwelt größter Beliebtheit erfreut.

Diese allgemeine Virilität hatte natürlich ihre Kehrseite. Dichter wie Ovid oder Martial klagen über das „feindliche Geschick" und den „kommandierenden Blick", die ihre Männlichkeit zum Erliegen gebracht hätten. Kamen also Frauen den männlichen „Bedürfnissen" entgegen, war Impotenz die Folge, und im Gegenzug wurde ihnen vorgeworfen, krankhaft zu sein, unter einem „furor uterinus", einem Wahnsinn der Gebärmutter zu leiden.

Doch scheint eher die vom Patriarchat bestimmte Gesellschaft vom Wahnsinn befallen zu sein.

Das römische Reich war ein Reich der institutionalisierten Grausamkeit, eine Epoche der Menschheitsgeschichte, in der Ströme von Blut und Berge von Leichen kein Exzeß, sondern Alltag waren. Nicht der mehr oder minder permanente Kriegszustand war das Novum. Dieses männliche Betätigungsfeld hatten ja bereits die Griechen zu ihrer Lieblingsbeschäftigung erkoren. Dem römischen Manne schien das noch nicht genug zu sein. Hierzu Ernest Borneman in dem bereits zitiertem Werk: „Der Sadismus ist die spezifische Sexualpsychose des Patriarchats, aber nirgends finden wir die Symptome in so eindeutiger Form wie in Rom. Nahezu alles in der ökonomischen Basis und dem kulturellen Überbau Roms war angelegt, um eine Eskalation sadistischer Tendenzen zu fördern."

Diese ökonomische Basis schufen die Sklaven, deren absolute Rechtlosigkeit sie zum ersten Objekt jeglicher Begierde und Grausamkeit machte. Auspeitschungen und Prügel waren noch die humanste Form der Strafe. Menschen wurden ans Kreuz geschlagen, mit glühenden Eisen gefoltert, ihnen wurden die Glieder ausgerissen, Hände und Zungen abgehackt, die Augen ausgestochen, oder der Delinquent wurde einfach den Muränen vorgeworfen. Die schlechte Laune des Herrn oder der Herrin reichte aus, um in den Genuß einer solchen Behandlung zu kommen. Wie im Bereich der Sexualität erwies Frau sich durchaus als lernfähig, und prompt wurde ihr dies zum Vorwurf gemacht. Ovid und manch anderer Dichter klagten über die weibliche Grausamkeit, von der Mann annahm, daß sie, man höre und staune, angeboren sei.

Makabrer Höhepunkt des sadistischen Alltags waren die „circenses", jene Spiele mit Menschenleben, die die Grausamkeit zur staatlich geregelten Freizeitbeschäftigung werden ließen. Zu den „üblichen" Folterungen kamen hier das Zerfleischen der Delinquenten durch wilde Tiere hinzu, und als besonderer Lekkerbissen die Kämpfe zwischen den todgeweihten Opfern, bei denen die Sieger so lange antreten mußten, bis sie selber Verlierer waren.

Man könnte noch Seite um Seite mit diesen „Errungenschaften des Patriarchats" füllen. Was aber sicher nicht notwendig ist, um klarzumachen, welche grundlegende Änderung die Entwicklung der Männergesellschaft für das Zusammenleben der Menschen zur Folge hatte.

Es ist sicher auch nicht notwendig, die effektiven Fortschritte in den Naturwissenschaften, in Technik oder Handwerk aufzuzählen. Diese werden ausreichend und immer wieder von den Männern bis in unsere Tage gefeiert. Leider wird es nie eine Antwort auf die Frage geben, welche Entwicklung unsere Menschheit genommen hätte, wenn die matristischen Gesellschaften weiterbestanden hätten. Allerdings darf die Vermutung aufgrund der vorliegenden Erkenntnisse geäußert werden, daß die Beibehaltung von Frauengesellschaften keinen Verbleib im kulturellen Neolithikum bedeutet hätte, der Menschheit aber wohl Ströme von Blut und Schmerzen erspart geblieben wären.

Kommen wir zum Ausgangspunkt der Betrachtung zurück, also zu der Frage, ob das Patriarchat die Menschheitsgeschichte von Anfang an begleitet hat als quasi „natürliche" Geisel, ist die Geschichte Athens und des römischen Weltreichs eher Indiz für die Antithese.

Wie auch immer man die mehr oder minder deutlichen Hinweise, die die verschiedenen Zweige der Wissenschaften liefern, deutet und interpretiert, ein tiefgreifender gesellschaftspolitischer Wandel ist offensichtlich. Wobei die Kontinuität in der Erscheinungsform des Patriarchats zusätzlich dafür spricht, daß vor Jahrtausenden eine gänzlich andere Spezies zwar auch evolutionär, aber sehr viel weniger grausam die Geschicke lenkte. Und hierbei dürfte es sich um das weibliche Geschlecht gehandelt haben.

Es kann eigentlich keinen Zweifel geben: Das Patriarchat hat nicht seit den Anfängen der Menschheit existiert; es darf höchstwahrscheinlich zeitlich gesehen nur den kleineren Teil der gesellschaftlichen Entwicklung für sich in Anspruch nehmen. Wird die Existenz von Matrifokalität oder Matrilokalität geleugnet, muß wohl Böswilligkeit oder Dummheit unterstellt werden.

Der Mann hat ebensowenig ein kulturgeschichtlich belegbares Recht auf Herrschaft, wie er Biologie oder Psyche als Argument mißbrauchen kann. Die Frau war nicht die von Natur aus Schwächere, sie ist – wenn überhaupt – dazu gemacht geworden durch Unterdrückung. Daß Mann diesen Drang zu herrschen in sich zu verspüren glaubt, ist sicher kein grundlegendes Element männlicher Psyche, sondern ein evolutionsbedingtes Moment, das in Hinblick auf das bisherige Ergebnis dieser Herrschaft eher als Unfall in der Entwicklung des homo sapiens zu bezeichnen ist.

Es soll hier nicht die These aufgestellt werden, daß unsere heutigen Sorgen nicht existierten, wenn es bei der Frauenherrschaft geblieben wäre. Das wäre zwar wahrscheinlich, aber letztendlich doch hypothetisch und somit als Argument nicht tauglich. Doch mit großer Wahrscheinlichkeit läßt sich annehmen, daß es nicht notwendig wäre, ein Buch zu schreiben über die Gewalt von Frauen gegen Männer.

Daß Frauen mit ihrer Macht anders umgingen als Männer, ist eine der Erkenntnisse aus der Matriarchatsforschung. Das Ziel ihrer Herrschaft schien eher das Allgemeinwohl als die Unterdrückung gewesen zu sein, sie waren wohl mehr auf das Miteinander als auf ein Gegeneinander ausgerichtet.

Die Lüge, mit der die Männerwelt ihr Handeln teilweise legitimiert, besteht also nicht nur darin, von einer grundsätzlichen, ja natürlichen Vormacht ihrer Spezies auszugehen, sie setzt sich in der Selbstverständlichkeit fort, mit der diese Macht permanent mißbraucht wird.

Was Mann allzugern als naturgegeben ansieht, ist nichts anderes als der andauernde Versuch, eine Machtposition zu erhalten, die weder von einem Gott noch von der Natur gewollt sein kann.

Der „Mythos vom Patriarchat“ ist nur eine der männlichen Strategien zur Erhaltung einer gewalttätigen Herrschaft. Dieser „Eckpfeiler“ muß zerstört werden, will Frau irgendwann einmal das Gebäude männlicher Gewalt zum Einsturz bringen. Mit welcher Impertinenz und Ausdauer die diesbezüglichen Versuche von Frauen wie Elizabeth Gould Davis oder Heide Göttner-Abendroth, aber auch von Männern wie Bachofen oder Morgan belächelt und/oder totgeschwiegen werden, weist darauf hin, daß es geistiger „Preßlufthämmer“ bedarf, um dagegen anzukommen.

Der Trend ist männlich

Frauen in den Medien

Gewalt gegen Frauen ist kein Phänomen unseres Jahrhunderts, seit der Errichtung des Patriarchats ist sie fester Bestandteil der Männerherrschaft. Es fällt insofern die Beweisführung schwer, daß zum Beispiel sexistische Darstellungen von Frauen in den Medien verantwortlich für die sexuelle Gewalt von Männern sind. Vergewaltigungen waren schon im Athen des Dichters Hesiod an der Tagesordnung, bekanntermaßen eine fernsehfreie Epoche, auch die yellow press fristete damals ein dürftiges Dasein.

Der Blick auf das Bild der Frau in den Medien soll also weder belegen, daß Darstellungen in Filmen oder Printmedien Auslöser für Gewalt wären, noch dies in Abrede stellen. Die These lautet vielmehr: Von Frauen wird ein unrealistisches Bild gezeichnet und deshalb durch die Divergenz mit der Wirklichkeit Konfliktstoff vorprogrammiert. Unter diesem Gesichtspunkt werden Zusammenhänge leichter nachvollziehbar.

Ein Professor der Psychologie, Paul Watzlawick, der mit der Frage, wie wirklich denn die Wirklichkeit sei, auch im deutschen Sprachraum viele Leser fand, formulierte es folgendermaßen:

„Wenn ein sogenannter erfolgreicher Kommunikationsvorgang in der korrekten Übermittlung von Information besteht und damit die beabsichtigte Wirkung auf den Empfänger hat, so ist die Konfusion die Folge gescheiterter Kommunikation und hinterläßt den Empfänger in einem Zustand der Ungewißheit oder eines Mißverständnisses. Diese Störung der Wirklichkeitsanpassung kann von Zuständen leichter Verwirrung bis zu akuter Angst reichen, da wir Menschen, wie alle anderen Lebewesen, auf Gedeih und Verderb von unserer Umwelt abhängen und sich diese Abhängigkeit nicht nur auf die Erfordernisse des

Stoffwechsels, sondern auch auf hinlänglichen Informationsaustausch bezieht."

Von einer gescheiterten Kommunikation kann sicher die Rede sein, wenn eine Darstellung nicht den realen Gegebenheiten entspricht, aber als Realität verkauft wird; zum Beispiel, wenn das von einem Medium propagierte Bild in krassem Gegensatz zum eigenen Erleben steht. Hier ist von jener Verwirrung die Rede, die Mann befällt, wenn er den Blick von der jugendlich fröhlichen Schönheit aus dem Werbespot abwendet und auf seine Partnerin richtet, die nach einem Acht-Stunden-Arbeitstag noch schnell die Einkäufe für die Familie erledigt hat und gerade nach Hause kommt. Es ist von jener Verwirrung die Rede, die entsteht, wenn Mann nicht mehr unterscheiden kann zwischen Kunstfiguren, die ihm als allein erstrebenswert angepriesen werden, und fleischlichen Wesen. Und vor allem ist davon die Rede, daß es von Anbeginn an Männer waren, die ein von der Realität abweichendes Bild von Frauen gezeichnet, vervielfältigt und sogar zum justitiablen „Gesetz" gemacht haben.

Der römische Dichter Ovid brachte beispielsweise folgende „Erkenntnis" unters Volk. „Nenn es Gewalt", formulierte er in den „ars amatoria", „wenn du willst, denn Gewalt freut grade die Mädchen. Was sie ergötzt, dazu wollen gezwungen sie sein."

Dieser erdichtete Schwachsinn hat sich bis in unsere Tage gehalten, dient immer noch als Erklärung und Entschuldigung für Vergewaltigungen und ist als tief in manches Männerherz eingegrabene „Wahrheit" durchaus auch mitverantwortlich für diese.

Negative Auswirkungen haben alle Klischees, Verbalinjurien, Unwahrheiten und diskriminierenden Sichtweisen, gleichgültig, ob sie ein Dichter verbreitet oder eine Tageszeitung, hinter der angeblich ein kluger Kopf stecken soll.

Bei den immer noch von Männern dominierten Medien unserer Tage kann man verschiedene „Arbeitsmethoden" unterscheiden. Zum einen werden durch eine auf das männliche Leben zentrierte Berichterstattung oder durch Spielfilme, in denen überproportional Männer vertreten sind, Frauen unterschwellig als unbedeutend, zweitrangig, uninteressant diskriminiert. Werden Frauen gezeigt oder beschrieben, dann zumeist in einer Art, die nicht oder kaum den gesellschaftlichen Verhältnissen entspricht oder sogar im Ovidschen Sinne auf gefährliche Weise diffamiert.

Alles zusammen ist der Stoff, aus dem die Alpträume der Frauen sind.

Es gibt verschiedene Studien aus dem In- und Ausland, die sich mit der Unterrepräsentierung von Frauen in den verschiedenen Medien beschäftigen. Auch wenn sie älteren Datums sind, spiegeln sie den aktuellen Stand wider, da sich in unserer Medienwelt kaum Veränderungen vollzogen haben.

So hat Christiane Schmerl, Hochschullehrerin an der Universität Bielefeld, Mitte der achtziger Jahre in einer Untersuchung der „Berichterstattung über Frauen und Männer in der deutschen Presse" festgestellt, daß bei den überregionalen Tageszeitungen wie der „Frankfurter Rundschau" auf vier Artikel, die Mann zum Thema hatten, nur ein Beitrag über Frauen kam, bei der „Welt" waren es sogar fünf. Bei den Nachrichtenmagazinen „Spiegel" und „Stern" sah es etwas besser aus, bei ersterem wurde immerhin ein Viertel der Beiträge Frau gewidmet, beim „Stern" war es sogar ein Drittel. Wohlgemerkt, hierbei handelte es sich um die Auswertung aller Beiträge, deren zentrales Thema Männer oder Frauen waren. Stand jedoch die Politik im Mittelpunkt, sah es schon ganz anders aus. Plötzlich war Frau beim „Stern" nur noch nach jedem fünften Artikel interessant, beim „Spiegel" folgte nach sechs Beiträgen über Männern in der Politik ein frauenbezogener, bei der „Frankfurter Rundschau" war nur noch jeder vierzehnte und bei der Welt jeder fünfzehnte Artikel Frauen in der Politik gewidmet.

Diese Gewichtung in der Berichterstattung spiegelt natürlich auch die Verhältnisse in den Parteien und Parlamenten wider. Alle Absichtserklärungen und Quotenregelungen haben nicht bewirkt, daß Frauen auch nur annähernd entsprechend ihrem Anteil an der Bevölkerung in der Politik vertreten wären. Dabei kann getrost auf eine Widerlegung des Arguments verzichtet werden, daß ja alle Wege – hier erfolgt zumeist der Querverweis auf Expremierministerin Margret Thatcher und andere Frauen, deren Namen Mann aber gerade entfallen ist –

offenstünden, aber die meisten Frauen sich wohl nicht dafür interessierten.

Die aktuelle Situation in Deutschland kann in diesem Zusammenhang als exemplarisch kurz gewürdigt werden. In einer politischen Landschaft, in der Maßnahmen ergriffen werden, um Frauen die Möglichkeit zu arbeiten zu erschweren und sie wieder in die klassischen K-Bereiche Küche und Kinderzimmer zurückzudrängen, in dieser Situation kann von offenen Wegen keine Rede sein. Der Weg in die Politik führt über Hindernisse, und das Patriarchat hat diesen Parcours gesteckt.

Zurück zu den Tageszeitungen. In ihnen wird kein Zweifel daran gelassen, wo der Platz der Frau zu sein hat. Laut der oben zitierten Studie waren im „Stern“ bei 13 Prozent, im Spiegel“ bei 19 Prozent, in der „Frankfurter Rundschau“ bei 23 Prozent und in der „Welt“ bei knapp 25 Prozent der Beiträge im Bereich „Kultur und Unterhaltung“ Frauen zu finden. Auch des Themas „Prominenz und Klatsch“ wurden Frauen für würdig befunden, diese Kategorie kam auf Platz zwei der Bestenliste, an dritter Stelle folgte die „Kriminalität“ und dann weit abgeschlagen „Politik“ und „Soziale Konflikte“.

In der Abteilung „Humor“, oder besser gesagt, der, was Mann dafür hält, waren die Frauen dann allerdings wieder Klassensieger. Sie waren überproportional Inhalt und Zielscheibe der zumeist männlichen und frauendiskriminierenden Lachnummern. Daß Frauen so oft im Zusammenhang mit Kriminalität in den ausgewerteten Beiträgen auftauchten, hat einen traurigen, aber realen Hintergrund. Frauen sind die häufigsten Opfer von Gewalttaten.

Wie eine Analyse der Psychologin Irmgard Gebhart aus dem Jahr ’89 zeigt, wird dieser Tatbestand in der Berichterstattung aber ebenfalls dazu benutzt, um gängige Klischees zu erhalten. Ihre Auswertung der Münchner Tagespresse belegt, daß Vergewaltigungen und sexuelle Gewalttaten nur zu oft verharmlost werden oder unterschwellig das Mitverschulden der Frauen impliziert wird. So ist von „Sexstrolchen“, „Sex-Gangstern“ oder „Lüstlingen“ die Rede, Vergewaltigungen werden als „Sex-Überfälle“ oder sogar als „Sex-Spiele“ bezeichnet. Verständnis zeigt man vor allem für die Täter, und dann wird folgendermaßen getitelt: „Pech in der Liebe: Brummifahrer (39) wurde zum Frauenmörder“, „Als ‚Versager‘ verhöhnt: Soldat erwürgt Ehefrau“, „Münchner von Frauen betrogen und verhöhnt – Nachbarin wollte ihn trösten – erdrosselt“.

Das gleiche patriarchalische Bild von der Frau als Unglücksbringerin hatte schon die frühe Antike parat.

Interessant ist mitunter die „visuelle Aufbereitung“ solcher Nachrichten. Neben einem Bericht über eine Schülerin, die sexueller Gewalt ausgesetzt war, findet sich das Bild eines barbusigen jungen Mädchens, über dem Beitrag mit der Überschrift „Sex-Folter für ‚Zweit-Frau‘“ räkelt sich eine Frau in schwarzen Dessous, und die Meldung „Telefon-Sex! Opfer brutal bedroht“ wird durch den Gürtel, der die schöne Nackte daneben schmückt, quasi versinnbildlicht.

Doch auch Beiträgen in anderen Themenbereichen muß keine andere Sichtweise der Frau zugrunde liegen. Die Illustrierte „Neue Revue“ zog nach einer von ihr in Auftrag gegebenen Umfrage zum Sexualverhalten folgendes Resümee: „Sie wollen immer öfter Sex! ... Frauen wollen im Bett gleich mehrmals Sex hintereinander! ... Frauen wollen auch immer schärferen Sex!“ Da reiht sich nahtlos die Meldung „Die neue Waffe der Frau – mit Sex an die Macht“ in der Münchner Abendzeitung ein, die nach einem Vierteljahr von der Erkenntnis „Die Männer sind zum Balzen geboren“ ergänzt wurde. Wahrscheinlich um sich nicht dem Vorwurf einseitiger Berichterstattung auszusetzen, stellte die gleiche Zeitung großzügig Platz zur Verfügung für die Schlagzeilen „In Küche und Kunst: Männer sind genial, Frauen praktisch“ und „Gefallen und gefällig sein: Ist in jeder Frau eine Hure?“

Wer von der männlichen Leserschaft mag sich nach einer Stunde noch an das Fragezeichen hinter dem Wort „Hure“ erinnert haben. Kaum vergessen haben Deutschlands Männer wohl jene nach ihnen benannte Titelgeschichte in dem Magazin „Esquire“. Aufreißer für den Beitrag war folgender Text: „Das Ende der Waschlappen: Männer sind nicht mehr sanft. Sie sind wütend. Männer wollen keinen Kuschelsex. Sie haben Lust.

Männer nicken nicht mehr stumm. Sie machen den Mund auf. Männer suchen nicht den lieben Frieden. Sie haben ein Ziel. Männer wollen Männer sein. Und eines wissen sie genau: Nur ein guter Killer ist ein guter Liebhaber." Hier kostet es Überwindung, nicht von einem Aufruf zur Gewalt gegen Frauen zu sprechen.

Da Zeitungen sich auch als Anwalt der Unterdrückten verstehen, ist auf der Titelseite ausreichend Raum für die Meldung „10 000 Münchner bekommen regelmäßig Prügel von ihren Frauen". Wie dünnhäutig und sensibel die Männerwelt reagiert, läßt sich anhand eines „Skandals" nachvollziehen, der Anfang '91 die Gemüter erregte. Die Ankündigung der Enthüllung eines männlichen Penis in Hella von Sinnens abendlicher Sendung „Weiber von Sinnen" genügte für den Aufmacher „Nackte Männer im TV: Verstoß gegen die Menschenwürde", laut Zeitung ein Zitat aus dem Umfeld des Kardinals Friedrich Wetter. Der männliche Autor des Beitrages sah sich genötigt, die Sendung als „Sex-Show" zu entlarven.

Mehr im rein quantitativen Sinne wußte jedenfalls die „Bild"-Zeitung, als sie einen Beitrag „Nymphomanin? Sheriff-Gattin beglückte halbe Stadt" überschrieb. Der Text ergänzte sodann die Fakten: Die Frau lebte im amerikanischen Fort Lauderdale – eine Stadt mit etwa 50 000 Einwohnern und eines der Homosexuellen-Zentren in den Vereinigten Staaten – und hätte als Prostituierte „mehr als 50 ehrenwerte Bürger" als Kunden gehabt.

Da die Zeitungswelt nicht nur aus Boulevardblättern besteht, sei ergänzend noch ein Zitat aus dem Kommentar eines männlichen Schreibers, Untertitel „Ein offenes Wort an die Frauen ...", in der Wochenzeitung „Die Zeit" angefügt, dem eine Erklärung der „Bundesfrauenministerin" Angela Merkel zugrunde lag: „Denn bei aller Zuversicht der tapferen Ministerin von ‚drüben', die Zeiten haben sich geändert, mit den Freundlichkeiten und – gestatten Sie ein offenes Wort – mit unserer Geduld gegenüber dem feministischen Schnickschnack der achtziger Jahre ist es vorbei. Wie Sie wissen, herrscht Krieg im Mittleren Osten, der deutsche Osten steht vor dem Bankrott, und mögen Sie beides auch für einen Vorwand halten, auf den wir Männer lange gewartet hätten, jetzt, da es um Waffen und Wachstum geht, müssen wir uns wieder auf das Wesentliche konzentrieren. Auf Männersachen."

Das sitzt, und zwar so gut, daß man es gleich noch einmal lesen möchte. Dabei sollte man aber nicht vergessen, daß „Die Zeit", so jedenfalls Claus Koch in dem Buch „Meinungsführer", „das Intelligenzblatt der Deutschen" ist. Dann gute Nacht, Deutschland!

Die Einseitigkeit in der Berichterstattung ist nicht nur der individuellen Sichtweise der Journalisten und Redakteure anzulasten, vielmehr stehen dahinter auch ökonomische Zwänge, die sich für Zeitungen und Magazine ergeben. Auf sublime Weise wird in den Printmedien durch die Auswahl der Themen ein Umfeld geschaffen, das den Erfordernissen der wichtigsten Partner entspricht, den Auftraggebern der Anzeigen. Dies wird zwar gern geleugnet, aber die gescheiterten Versuche, eine Zeitung über Käufer und Abonnenten zu finanzieren, sind Indiz für diese Gegebenheit.

Daß das aus der Zielgruppe einer Illustrierten oder Tageszeitung resultierende Interesse verschiedener Industriezweige und die Berichterstattung bzw. Schwerpunkte in den Beiträgen ein Geflecht bilden, zeichnet sich besonders deutlich bei den sogenannten Frauenzeitschriften der gehobenen Klasse ab, im deutschen Sprachraum zum Beispiel bei „Brigitte", „Für Sie", „Freundin" oder „Petra".

Eine Untersuchung von H. Ulze bestätigt die Zusammenhänge und ihre Auswirkungen. Die Auswertung eines Jahrgangs von vier Frauenzeitschriften erbrachte folgendes:

Die Themenbereiche Mode, Kosmetik und Haushalt machten bei „Brigitte" fast 48 Prozent, bei „Freundin" 53 Prozent, bei „Für Sie" an die 57 Prozent und bei „Petra" mehr als 51 Prozent des redaktionellen Teiles aus. Viel Raum gab es für „individuelle Lebensprobleme", das Thema „Frauenemanzipation" hingegen verkümmerte bei Anteilen von 1,5 bis 5 Prozent.

Dabei war und ist noch immer der größere Anteil der Beiträge darauf ausgerichtet, den Frauen zu suggerieren, daß Identität und Wert vor allem aus der erreichten Aufmerksamkeit und Zuwendung der Männer resultieren. Selbstverständlich wird in dem redaktionellem Teil auch deutlich gemacht, daß diese über das äußere Erscheinungsbild und unter Verwendung jener Produkte zu erzielen sind, die in den Anzeigen angepriesen werden.

Beispiele dafür finden sich praktisch in jedem Heft, unter anderem, wenn in einer „Freundin-Modereportage“ Rennstrecken als die „schnellsten Laufstege der Welt“ angepriesen werden. „Sehen und gesehen werden“ heißt da laut „Freundin“ die Devise, und für wen Frau da auf den Laufsteg soll, ist zweifelsfrei: Tourenwagen oder Formel-I-Boliden interessieren sich nicht für das weibliche Geschlecht. Im gleichen Heft aus dem Jahr ’92 werden zudem „traumschöne Abend-Make-ups“ gezeigt, unter der Überschrift „Verführung in Rot“. Kein Schelm, wer böses dabei denkt.

Resümierend läßt sich feststellen, daß in Tages- oder Wochenzeitungen Frauen in der Berichterstattung meist ausgeklammert werden, extrem häufig in den intellektuell „angehauchten“ Bereichen wie der Politik. Diese Einseitigkeit deckt sich mit landläufigen, abwertenden Meinungen, wonach Frauen „von Politik nichts verstehen“, alle bedeutenden Figuren dieses Spektrums stets Männer gewesen sein sollen.

Frauenzeitungen bedienen ein anderes, noch abträglicheres Klischee, wonach Frau nur einen Lebenszweck und ein Ziel hat, nämlich mit ihrem Äußeren Mann zu bezirzen, zu umgarnen – was ihn letztendlich von seinen wahren und großen Aufgaben abhält und somit zu seinem Unglück führt, an dem eben diese Zirzen schuld sind. Letzteres steht zwar selten in den Beiträgen von Frauenillustrierten wie „Freundin“ oder „Petra“, wird aber immer wieder von Dichtern unterstellt, von Homer („Illias“) bis Gottfried Benn („Briefe an Elinor Büller“).

Eindeutiger und noch unerfreulicher sind die Produkte der sogenannten yellow press. Hier kann nach zwei großen Kategorien unterschieden werden. Da gibt es jene Blätter, die mit den Frauen als Zielgruppe jeden wirklichen und jeden vermuteten Wimpernschlag in Wort und Bild wiedergeben, vorausgesetzt, das dazugehörige Auge gehört einem Wesen des Hoch-, Geld- oder Filmadels. In diesen Gazetten wimmelt es nur so von

Schicksalsschlägen, doch immer ist die Liebe im Spiel, und manchmal siegt sie auch. Hier sind die Frauen zumeist „verzweifelt", „zärtlich und nervös", oder sie „hauchen" leise und mit tränenüberströmtem Gesicht. Natürlich Worte der Liebe. Damit dieses Bild nicht zu einseitig wird, darf ein paar Seiten weiter ein Mann seine Erfahrungen an die Frau bringen. Überschrift: „Das naive Mädchen vom Lande entpuppte sich als ausgekochtes Biest". Die Welt der Frauen ist aufgeteilt in die Kategorien Herz/Schmerz und Schlampe.

Ist in diesen „goldenen" Blättern Frau also auf die Rollen Seelchen oder Biest reduziert, hat sie in der zweiten Kategorie nur eine vorrangige „Funktion". Sie muß heißen Sex „bis zum Mehrfach-Höhepunkt" machen, gesteht, daß sie „wilden Sex mit 2 starken Muskel-Typen" machen will, und das Ganze wird mit Pin-up Fotos garniert: Frau allein, Frau mit Mann, Frau mit Frau, aber immer hemmungslos, zumindest verführerisch und nackt. Wenn nicht gerade berichtet wird, „was nachts in deutschen Schlafzimmern abgeht", widmet man sich auch anderen Problemen, Vergewaltigungen zum Beispiel. Der Tenor ist dabei stets der gleiche und wird im folgenden Zitat präzise zum Ausdruck gebracht: „die Opfer sind den brutalen Vergewaltigern, Schlägern und Schwerverbrechern hilflos ausgeliefert".

Für potentielle Täter hat man guten Rat, denn „viele Frauen benutzen ihren Gang als ‚Waffe' – und sind dann auch im Bett ziemlich scharf".

Diese beiden Zitate entstammen übrigens einer Ausgabe von „Coupé" und bedürfen keiner weiteren Interpretation. Zielgruppe der „jungen Illustrierten" ist vor allem jener männliche Teil der Bevölkerung, dem „Playboy" und „Penthouse" zu teuer sind – und der zu verlogen ist, sich gleich richtige Pornohefte zu kaufen.

Es ist jedoch nicht notwendig, zu solchen Druckerzeugnissen zu greifen, um auf ein Frauenbild zu stoßen, das ewigen patriarchalischen Vorstellungen entspricht. Die Zeitschrift „Eltern", die sich in geradezu rührender Weise besonders um das Kind an sich sowie um viele zwischenmenschliche Bereiche kümmert, druckte folgende tröstliche Erkenntnis ab: „Ein außereheliches

Verhältnis des Mannes kann Ausdruck einer Lebenskrise sein, und wenn auch die persönliche Eitelkeit darunter leidet, die Frau sollte daran erkennen, daß ihr Mann nicht seinem schlechten Charakter, sondern einem Naturereignis erlegen ist." Für den Fall, daß letzteres einer Frau widerfahren würde, hob „Eltern" mahnend den Finger: „Tatsache ist jedenfalls, daß für die meisten Ehemänner schon allein der Gedanke an die Untreue der Partnerin zutiefst verletzend ist … Untreu zu werden kann eine sehr mächtige, aber auch für die Ehe sehr gefährliche weibliche Waffe sein."

Da ja das Eheleben nicht nur aus Seitensprüngen besteht, gab es für die Frau noch einen guten Rat für ein aktives Sexualleben: „Wenn sich ihr Mann im Büro geärgert hat, bevorzugen Sie eine Position, in der er der ‚Herr' ist. Ist er müde und entspannungsbedürftig, wählen Sie eine Stellung, in der Sie das Kommando (aber auch die Arbeit) haben."

Diese Erkenntnisse propagierte „Eltern" schon Mitte der siebziger Jahre, leider ist nicht davon auszugehen, daß sie sich in der männlichen Vorstellungswelt gänzlich überholt haben. Schließlich setzen chauvinistische „bildfördernde" Maßnahmen schon im Kleinkindalter ein und prägen die Erkenntniswelt späterer Männer – und Frauen. Und bereits für diese Altersgruppe präsentiert das gedruckte Wort das herkömmliche Bild.

Die Münchner Buchhändlerin Sybille Strack-Zimmermann machte sich die Mühe, 3000 Bilderbücher auf ihre Inhalte hin zu untersuchen. In 568 Büchern waren Jungen die Protagonisten, in 218 Büchern Mädchen, der andere, überwiegende Teil beschäftigte sich mit Sach- oder Tiergeschichten. Die Jungen dürfen sich in 32 unterschiedlichen Rollen tummeln, vom Raumfahrer bis zum tapferen Ritter und Drachentöter, während Mädchen auf 11 eher konventionelle Gestalten festgelegt sind, die kaum außer Haus gehen, wenig unternehmen, auch weil sie oft irgend jemand pflegen und umsorgen müssen. Einzige Ausnahme, wo sie sich mitunter austoben dürfen, ist die Rolle als Hexe. Die Erwachsenenwelt läßt grüßen.

Sie okkupiert zwischenzeitlich auch vermehrt einen anderen Bereich der Medienwelt, der bisher eher den Jüngeren vorbehalten war, die Comic-Strips. Dieser Umstand verdient hier Erwähnung, weil es nicht Bölls Katharina Blum ist, die auf einmal als Comicfigur erscheint. Zwar handeln die gezeichneten Bilder für Erwachsene auch von Frauen, aber diese sind sexuell enthemmt, stellen sich willig für Vergewaltigungen, Sadomaso und jede erdenkliche Sexpraktik mit jedem erdenklichen Wesen zur Verfügung. Die Feder führen fast ausschließlich Männer, und was sie, unbeschadet ihrer künstlerischen Fähigkeiten, aufs Papier und millionenfach in Umlauf bringen, ist frauenfeindlich.

Ein anderes finsteres Kapitel der medientechnischen Diskriminierung von Frauen ist die Werbung. Hier beschränkt man sich im wesentlichen auf zwei Stereotype: einmal die Hausfrau und Mutter, zum anderen die attraktive und verführerische, mitunter „unabhängige" junge Frau, die gerne mit ihrem nackten Körper für Produktwerbung eingesetzt wird. Läßt sich dies im Bereich von Kosmetika noch annähernd nachvollziehen, erzeugt die Frage „Sind Sie sicher, daß Ihr Produkt dazwischenpaßt?" angesichts von zwei Brüsten auf einem Fernsehbildschirm Ratlosigkeit, denn es sollten damit vom Verlag deutscher Zeitschriftenverleger potentielle Werbekunden angesprochen werden.

Unter der Überschrift „Gut gebaut ... jetzt auch in Ottobrunn" wurden beispielsweise Eigentumswohnungen in der „Süddeutschen Zeitung" angeboten. Als Argument für den Kauf mußte eine barbusige Schöne herhalten, der – immerhin – ein Body-Builder mit nacktem Oberkörper zur Seite stand.

Mit nackten Tatsachen wurden Heinrich Dry Gin ebenso angepriesen wie Luxaflex-Jalousien, Pen-Kugelschreiber oder Fix- und Fertigmörtel.

Zwar werden mittlerweile Produkte wie Autozubehör (Detlef & Werner) oder Zigaretten (HB-Slogan: Offen für leicht Anzügliches) seltener mit blankem Busen und Po verkauft, aber das heißt nicht, daß sexistische, herabwürdigende Werbung weitestgehend verschwunden wäre. Die Methoden sind subtiler geworden. Wenn eine langbeinige Schöne auf einem Polstermöbel liegt und im Text „weiche runde Formen … herausfordernde Formgebung … eigensinniges Linienspiel“ versprochen werden, da muß Mann doch sicher nicht lange überlegen, wie das gemeint sein könnte. Mitunter kommt die Werbung wie zum Beispiel in einem Prospekt der Büromöbelfirma Fortschritt GmbH ohne weibliches Model aus. Das ist wohl auch unnötig, wenn zu lesen ist, daß man auf einem einfachen Tisch, „wenn man geübt ist, eine Frau beschlafen“ kann, der Fortschritt-Schreibtisch hingegen noch für die Installation von High-Tech geeignet sei.

Überhaupt nicht geeignet ist jedenfalls derartige Werbung, um der fortlaufenden Diskriminierung von Frauen ein Ende zu machen.

Verzichtet man hingegen darauf, mit der Frau als Sexualobjekt Kasse zu machen, sind die Aussagen nicht wesentlich erfreulicher. Beispielhaft dafür ist eine Anzeige der Firma Polaroid. Zum Bild einer bekleideten Frau neben der geöffneten Motorhaube eines Wagens gehört folgender Text: „So ungefähr nach einem Kilometer bleibt plötzlich der Motor stehen. Ich mache die Haube auf, und da sehe ich es schon: Das Teil, also dieser Lufteinlaß … also dieses Metalldings neben dem Dings … na, wie heißt das denn bloß … Mensch, wenn ich es doch nur besser beschreiben könnte!“

Dieses Bild der fröhlichen, aber leicht naiven Frau, des „Dummerchens“, wird gerne im Bereich technischer Geräte gezeichnet, aber auch, wenn es um eine „Domäne“ von Müttern und Ehegattinnen geht, den Haushalt. Bei Fernsehspots erklärt häufig eine männliche Stimme aus dem Off die Vorgänge, als wären Frauen nicht in der Lage, den Unterschied von weiß und superweiß zu erfassen.

Doch jedem, für den sich die Frau als unbekanntes Wesen noch hinter einem Grauschleier versteckt, bietet die Werbebranche aufschlußreiche Erkenntnisse: „Die beste Visitenkarte für einen Mann ist immer noch eine schöne Frau“, „Ab Größe 42 ist man nicht schick, sondern dick“, „Ein Mann darf Falten haben. Eine Frau nicht“, „Gönnen Sie ihm etwas Zärtlichkeit. Seine Arbeit ist hart genug“, wird da getextet, und der Jeans-Hersteller Wrangler gibt seinen männlichen Kunden folgenden

Ratschlag: „Lieber eine, die was aushält, als eine, die nicht auszuhalten ist". Und damit auch niemand die Anzeige falsch versteht, sind auf dem Photo Frauenhände damit beschäftigt, den Reißverschluß einer Jeans zu öffnen.

Aber zum Glück gibt es den Zentralverband der deutschen Werbewirtschaft, der sich mit solchen Auswüchsen beschäftigt, und eine Broschüre mit dem Titel „Nackte Tatsachen – das Frauenbild in der Werbung", die 1992 herausgegeben wurde. Autor Volker Nickel kommt darin zu der beruhigenden Erkenntnis, daß es frauenfeindliche Werbung kaum noch gebe, und konnte die wahren Schuldigen am angekratzten Image der Branche ausmachen. Es sind die kritischen Frauen. „Ihre Werbekritik entpuppt sich bei näherer Beleuchtung als Vehikel zum Transport einer genuß- und lustfeindlichen Gesellschaft", denn, so weiß der Autor der „Nackten Tatsachen", „wenn zum Beispiel ein psychisch gesunder Mensch eine Werbung mit erotischen Elementen sieht, dann wird er daraufhin nicht zum Vergewaltiger".

Wie wahr, wie wahr, möchte man Herrn Nickel zurufen, wenn man nicht von der dunklen Ahnung geplagt wäre, daß „psychisch gesunde" Menschen immer seltener werden und daß es nicht der öffentliche nackte Busen allein ist, der Männer zu Vergewaltigern macht. Das irreale, herabwürdigende, abschätzige Bild von Frauen, das von der Werbung zum Teil propagiert wird, hat daran wesentlich mehr Anteile.

Leider weiß das Medium Film dem nichts von Bedeutung entgegenzusetzen. Diesbezügliche wissenschaftliche Untersuchungen datieren zwar zumeist, wie bei den Printmedien, aus den 70er und 80er Jahren, doch selbst wenn man einen gewissen Wandel unterstellt: die damaligen Ergebnisse waren von einer solchen Eindeutigkeit, daß man nicht fürchten muß, sie wären nicht mehr relevant. Besonders aussagekräftig sind die Antworten auf die Frage nach der Präsenz von Frauen in Spielfilmen. Die Küchenhoff-Studie, eine Untersuchung von der Universität Münster, kam durch die Auswertung aller Filme mit Spielhandlung in einem Zeitraum von anderthalb Monaten zu dem Resultat, daß 68 Prozent aller tragenden Rollen Männern vorbehalten waren. Dieser Trend erreichte bei Actionfilmen, die immerhin fast die Hälfte des Programms ausmachten, einen absoluten Spitzenwert; bei 12 Prozent dieser Filme war weit und breit keine einzige Frau zu sehen, bei 68 Prozent Frauen nur mehr oder minder „Beiwerk".

Wenn die Handlung Platz für Liebe oder eine Familie ließ, wirkten zwar fast ebenso viele Frauen wie Männer mit, aber die wichtigen Rollen waren dennoch zumeist den Männern vorbehalten. Die Frauen durften im Gegenzug zu fast gleichen Teilen „romantisch-verträumt", „mütterlich", „sportlich", „ladyhaft" oder „naiv" sein. Eines ist ihnen allen gemeinsam: „im Mittelpunkt ihres Daseins, ihrer Aktivitäten und Initiativen stehen im wesentlichen ihre Beziehungen zu Männern". Das ändert sich auch grundsätzlich nicht, wenn Frauen Hauptrollen spielen, gleichgültig, ob sie Autorennen fahren (Brooke Shields in „Sahara") oder vielleicht einen Mörder jagen. So haben Frauen nur begrenzte Mittel, sich in Szene zu setzen. Gitta Mühlen-Achs, Lehrbeauftragte an der Hochschule für Fernsehen und Film in München, schlüsselte dieses Faktum detailliert auf: „Allein durch ihre ‚Attraktivität', ‚Hilflosigkeit', Schwäche, ‚Dummheit' oder manchmal ‚Aufmüpfigkeit' gegen ihre Herren gelingt es ihnen, von Männern verehrt, verführt, belehrt, gerettet, erobert, terrorisiert, vergewaltigt, ermordet zu werden; selbst ganz ohne Eigenschaften, reduziert nur auf ihre sexuelle Anziehungskraft, kann eine Frau das Prestige ihres ‚Besitzers' (gegenüber anderen Männern) noch vermehren."

Weniger vielfältig ist hingegen die „Funktion" von Frauen in sogenannten Männermagazinen und Softpornos. Von den privaten Fernsehstationen vielleicht ins Programm genommen, um den deutschen Mann zu Hause im Schoß der Familie zu halten, sind sie bestens geeignet, die letzten Zweifel eines Mannes an seinem sexistischen Frauenbild zu zerstören. Wenn es in der Lederhose jodelt, dann sind Frauen auf ihren Körper reduziert, präziser, auf zwei Regionen ihres Körpers. Ist es dem Regisseur eingefallen, seine Darstellerinnen sprechen zu lassen, so dürfen sie sich nur auf dem niedrigsten Niveau äußern, denn es ist ihre vornehmliche Aufgabe, sich unablässig auszuziehen, auf Männer zu stürzen oder Männer auf sich stürzen zu lassen, um sofort ekstatisch zu stöhnen und sich vor lauter Lust die Glieder zu verrenken.

Was in diesen dümmlichen Machwerken ebenso wie in deren Pendants aus dem Ausland propagiert wird, sind Frauen, die allzeit und überall für Sex verfügbar sind. Will man dem Geschehen in den Filmen Glauben schenken, dann wünschen sich diese Frauen nichts sehnlicher und öfter, als der Lust an sich und besonders der männlichen zu dienen und sie zu befriedigen. Oft wird dabei der Eindruck erweckt, daß selbst Frauen, die aus für den Mann unverständlichen Gründen einmal keine Lust auf Sex haben, eigentlich doch nichts anderes wollen. Daß diese Sichtweise Gefährliches im Kopf eines Mannes anrichtet, bedarf keiner weiteren Erläuterung. Die Behauptung, daß diese Filme harmlos wären, da sie angeblich nur von einer verschwindend geringen Minderheit der Männer gesehen würden, ist hingegen mit Vorsicht zu genießen. Täglich gehen etwa 1,2 Millionen deutsche Männer zu Prostituierten, bei Umfragen behaupten aber 9 von 10 Männern, daß sie noch nie bei einer Prostituierten gewesen wären.

Sogenannte Erotik-Magazine wie „Playboy Late Night", „Emotions", „M" oder „Serie Rose" unterscheiden sich vom Gros der Softpornos zumeist durch die Tatsache, daß kaum noch Gründe vorgegeben werden, um Frauen als reines Objekt visueller männlicher Begierde agieren zu lassen. In der daraus resultierenden Monotonie der Darstellungsweise liegt dann wohl auch die Wirkung, die durch Frauenbilder aus anderen Medienbereichen letztlich ergänzt wird.

Wesentliches Moment dieses Zusammenwirkens ist, daß einerseits Frauen in bestimmten Medienbereichen nicht oder kaum vorkommen, als Sexualobjekt aber überrepräsentiert sind.

Raum wird Frauen allerdings noch für die Rolle als Hausfrau und Mutter gegeben, als Bewahrerin der Familie, als staatstragende Institution. Das sieht auch das Zweite Deutsche Fernsehen so und ließ deshalb in seine Programmrichtlinien den denkwürdigen Satz schreiben: „Ehe und Familie dürfen als Institution nicht in Frage gestellt, herabgewürdigt oder verhöhnt werden. In diesem Rahmen sind analytische und kritische Auseinandersetzungen mit Ehe- und Familienproblemen dann erlaubt, wenn sie nicht im Übermaß gesendet werden; künstlerisch-dramatische Behandlungen, wenn die Zerrüttung von Ehe und Familie nicht als Normalfall erscheinen."

Daß auch im ZDF Frauen herabgewürdigt und verhöhnt werden, braucht die Programmacher jedoch nicht zu beunruhigen. Im Gegenteil, dadurch ist gewährleistet, daß die alten Strukturen erhalten bleiben, Macht und Herrschaft des Mannes nicht in Frage gestellt werden und damit auch die Familie, der Hort der männlichen Gewalt gegen Frauen, nicht angetastet wird. Dies geschieht in den verschiedensten Abstufungen in Bild und Wort von hart („Diese Nutte verdient es nicht anders") bis zart („Ihre Gedichte sind so kraftvoll und rein, man könnte glauben, sie sind von einem Mann geschrieben!").

Die Medien unserer Tage sind immer noch ein Instrument der Männer und auch deshalb an der mehr oder meist weniger subtilen Diskriminierung der Frauen beteiligt. Sie begünstigen und fördern mit ihrem Bild der Frau als Mensch einer untergeordneten zweiten Klasse unserer Gesellschaft die vorhandenen Ressentiments. Frauen werden in unserem Land nicht deportiert, nicht systematisch umgebracht. Aber sie werden geprügelt, krankenhausreif geschlagen, vergewaltigt und ermordet. Von Männern.

Staatsgewalt gegen Frauen

Diskriminierung per Gesetz und durch Gottes Diener auf Erden

Die geistigen Väter der Bundesrepublik Deutschland haben sich wirklich alle Mühe gegeben. Über die Grundrechte der Bürger schrieben sie in Artikel 1 des Grundgesetzes: „Die Würde des Menschen ist unantastbar. Sie zu achten und zu schützen ist Verpflichtung aller staatlichen Gewalt." Und damit auch keine Irrtümer vorkommen können und niemand benachteiligt wird, präzisierten sie in Artikel 3:

„(1) Alle Menschen sind vor dem Gesetz gleich. (2) Männer und Frauen sind gleichberechtigt. (3) Niemand darf wegen seines Geschlechtes, seiner Abstammung, seiner Rasse, seiner Sprache, seiner Heimat und Herkunft, seines Glaubens, seiner religiösen oder politischen Anschauungen benachteiligt oder bevorzugt werden."

Am 23. Mai 1949 wurde das Grundgesetz für die Bundesrepublik Deutschland vom Parlamentarischen Rat verkündet – und dann muß das Ganze in Vergessenheit geraten sein, denn anders läßt sich die Situation von Frauen in „diesem, unserem Lande" wohl nicht erklären.

Ein sogenannter Rechtsstaat wie die Bundesrepublik wird von der Troika der staatstragenden Bereiche Legislative, Judikatur und Exekutive getragen, und spätestens wenn man sich dies vergegenwärtigt, kommt Verständnis für die Diskrepanz von Absicht und Realität auf. Selbst am Ende des zweiten Jahrtausends sind diese Säulen der Demokratie noch immer Männerdomänen. Dem Deutschen Bundestag gehören im Frühjahr 1994 nur 136 Frauen an, bei 656 Sitzen insgesamt. Das entspricht einem Anteil von 20 Prozent, wohingegen Frauen mehr als 50 Prozent der Bevölkerung ausmachen. In den Fraktionen von CDU/CSU, F.D.P. und SPD ergibt sich gleichfalls ein desolates Bild. Bei Bündnis 90/Die Grünen und PDS sind Frauen zahlenmäßig zwar besser vertreten, doch das braucht die Männerriege der etablierten Altparteien nicht zu beunruhigen. Beide Fraktionen haben nicht das politische Gewicht, einem unerwünschten Gesetz zur Verabschiedung zu verhelfen.

Das quantitative Defizit an Frauen in der Politik wird von den zumeist männlichen Politikwissenschaftlern fast ausschließlich auf ein Desinteresse zurückgeführt, ohne dies jedoch näher zu definieren, geschweige denn nach effektiven Ursachen zu fragen. Birgit Meyer, Professorin für Politikwissenschaft in Esslingen, stellte hingegen fest, daß den meisten Studien zur Thematik „Frauen und Politik" Fragen zugrunde lagen, die dem männlichen Politikverständnis entsprachen, politisches Leben und Denken von Frauen hingegen außer acht ließen. Das Interesse an Politik wurde nämlich anhand der „Häufigkeit der Teilnahme" an politischen Versammlungen und politischen Diskussionen bemessen, Parteienmitgliedschaft bzw. Bereitschaft, einer Partei beizutreten, diente ebenfalls als Gradmesser.

Bei dieser Fragestellung müssen Frauen zwangsläufig schlechter abschneiden als Vertreter des männlichen Geschlechts. Das fängt mit solch banalen Gegebenheiten an, daß eine Frau mit einem oder mehreren Kindern nicht ohne weiteres am Abend zur Versammlung des Bezirksvorstandes der Partei gehen kann, es sei denn, sie hat einen häuslichen und politisch nicht selbst aktiven Partner oder einen gewerblichen Babysitter. Die gesellschaftliche Situation verhindert politische Tätigkeiten im herkömmlichen Sinne von Frauen eher, als daß sie sie fördert. Nicht zuletzt aus solchen Gründen liegt das politische Betätigungsfeld von Frauen auf einer anderen Ebene. Sie sind in der autonomen Frauenbewegung, bei Friedens- und Bürgerinitiativen und anderen „überparteilichen" Organisationen engagiert.

Birgit Meyer formuliert es so: „Andere Untersuchungen zum sozialen und politischen Engagement von Frauen zeigen, daß diese ein großes gesellschaftspolitisches Aktivitätspotential in Bereichen ausagieren, die sie selber nicht als politisch bezeichnen würden, die aber sehr wohl politische sind im Sinne von gesamtgesellschaftlichen Auswirkungen."

Daß Frauen sich Bereiche außerhalb der traditionellen Territorien suchen, hängt sicher auch mit der Verkrustung der männerbestimmten Politik zusammen, in der Sachzwang vor kreativem Denken geht, Ideologie den Sinn für Realität ersetzt und der Glaube an „Machbarkeit“ als hohe Tugend gilt. Solche Doktrin sorgt gleichzeitig dafür, Frauen aus dem politischen Geschäft fernzuhalten bzw. sie nur zu tolerieren, wenn sie die männlichen Attribute übernommen haben – was man ihnen dann zum Vorwurf macht.

Treten aber Frauen zu dem Versuch an, in bester parlamentarischer Tradition durch Votum und Gesetz dem drohenden Rückschritt ins politische Mittelalter entgegenzuwirken, werden sie mit allem Nachdruck auf ihre Grenzen hingewiesen, Grenzen, die von Männern gezogen werden.

Der politische Streit um den § 218, um die Möglichkeit, das eher repressive Abtreibungsgesetz in den alten Bundesländern 1992 durch das liberalere der neuen Bundesländer zu ersetzen, hat gezeigt, daß in unserer Demokratie nicht nur Stimmenverhältnisse im Bundestag für die Novellierung von Gesetzen entscheidend sind, sondern auch das Geschlecht. Was Politiker als eine Frage von Ethik und christlicher Moral verkauften, war in Wirklichkeit der Kampf des Patriarchats um die Möglichkeit des Zugriffs und der regulativen Handhabe bezüglich der gesellschaftliche Position von Frauen in der BRD.

Das Horrorszenario von abertausenden ermordeten Embryonen und unverantwortlichen Frauen als Täterinnen diente vor allem der Überlagerung der eigentlichen Motive auf Seiten jener Politiker, die permanent vom Schutz des ungeborenen Lebens sprachen und dabei den Schutz des geborenen Lebens bereits ganz aus den Augen verloren hatten.

Es geht also um Macht. Mit der Gewalt des Gesetzes sollen Frauen vermehrt in die Mütterlichkeit gedrängt werden, weg von den Jobs, von denen es nicht einmal für Männer genug gab. Der Schwangerschaftsabbruch also als arbeitsmarkttechnische Maßnahme?

Wenn auch mit einer anderen Zielrichtung, nämlich dem Fortbestand der „arischen Rasse“, hatten bereits die Nationalsozialisten das seit dem Jahr 1871 bestehende Gesetz verschärft. Dieser Sachverhalt war wohl Max Streibl, zu dem Zeitpunkt noch bayerischer Ministerpräsident, nicht ganz gegenwärtig, als er in der Abtreibungsfrage Parallelen zum Dritten Reich sah: „Wenn wir mit Euthanasie erst anfangen, dann wissen wir nicht, wo das endet." Und ein Gegner der Fristenlösung aus dem klerikalen Lager forderte, „dem Auschwitz des Jahres 2000" ein Ende zu machen. Kardinal Joseph Ratzinger deckte gleich noch Zusammenhänge auf und sah Schwangerschaftsabbrüche, dieses „Blutbad im Verborgenen", als direkte Folge des Feminismus.

Zwar wurde aufgrund massiver Proteste von Frauen in der Öffentlichkeit und in den Fraktionen ein parteiübergreifender Gruppenantrag, der den Kompromiß einer Fristenlösung mit Beratungspflicht vorsah, mit 355 Jastimmen gegen 283 Neinstimmen bei 16 Enthaltungen angenommen, doch die gegnerische Allianz aus Politik und Kirche gab noch nicht auf.

Sowohl die Ankündigung der bayerischen Justizministerin Mathilde Berghofer-Weichner, die Bayerische Staatsregierung werde vor das Bundesverfassungsgericht gehen, als auch das Urteil dieses Gerichts spiegeln die gesellschaftlichen Verhältnisse in der Bundesrepublik wider. Die sieben Richter und eine Richterin erklärten das vom Bundestag verabschiedete Abtreibungsrecht in weiten Teilen für verfassungswidrig und kamen zu dem sibyllinischen Schluß, daß Abtreibung in den ersten drei Monaten einer Schwangerschaft zwar rechtswidrig, aber nicht straffähig sei, weshalb eine betroffene Frau eben die Kosten einer Schwangerschaftsunterbrechung selber zahlen müsse. Einzige Ausnahme war nach diesem Urteil eine eng gefaßte Notlagenindikation, nämlich bei Gefahr für Mutter oder Kind bzw. nach einer Vergewaltigung. Kommentar der damaligen Sprecherin von Bündnis 90/Grüne: „Wir müssen jetzt wohl auch noch darangehen, das Frauenwahlrecht zu verteidigen."

Doch diese Sorge war unbegründet. Zum gleichen Zeitpunkt legte sich nämlich die Verfassungskommission auf eine Formulierung fest, die als Ergänzung des Gleichberechtigungsgebots im Grundgesetz zur Verbesserung der gesellschaftlichen Situation von Frauen beitragen sollte. Artikel 3 (2) sollte folgendermaßen ergänzt werden: „Der Staat fördert die tatsächliche Durchsetzung der Gleichberechtigung von Frauen und Männern und wirkt auf die Beseitigung bestehender Nachteile hin."

Besser läßt sich die Ungleichbehandlung von Frauen, der permanente Bruch des Grundgesetzes nicht mehr dokumentieren. Den Parteien war damit ein weiterer genialer Schachzug im Krieg der Unterdrückung gelungen. Einerseits war formal der Forderung der Frauen in den eigenen Parteien und der emanzipatorischen Bewegung Genüge getan, andererseits brauchte das Männerestablishment nicht fürchten, daß diese Regelung irgendwelche Konsequenzen haben würde. Der verfassungspolitische Sprecher der Union, Friedrich-Adolf Jahn, verkündete dann auch stolz, der Staat müsse jetzt nicht etwa für die tatsächliche Gleichstellung von Mann und Frau sorgen, vielmehr sei lediglich die staatliche Pflicht zur Gewährung gleicher Chancen festgeschrieben.

In einer anderen Frage erkannten die Herren der gesetzgebenden Fraktion gleichfalls ihre Pflicht, ohne allerdings das Risiko einzugehen, irgendwelche Konsequenzen zu erwägen. Es ging um Vergewaltigungen in Ehen. Im Gegensatz zu anderen Ländern war in der Bundesrepublik 1988 die sexuelle Gewalt gegen Ehefrauen kein Straftatbestand. Ein entsprechender Gesetzesentwurf der damaligen Familienministerin Rita Süssmuth wurde seinerzeit von der Männerriege in der eigenen Fraktion abgeschmettert. Die Herren fürchteten, daß mit der Strafandrohung für Vergewaltigungen in Ehen die Scheidungsrate erheblich ansteigen würde.

Drei Jahre später nahm dankenswerterweise die SPD-Fraktion den Gedanken noch einmal auf. Immerhin sollte in deren Entwurf die sexuelle Gewalt in der Ehe als Offizialdelikt behandelt werden, was bedeutet hätte, das Verbrechen muß von Amts wegen verfolgt werden. Doch auch in der SPD sind die Männer stärker vertreten. Also hatte Mann Spielraum geschaffen: „Das Gericht kann die Strafe mildern oder von der Strafe absehen, wenn dies im Interesse der Aufrechterhaltung ehelicher oder eheähnlicher Bindungen zwischen dem Opfer und dem Täter geboten ist."

Ein zugegebenermaßen genialer Schachzug, mit dem es gelungen wäre, Männer und deren Verständnis von Männlichkeit nicht allzu sehr zu bedrohen.

Dieser Entwurf wurde allerdings ebensowenig in Gesetzestext umgesetzt wie 1992 die Forderung der Bundesfrauenministerin Angela Merkel, den Paragraphen 177 des Strafgesetzbuches zu reformieren. Dort heißt es nämlich noch immer, daß nur der sich der Vergewaltigung schuldig macht, „wer eine Frau mit Gewalt oder durch Drohung mit gegenwärtiger Gefahr für Leib oder Leben zum außerehelichen Beischlaf mit ihm oder einem Dritten nötigt ..." Die von Frau Merkel vorgeschlagene Änderung sollte bewirken, daß Frauen nicht mehr zum Nachweis ihrer heftigen Gegenwehr gezwungen wären, um eine Vergewaltigung vor Gericht glaubhaft zu machen. Die Folge dieser Handhabe war zum Beispiel, daß ein Mann eine Anhalterin vergewaltigt, anschließend erdrosselt und verstümmelt hatte und trotzdem nur wegen Nötigung und Totschlag verurteilt wurde. Begründung des Gerichts: Die Frau habe sich nicht genug gewehrt, und es sei nicht nachgewiesen, daß der Mann sie von vornherein töten wollte.

Der Bundesgerichtshof legte im Juli 1993 noch einmal nach und bestätigte, daß eine Vergewaltigung nur vorläge, wenn sich das Opfer noch während des erzwungenen Beischlafs zur Wehr gesetzt habe.

Es ist eher als Normalfall zu bezeichnen, daß Politiker das Grundgesetz und wesentliche Forderungen von Frauen ignorieren. Besonders die konservativen, männlichen Vertreter dieser Zunft sind bemüht, legislative Veränderungen für die Situation der Frauen nicht nur zu verhindern, sondern nach Möglichkeit restriktiv zu gestalten. Dieses reaktionäre Potential ist damit mitverantwortlich an der Gewalt gegen Frauen.

Doch das Unrecht wird nicht einmal im Rahmen der bestehenden Gesetzgebung geahndet. Auch die zweite Säule der Demokratie, die Judikatur, hat ihre Tücken. Zwar ist im Verlauf der Jahrzehnte der Anteil weiblicher Richter von etwas mehr als 3 Prozent in den 60er Jahren durchaus angestiegen, aber Justitia ist immer noch und ungefährdet fest in Männerhand. Das läßt sich bei der Zusammensetzung der höchsten richterlichen Instanz der BRD, dem Bundesverfassungsgericht, nachvollziehen, gilt aber auch für Amtsgerichte. Die Wahrscheinlichkeit, auf einen Mann als Richter zu treffen, ist also groß und damit auch die Möglichkeit, auf alle klassischen, männlichen Vorurteile zu stoßen.

Eine Frau will nachts nach Hause trampen. Ein Bus hält an, und die Frau steigt ein, um den Fahrer zu fragen, wohin er fährt. Der Fahrer schließt die Tür und fährt mit dem ansonsten leeren Bus los. Als er wieder hält, vergewaltigt er die Frau. Vor Gericht leugnet der Mann die Tat und behauptet, die Frau hätte ihm Geschlechtsverkehr angeboten und 30 Mark dafür verlangt. Nachdem der Richter in erster Instanz das Verfahren weiterverwiesen hat, kommt der Richter im zweiten Prozeß zu folgendem Urteil: „Unterstellt man, daß es sich bei der Zeugin W. entsprechend der Einlassung des Angeklagten um eine Gelegenheitsprostituierte handelt, so wären sowohl der relativ niedrige Preis als auch der Verzicht auf eine bei gewerbsmäßigen Prostituierten übliche Vorkasse denkbar."

Jede Frau ist eine potentielle Hure, und außerdem gab es keine Kratzspuren und keine zerrissenen Kleidungsstücke, und im Zweifelsfalle für den Angeklagten – hat sich vielleicht der Richter gedacht. Er braucht allerdings keine Befürchtungen zu haben, mit dieser Ansicht allein zu stehen. Zitat aus einer anderen Urteilsbegründung:

„Ein minderschwerer Fall wird namentlich dann in Betracht kommen, wenn das Opfer dem Täter – sei es auch ungewollt – Anlaß zur Tat gegeben hat … Insofern hat sich die Tat aus einer geschlechtsspezifischen Situationsverkennung heraus entwikkelt. Als dem Angeklagten schließlich deutlich wurde, daß die Zeugin nicht bereit war, den Geschlechtsverkehr freiwillig mit ihm auszuüben, hatte ihn die zunehmende sexuelle Spannung in seiner Handlungsfreiheit eingeengt …"

Beim Lesen dieser Zeilen hat man allerdings eher den Eindruck, das Urteilsvermögen des Richters müsse gänzlich auf männliche Normen eingeengt gewesen sein.

Keinen Zweifel an seiner Einstellung ließ auch jener Richter, der kein Verständnis für die Strafanzeige der vergewaltigten

Frau aufbrachte. „Was haben sie eigentlich, das ist doch ein ganz attraktiver Mann“, war sein Kommentar, als der Angeklagte vorgeführt wurde.

Auch die Rechtsanwälte haben ein gewichtiges Wort mitzureden. So jedenfalls bei einem Möbelkaufmann, der bei Dunkelheit und Regen ein Mädchen an der Bushaltestelle stehen sah, seinen Mercedes 500 anhielt und die Sechzehnjährige fragte, ob er sie mitnehmen soll. Das Mädchen stieg ein, doch nun kam in dem Mann ein „sonderbares Gefühl“ auf, er fuhr zu einer Kiesgrube und vergewaltigte das Mädchen. Aufgrund der Anzeige der Mutter wurde der geständige Kaufmann zu zweieinhalb Jahren Gefängnis verurteilt. Dem Mann war das zuviel. Er nahm sich zwei renommierte Anwälte und die Investition zahlte sich für ihn aus. Der Bundesgerichtshof hob das Urteil auf, und in nächster Instanz folgte das Gericht der Einwendung der Rechtsanwälte, daß ihr Mandant das Geständnis nur abgelegt habe, weil er glaubte, damit glimpflicher davonzukommen. Der Richter war davon beeindruckt und befand: „Eine Vergewaltigung hat nicht stattgefunden. Der Angeklagte hat weder Gewalt angewendet noch gedroht!“ Das Mädchen, das zur Tatzeit betrunken war, hatte eben diese Gewalt vermeiden wollen: „Ich habe stillgehalten, um nicht die Aggressivität des Mannes zu wecken. Das hat mir meine Mutter so eingebleut.“

In den Augen des Richters offensichtlich eine falsche Erziehung. Das Mädchen hätte sich wohl auf eine Art wehren müssen, daß sie zusammengeschlagen, gewürgt oder vielleicht sogar umgebracht worden wäre, aber sie hätte dann wenigstens das Gericht von der Richtigkeit ihrer Anzeige überzeugen können.

Ein anderer Fall, ein anderer Richter, und auch hier gab es dieselbe geistige Kumpanei zwischen Täter und Justizvertreter. Ein Mann hatte eine 51jährige Frau in seine Wohnung verschleppt, sie dort 9 Stunden festgehalten und mehrmals vergewaltigt. Zwar hielt der Richter am Krefelder Landgericht die Aussage der Frau für glaubwürdig, aber das hinderte ihn nicht, den Täter freizusprechen. Er begründete dies damit, daß der Vergewaltiger möglicherweise den Widerstand der Frau „als unverständliches Zieren empfunden" habe und somit zu einer „Fehlbewertung" der Situation gekommen sei. Und noch ein weiteres Argument hatte der Richter für den Freispruch parat. Schließlich sei der Angeklagte „erheblich alkoholisiert" gewesen und wäre auch sonst „recht unsensibel in seinem Umgang". Das macht die Vergewaltigung dann allerdings plausibel.

Da es für den Großteil der Männer nicht schwierig sein dürfte, ihre Unsensibilität im Umgang mit Frauen nachzuweisen, müßte also ein Vergewaltiger nur noch darauf achten, daß er zur Tatzeit alkoholisiert ist und das Opfer keine äußerlichen Spuren der Gewalt aufweist, um ungeschoren davonzukommen.

Aber vielleicht hatte der Richter auch nur das Werk „Viktimologie" von H.-J. Schneider gelesen, der sich wissenschaftlich mit dem Verhalten von Opfern beschäftigt hat. Die Erkenntnisse dieses Mannes rechtfertigen ein längeres Zitat:

„Eins ist z.B. zutreffend, daß zwischen Männern und Frauen in sexuellen Fragen ein sozial ungesundes Klima herrscht. Die Frau verkauft sich mit ihrer Sexualität. Sie kämpft mit ihr im sozialen Wettbewerb. Sie gibt sich den heuchlerischen moralischen Anschein, keine sexuellen Bedürfnisse zu haben. Die meisten Frauen und Mädchen wollen deshalb von Männern erobert sein. Sie machen sich dadurch selbst zur Ware. Sie genießen es, wenn Männer um sie kämpfen. Sie möchten bewußt oder unbewußt zum Geschlechtsverkehr gezwungen werden, um einen scheinheiligen moralischen Anspruch zu wahren. Die Frauen und Mädchen reizen die Männer sexuell beständig. In der Intimsituation spielen sie mit ihrer Sexualität. Der Mann, der sich auf dieses für ihn kokettierende Spiel einläßt, trägt das Risiko, daß die Frau oder das Mädchen die Situation nachträglich als Notzucht definiert ...

Diese völlig verkrampfte soziale ... Situation wird als Verführung akzeptiert oder als Notzucht deklariert, allein von der Frau, die stets Opfer spielt."

Nicht unerwähnt bleiben darf, daß das Machwerk, dem das Zitat entstammt, 1985 der Öffentlichkeit zugänglich gemacht wurde.

Es ist eines der Prinzipien unseres Rechtsstaates und auch im

Grundgesetz verankert, daß physische Gewalt im Rahmen der Gesetze weitgehend dem Staat vorbehalten ist und gleichzeitig jeder „das Recht auf Leben und körperliche Unversehrtheit" hat. Daraus leitet sich ab, daß eben dieser Staat zur Wahrung des sozialen Friedens die gesetzlich verankerte Pflicht hat, Gewalt zu verhindern bzw. zu ahnden.

Liest man die amtlichen Zahlen der alljährlich in der Bundesrepublik geschlagenen und vergewaltigten Frauen und Mädchen, ist der Eindruck unvermeidlich, daß Angehörige des weiblichen Geschlechts damit nicht gemeint gewesen sein können. In der „Polizeilichen Kriminalstatistik 1992" der Bundesregierung sind 44 326 „Straftaten gegen die sexuelle Selbstbestimmung" erfaßt, wobei das Bundeskriminalamt bereits Jahre zuvor von einer Dunkelziffer ausgegangen war, die jährlich zwischen 60 000 und 200 000 sexuelle Angriffe von Männern gegen Frauen wahrscheinlicher macht. Beim sexuellen Mißbrauch von Kindern belaufen sich die Schätzungen zwischen 30 000 und 300 000 im Jahr. Bezeichnenderweise wurden Körperverletzungen in der Polizeilichen Kriminalstatistik nicht nach Geschlechtern aufgeschlüsselt. Aber das Bayerische Sozialministerium legte in früheren Jahren eine Schätzung vor, wonach alljährlich 4 Millionen Frauen von Männern mißhandelt werden, aufgrund der zu erwartenden gewalttätigen „Sanktionen" der Männer wurde nur in den wenigsten Fällen von den betroffenen Frauen eine Anzeige gemacht. Da aber aufgrund Paragraph 232 des Strafgesetzbuches Körperverletzung „nur auf Antrag verfolgt" wird, „es sei denn, daß die Strafverfolgungsbehörde wegen des besonderen öffentliches Interesses an der Strafverfolgung ein Einschreiten von Amts wegen für geboten hält", wird die häusliche Gewalt der Männer von den Staatsorganen als große Unbekannte gehandhabt.

Selbst wenn man sich auf den unteren Bereich der geschätzten Zahlen beschränkt, präsentiert sich ein derartiges Gewaltpotential, daß man glauben sollte, der Staat müßte nicht nur verpflichtet, sondern auch daran interessiert sein, dagegen Schritte zu unternehmen.

Barbelies Wiegmann zog anläßlich der Verleihung des Nürnberger Frauenförderpreises 1990 ihre Schlüsse aus diesem Desinteresse: „Im Gegensatz zu anderen Gewalttaten stört Gewalt gegen Frauen den sozialen Frieden unseres Staatsgefüges nicht. Heimlich wird sie als legitim empfunden, denn sie garantiert und sichert männliche Dominanz in der patriarchalischen Gesellschaft, in der wir leben. Die patriarchalische Gesellschaft beruht auf einer Geschlechterhierarchie, die dem Mann grundsätzlich die Vorherrschaft über die Frau, das heißt ein Verfügungsrecht über ihren Körper, ihre Arbeit und ihr Vermögen einräumt. Dies gilt bis heute, obwohl sich im Laufe der Jahrhunderte die Herrschaft von Männern über Frauen verringert hat."

In den Jahren nach dem Vortrag von Barbelies Wiegmann bekamen Frauen beruflich und ökonomisch die männliche Knute mehr und mehr zu spüren. Was von Politikern 1986 noch als Errungenschaft für beruflich tätige Frauen verkauft worden war, zeigte spätestens jetzt die Bandbreite seiner negativen Auswirkungen. Davon abgesehen, daß das Bundeserziehungsgeldgesetz einmal mehr die Trennung zwischen häuslicher Arbeit von Frauen und „Beruf" vollzog, war dieses Gesetz gleichbedeutend mit einem „Männerförderungsprogramm" und ein strategischer Schachzug der Politiker. Nachdem jahrelang der Vorwurf gegen Mütter thematisiert worden war, sie würden durch die frühe Rückkehr in den Beruf ihren gerade geborenen Kindern Schaden zufügen, sollte das Erziehungsgeld für ursprünglich 10 Monate, seit 1992 sogar für 36 Monate dafür sorgen, daß Frau oder Mann sich ganz dem Nachwuchs widmen kann. Der Erfolg war überwältigend, zumindest für Männer.

Weil nie mehr als 2 Prozent der Väter von dieser Möglichkeit Gebrauch machten, waren es also die Mütter, die für 600 DM im Monat auf das berufliche Weiterkommen verzichteten und feststellten, daß sie zwar ihren Arbeitsplatz behalten hatten, zumeist aber Rückschritte auf sie zukamen. Verkürzte Arbeitszeiten, finanzielle Einbußen und geringerer beruflicher Status warteten auf sie. Vor dem Hintergrund der ansteigenden Arbeitslosenzahlen war es also gelungen, den mit den 80er Jahren verstärkt auf den Arbeitsmarkt drängenden Frauen eine „entlastende" Maßnahme entgegenzustellen.

Daß Frauen in dieser Männergesellschaft bei Bedarf als Arbeitskräfte stets willkommen sind, bei rückläufiger Entwicklung wieder an Herd und Heim zurückgedrängt werden, zeigt sich besonders drastisch in den sogenannten fünf neuen Bundesländern.

War es Frauen in DDR-Zeiten aufgrund der durchstrukturierten Betreuung für Kinder möglich gewesen, die Frage der Berufstätigkeit nicht an der Lage des Arbeitsmarktes auszurichten, wurde ihnen im gesamtdeutschen Staat zumeist die Entscheidung abgenommen. Kinderhorte und Tagesstätten wurden geschlossen, und der treuhänderisch verwaltete Stellenabbau traf Frauen zuerst. Ihr Anteil an der Arbeitslosenzahl lag bereits Mitte 1992 bei 64 Prozent, von ehemals mehr als 700 000 Frauen in leitenden oder hochqualifizierten Positionen waren gerade noch etwas mehr als die Hälfte übriggeblieben. Frauen um die Vierzig waren 1992 bereits zu mehr als zwei Drittel arbeitslos. Daß der Staat auch in solchen Situationen keinen Handlungsbedarf sehen muß, war Jahrzehnte zuvor bereits im sogenannten Arbeitsförderungsgesetz festgelegt worden. Dieses besagt nämlich, daß „erziehende" Frauen als „dem Arbeitsmarkt nicht verfügbar" anzusehen sind und deshalb keinen Rechtsanspruch auf Arbeitslosengeld oder arbeitsfördernde Maßnahmen haben.

Die Zielrichtung dieser Politik ist unverkennbar, und es ist die Entscheidung von Männern, deren Umsetzung mit den unterschiedlichsten Mitteln voranzutreiben und bisweilen auch von Frauen verkünden zu lassen. Gerda Hasselfeldt, zu diesem Zeitpunkt Bundesministerin für Gesundheit, 1991 in einem Artikel im „Bayernkurier": „Frauen sind ‚familiäre Gesundheitsexperten'. Sie spielen eine entscheidende Rolle für die Gesundheitserziehung und Gesunderhaltung ihrer Kinder sowie für das Wohlbefinden der ganzen Familie: Von der Wahrnehmung der Impftermine für ihre Kinder über die Anleitung zum richtigen Zähneputzen bis hin zur Krankenpflege sind sie in der Gesundheitsförderung tätig."

Nachdem Männer also nicht einmal wissen, wie man richtig Zähne putzt, müssen Frauen die entscheidende Rolle für das

Wohlbefinden der Familie übernehmen, und wenn es der Arbeitsmarkt erlaubt, können sie mit einem Teilzeitjob noch ihren Beitrag zu den Raten für das sauber geputzte Auto in Vatis Garage leisten. So also die Philosophie, die im Grundsatzprogramm der CSU mit folgenden Worten umschrieben ist: „Die Familie hat sich über Jahrhunderte des gesellschaftlichen, sozialen und wirtschaftlichen Wandels als Urzelle der Gesellschaft bewährt. In Familien suchen und erfahren Menschen Liebe, Geborgenheit, Sinnorientierung und Solidarität. Die Ehe ist eine verläßliche Grundlage einer vertrauensvollen Lebensgemeinschaft gleichberechtigter Partner. Ehe bezeugt die Bereitschaft und Sorge füreinander.“ Wäre dem nur noch hinzuzufügen, daß in dieser „Urzelle der Gesellschaft“ eher mehr als weniger geprügelt, vergewaltigt und gemordet wird als in den Gefängnissen dieser Erde. Zumindest der erste Teil dieser Feststellung fand eine Bestätigung im Endgutachten der Gewaltkommission, die 1988 von der Bundesregierung eingesetzt worden war. Das Gutachten, daß zwei Jahre später dem Innenausschuß des Bundestags vorgelegt wurde, sprach von einem „Gewaltfeld Familie“. Den Erkenntnissen der Kommission zufolge, war die „verbreitetste Form der Gewalt“ in den Familien zu finden. Die Konsequenz aus diesem Endgutachten beschränkte sich auf verschiedene Entwürfe bzw. Vorschläge, wie diese Gewalt mit gesetzlichen Maßnahmen einzudämmen sei, wobei sich das Hauptaugenmerk auf Kindesmißhandlung richtete, was schon als Fortschritt gesehen werden konnte. Die Gewalt gegen Frauen wurde einmal mehr weitgehend ausgeklammert. Die konzertierte Untätigkeit verblüffte um so mehr, als 1992 der Ausschuß für Frauen und Jugend sich immerhin die Zeit nahm, in einer öffentlichen Anhörung die Problematik gewalttätiger Männer zu diskutieren.

Eine Organisation „Männer gegen Männergewalt“ konnte darlegen, daß auch die gewalttätigen Männer unter ihren Taten litten. Es wurde erläutert, männliche Jugendliche würden vor allem von Frauen erzogen und könnten deshalb, mit starken Männeridealen konfrontiert, ihre Identität nur in der Ablösung von weiblichen Idealen finden. Da die Erziehung auf Funktionalität und auf praktisches Lösen von Problemen ausgerichtet sei, würden Männer die Fähigkeit verlieren, emotionale partnerschaftliche Probleme zu bewältigen. Deshalb fühle sich Mann „ohnmächtig und hilflos“ und würde diese Gefühle durch Gewalt gegen Frauen kompensieren, die dadurch bedingte Hilflosigkeit der Frau würde ihn wieder überlegen machen. Und weil Frauen Entschuldigungen akzeptierten und sich selber einen Teil der Schuld anlasteten, begänne nun ein Kreislauf, denn bei nächster Gelegenheit fühlten sich die Männer wieder hilflos und – siehe oben.

Diese Ausführungen sind insofern besonders interessant, weil sie thematisieren, was jeder Mann schon immer vermutet hat, daß nämlich eigentlich die Frauen selber schuld sind, wenn sie zusammengeschlagen werden. Das erklärt dann auch den Unwillen männlicher Politiker, sich dieser Mißstände ernsthaft anzunehmen und als ein gesamtgesellschaftliches Problem zu erkennen.

Statt dessen bemühen sich männerdominierte Parlamente, Benachteiligungen und Ungleichbehandlungen Frauen gegenüber weiterhin als sozialen Fortschritt zu verkaufen, wie sich beim Erziehungsgeld und beim Arbeitsförderungsgesetz zeigte.

Auch in den Gewerkschaften sind zu diesem Zeitpunkt die Prioritäten von Männern gesetzt worden. Ende Oktober 1992 beschloß der DGB-Bundesvorstand, daß der 1. Mai des folgenden Jahres und viele andere Aktionen ganz im Zeichen der Frau und unter dem Motto „Frau geht vor“ stehen sollten. Damit sollte bekundet werden, daß die Emanzipationsbewegung für sich spreche und „daß Männer einverstanden sind, sich solidarisieren, wenn sie sich mit den Frauen am 1. Mai 1993 versammeln und sagen: Auch für uns geht Frau vor“.

Aber dann gab es offensichtlich Männer, die gar nicht einverstanden waren und sich auch nicht solidarisieren wollten. Nur kurze Zeit später ging ein Beschlußprotokoll an die Regionalverbände, in dem es hieß: „Nach der Verabschiedung der Fraueninitiative durch den Bundesvorstand hat sich die wirtschaftliche und politische Lage in Deutschland erheblich verändert. Daher kann an dem Vorhaben, die Gleichstellungsthematik in den Mittelpunkt des 1. Mai 1993 zu stellen, nicht länger festgehalten werden.“

Diese Verfahrensweise ist symptomatisch. Es wäre falsch, zu behaupten, daß sich Männer immer gegen emanzipatorische Bestrebungen der Frauen gestemmt hätten, richtig ist vielmehr, daß mitunter die Initiative dazu sogar von Männern ausging. Falsch wäre es allerdings auch, anzunehmen, daß daraus eine grundsätzliche Haltung abzuleiten wäre. Wenn es die „wirtschaftliche und politische Lage" erfordert, weist Mann wieder die Plätze an, und die der Frauen sind spätestens dann in der zweiten Reihe oder noch weiter hinten.

In einem Staat, der es sich leistet, eine Kirche und deren zwei Glaubensrichtungen zu finanzieren, wäre es eine Unterlassungssünde, wenn man den Beitrag der Glaubensmänner an der Unterdrückung von Frauen nicht würdigen würde. Die christliche Kirche hat ihre Geschichte von Anfang an frauenfeindlich geschrieben und eine erstaunliche Kontinuität dabei an den Tag gelegt. Von Eva als Verursacherin der Vertreibung aus dem Paradies bis zum „Auschwitz unserer Tage" sind Frauen die Inkarnation des Bösen, des Lasters und der Sünde. Und das, obwohl sie Gott zur „empfindsamen Tochter, zur starken und reinen Jungfrau, zur liebenden Ehefrau und besonders zu heiligen und würdevollen Mutter und schließlich zur frommen und arbeitsamen Witwe" bestimmt habe. Hier sei angemerkt, daß diese Worte nicht von Paulus stammen, sondern von seinem Namensvetter Papst Paul VI. und auch von dessen Nachfolger Johannes Paul II. unterschrieben werden.

Letzterer hat mit seiner Antiverhütungsgmittelkampagne noch eine neue Dimension hinzugefügt, bei der er sich allerdings wieder auf seinen Vorgänger beruft. Zitierte er doch in „Familiaris consortio": „Als Früchte bringt die eheliche Enthaltsamkeit in das Leben der Familie Frieden und Glück und erleichtert die Lösung der übrigen Probleme."

So war es dann wohl auch der Enthaltsamkeit zu verdanken, daß dem Papst die mehr als 400 Prozesse in den USA gegen katholische Priester wegen sexuellen Mißbrauchs von Kindern keine schlaflosen Nächte bereiteten. Anläßlich seines Besuchs 1993 in den Vereinigten Staaten erinnerte er bei einer Messe zwar an die „Schmerzen", die durch „die Sünden einiger Priester" entstanden wären, empfahl aber das Gebet als vorrangige Möglichkeit der Aufarbeitung. Von den klerikalen Kindervergewaltigern wurde zu diesem Zeitpunkt keiner aus dem Schoß der Kirche verwiesen. Was die Positionen der Kirche zur sexuellen Gewalt gegen Frauen betrifft, hatte schon in den 80er Jahren Kardinal Ratzinger deutliche Worte geschrieben: „mit der Pille" würde „der Frau ihre eigene Weise zu sein genommen und sie allzeit ‚benutzbar' gemacht".

Bliebe nur noch die Frage offen, wodurch die Frauen Männer zu Vergewaltigungen verleiteten, bevor es die Pille gab.

Die kirchliche Empfehlung, durch die Keuschheit, durch die Rücksicht auf die Frau würden sich dem Mann mehr Möglichkeiten bieten „zu einer notwendigen geistigen Kompensation seiner Triebhaftigkeit", scheint noch nicht so richtig zu fruchten.

Trotz einiger kleinerer Zugeständnisse ist die Kirche auch heute noch einer der Grundpfeiler des Patriarchats und mit ihrem unrealistischen ethischen Anspruch an Familie und Sexualität einer der Garanten für die Erhaltung des männlichen Gewaltpotentials. Auch wenn sich die Kirche nicht mehr wie bei den Hexenverbrennungen des Mittelalters direkt an der Gewalt beteiligt, bleibt sie ein Teil des patriarchalischen Systems und insofern auch Verursacher. Sie ist mitverantwortlich an psychischer und physischer Unterdrückung von Frauen, gleichgültig ob diese des rechten Glaubens sind oder nicht.

Kirchenmänner, Politiker und Richter sind mehrheitlich auf das alte Frauenbild fixiert und arbeiten wie eh und je am Erhalt dieses Bildes. Sei es als keusche Jungfrau, als Heimchen für den Herd oder als Opfer mit Eigenbeteiligung, Frauen sollen auf Positionen festgenagelt werden, die ihren propagierten Status als zweite Wahl des Menschengeschlechts belegen. Daran haben die emanzipatorischen Fortschritte nichts geändert, die sich Frauen in den letzten 200 Jahren erkämpft haben. Wenn sie hierbei Schützenhilfe aus dem männlichen Lager erhielten, signalisiert dies noch lange keinen eventuellen Umschwung. Gerade zu Beginn der 90er Jahre haben der Staat und seine Vertreter wieder gezeigt, daß es in schlechteren Zeiten die „klassischen“ Schwächeren der Gesellschaft besonders trifft, und zu denen zählen die Frauen immer noch. Dafür haben Männer hart gearbeitet.

Daran ändert auch die Tatsache nichts, daß es die Bundesministerin für Frauen und Jugend, Angela Merkel, war, die die Marschroute für die ’90er verkündete:

„Angesichts der schwierigen nationalen Lage ist momentan nicht der Zeitpunkt, das klassische Verständnis von Mann und Frau zu ändern.“

Seltsamerweise hat es weder die nationale noch politische Lage je mit sich gebracht, daß ein Staat den Zeitpunkt gekommen sah, die Debatte über Gewalt gegen und Unterdrückung von Frauen auf die Tagesordnung zu setzen und daran konkret und nachhaltig etwas zu ändern.

Von Blicken und Tritten

Frauenalltag I

Die Tür des Lokals öffnet sich, zwei junge Männer in hautengen Jeans und sogenannten Muskel-T-Shirts kommen herein. Die bereits anwesenden Gäste schauen nur kurz auf und widmen sich dann wieder den Gläsern und Tellern und der Begleitung am Tisch. Wenig später wiederholt sich der Vorgang, jetzt sind es allerdings zwei Frauen, die eine in kurzem Rock und Blazer, die andere trägt ein langes, seitlich geknöpftes Kleid. Beide sind also nicht besonders auffällig gekleidet.

Sie haben sich schon längst an einem Tisch niedergelassen, aber zumindest unter den meisten männlichen Gästen herrscht immer noch große Betriebsamkeit. Schließlich ist es wirklich nicht so einfach, die Tagliatelle auf der Gabel zu balancieren, dem Gegenüber am Tisch Aufmerksamkeit zu signalisieren und trotzdem den neuen weiblichen Gästen auf die Beine zu schielen.

Eigentlich sollte man glauben, daß Männer von der Flut der weiblichen Bilderreize, die ihnen vor allem durch andere Männer täglich geliefert werden, abgestumpft wären und kaum noch auf Frauen reagieren, wenn sie leibhaftig und lebendig sind. Weit gefehlt. Obwohl mittlerweile bereits die Vorabend-Werbeeinblendungen nackte Busen ins Haus liefern, auch seriöse Zeitschriften nicht auf unbekleidete Frauen auf Titelbildern oder im Textteil verzichten wollen und das Angebot an mehr oder minder pornographischen Aktfotos Legion ist, das visuelle Interesse von Männern an Frauen scheint ungebrochen.

Das wäre nicht so tragisch, wenn diese Aufmerksamkeit nicht gleichzeitig Ausdruck eines weitgehenden Desinteresses an dem Menschen, an der Frau selbst wäre.

Wie „depersonalisiert“ die Ziele männlicher Neugierde gesehen werden und welcher neurotische Antriebsmotor dahintersteckt, belegen die Auflagenzahlen angeblich erotischer Magazine oder die Scharen von Männern, die an warmen Sommertagen mit Ferngläsern bewaffnet auf Isarbrücken in München oder anderswo anzutreffen sind, wo sie, von badenden Frauen berechtigterweise beargwöhnt, vorgeben, sich für die heimische Vogelwelt zu interessieren.

Was also offensichtlich dahintersteckt, ist allein das Interesse am weiblichen Körper, der nach Möglichkeit nackt oder mit „sexy“ Unterwäsche drapiert, aber vor allem anonym sein sollte.

In den 60er Jahren wurde verschiedentlich versucht, sexuelle Übergriffe oder Vergewaltigungen mit der Prüderie der 50er Jahre zu begründen, in denen nach dem Willen der Regierung Adenauer Frauen auf ihre Eigenschaft als „Herz der Familie“ reduziert wurden. „Die männliche Phantasie konzentrierte sich dabei auf den unbekleideten Teil des Beines zwischen Strumpfansatz und Schlüpfer, der später von seidenen Unterröcken und raschelnden Petticoats verhüllt wurde“, schrieben Jungwirth und Kromschröder in „Die Pubertät der Republik“ und umrissen damit die damalige männliche Erlebniswelt. Es wurde also impliziert, daß Mann durch den ungewohnten Anblick eines entblößten weiblichen Schenkels derart in Erregung versetzt würde, daß er diese nicht mehr regulieren könnte.

Entblößte Schenkel boten die 90er Jahre wirklich mehr als genug, aber Männer müssen immer noch zwanghaft Frauen begaffen, notfalls mit anzüglichen Blicken ausziehen. Es kann also nicht sein, daß hier nur eine lebenslange, männlich-pubertäre Neugierde zugrunde liegt. Wahrscheinlicher ist, daß das Verständnis, das Männer von Frauen haben, dem männlichen Blick diese Impertinenz verleiht.

Sind Männer im Umgang mit anderen Männern durchaus in der Lage, diskret und mit höflicher Distanz umzugehen, scheint ihnen alleine die Tatsache, daß es sich um eine Frau handelt, ausreichender Beweggrund für visuelle Anzüglichkeiten, körperliche „Kontaktaufnahmen“ und andere Belästigungen zu sein. Während keine Fälle publik wurden, daß ein Gast im Kempinski in Berlin oder anderswo schon einmal einem Kellner den Po getätschelt hätte, werden Frauen – oftmals unter dem Schutzschild der Ausgelassenheit – betatscht, gekniffen oder sonstwie „berührt". Wie diese Übergriffe von Männern eingeschätzt werden, hat der Journalist Hans Riehl in der Münchner „tz" vom 10.11.91 so anschaulich kommentiert, daß dies eines längeren Zitats würdig ist. Vorausgegangen war der nicht widerlegte Vorwurf gegen den damaligen bayerischen Kultusminister, Hans Zehetmair, zwei SPD-Parlamentarierinnen in seiner Zeit als Landrat am Busen „begrapscht" zu haben. Herr Riehl schrieb also, ganz Mann:

„Dieser Tage wurde in einem städtischen Betrieb beobachtet, wie ein Mann nach einer Frau grapschte, in eindeutiger Art zumal, wie glaubwürdige Zeugen versichern. Der Oberbürgermeister, der Innenminister hier und die Bundesfrauenministerin dort werden hiermit nachdrücklich aufgefordert … Vielleicht soll der Ordnung halber noch angefügt werden, daß sich der geschilderte Vorfall nicht in einem Büro, sondern im städtischen Pavian-Gehege zu München-Hellabrunn ereignet hat. Aber wahr bleibt doch, daß sich derlei überall und oft wiederholt, nicht nur bei Affen, sondern auch bei deren nächsten Verwandten.

Bevor die geneigte Leserin und der geschätzte Leser gegen diese Zeilen spontan protestieren, weil sexuelle Belästigung am Arbeitsplatz ein durchaus ernstes Thema ist, versichert der Kommentator: Er weiß das selbst aus langer Erfahrung in nicht nur einem Beruf. Ja, er kennt sogar (seltenere) Beispiele dafür, daß sexuelle Belästigung auch von Frauen ausgehen kann.

Gewiß, dieses Thema muß aus der Tabuzone des Verschweigens heraus. Andererseits fehlt uns jedes Verständnis für die Hysterie, mit der das ‚Grapschen' zum wichtigsten gesellschaftlichen Problem unserer Tage hochstilisiert wird. Demnächst wird für notorische Grapscher vermutlich das Händeabhacken gefordert.

Die Verjährungsfrist fürs Grapschen ist ohnedies bereits aufgehoben. Ein schwarzer Minister, zu dessen Fans der liberale Kommentator gewiß nicht gehört, wird bundesweit als ‚Grapscher' an den Pranger gestellt, weil er vor Jahren dem verführerischen Dekolleté zweier roter Damen nicht zu widerstehen wußte. Wem in diesem Zusammenhang das Wort ‚scheinheilig' einfällt, kann nur die schamlos moralisierenden Kritiker des Politikers meinen."

Was diesen Kommentar so besonders wertvoll macht, ist die Vielzahl von aufschlußreichen Bezügen, die er herstellt. Einmal erfahren wir, daß sexuelle Belästigung etwas „Natürliches" ist, weil bei den Primaten durchaus geläufig. Es wird außerdem konstatiert, daß sexuelle Belästigungen keine Männerdomäne sind und deshalb doch eher als gesamtgesellschaftliches Phänomen zu betrachten sind. Wertvoll ist sicher auch der Hinweis auf die „Hysterie", womit der Schreiber, gewollt oder ungewollt, den Bezug zur Viktorianischen Zeit herstellt, als „Hysterie" bei Frauen vor allem und nachhaltig durch die Ärzte behandelt wurde. Damit wäre dann das Thema sexuelle Belästigung endlich aus der Tabuzone heraus und im Dunkel ärztlicher Wissenschaft verschwunden. Als letztes wird dem Leser dann die Erkenntnis zuteil, wer die eigentlichen Schuldigen an diesem „durchaus ernsten Thema" sind: Der arme Minister und Mann wußte den „verführerischen Dekolletés" nicht zu widerstehen.

Daraus läßt sich nur folgendes ableiten: Männer sind Opfer, nicht Täter. Die eigentliche sexuelle Belästigung geht von schamlosen Frauen aus, wohingegen das männliche „Grapschen", wenn überhaupt, höchstens als „natürlicher" (siehe Pavian) Reflex zu werten ist.

Frauen scheinen diese Auffassung nicht unbedingt zu teilen. Nach einer Studie des Diplompsychologen Henner Ertl, von der Zeitschrift „Freundin" in Auftrag gegeben, sprachen 64 Prozent der befragten Frauen von sexueller Belästigung, wenn sie „provozierend gemustert" wurden, fast 60 Prozent litten unter „anzüglichen, schamlosen Bemerkungen". Die Studie bezog sich zwar nur auf sexuelle Belästigungen am Arbeitsplatz, aber um so erstaunlicher ist die Tatsache, daß fast 40 Prozent der Befragten von männlichen Kollegen mit „Sex- oder Pornobildern" konfrontiert wurden. Kneifen in den Po, einen „Klaps" auf denselben, Küsse und Anfassen am Busen, das war für mehr als ein Viertel der befragten Arbeitnehmerinnen Alltag.

Diese Zahlen decken sich weitgehend mit einer Studie des Bundesministeriums für Frauen aus dem Jahr 1991, wonach 72

Prozent der weiblichen Beschäftigten sich an ihrem Arbeitsplatz zeitweise sexuell belästigt fühlten.

Diese Studie löste eine Diskussion zum Thema aus. Frauenministerin Angela Merkel, CDU, erließ für ihr Amt Grundsätze zum Schutz von Frauen und Männern, die verdeutlichen sollten, daß sexuelle Belästigungen die Betroffenen herabsetzen und ihre Persönlichkeitsrechte beeinträchtigen. Diese Auffassung wurde allerdings von der CDU-Fraktion im Kieler Landtag nicht geteilt, denn die verlangte, daß aus einem Fragebogen zur sexuellen Belästigung am Arbeitsplatz die Frage nach den persönlichen Erfahrungen gestrichen werden müßte und bezeichnete das Papier als „Aufforderung zur Denunziation", das „an Methoden des Dritten Reiches und der Stasi" erinnere.

Dem Antrag der Sozialdemokraten in Bonn, in dem Rechtsschutz für belästigte Frauen und Schutzpflicht durch den Arbeitgeber gefordert wurden, konnte die Männerwelt angstfrei entgegensehen. Anfang 1992 eingebracht, wurde der SPD-Antrag Nr. 12/2096 ein Jahr später im mitberatenden Ausschuß für Arbeit und Sozialordnung abgelehnt.

Gesetzgeber und Justiz tun sich allenthalben schwer mit dieser Problematik und nicht nur in der BRD. So machte beispielsweise der US-Richter Clarence Thomas im Oktober 1991 Schlagzeilen, anläßlich seiner Berufung in den Supreme Court, der höchsten richterlichen Instanz in den Vereinigten Staaten. Vom FBI danach gefragt, hatte seine frühere Kollegin Anita Hill über sexistische Äußerungen von Thomas berichtet, die ein Jahrzehnt zurücklagen. Beide machten ihre Aussage unter Eid, Clarence Thomas wurde höchster Richter seines Landes, Anita Hill drohten eventuelle rechtliche Schritte.

Ein Professor der Psychologie, Alfred Grabert, hatte eine Erklärung für dieses erstaunliche Ende der Affäre parat: „Wenn der Mann mit seiner Potenz geprahlt und über seine sexuellen Phantasien gesprochen hat, kann es durchaus sein, daß er sich zehn Jahre danach nur an ‚ganz normale' Unterhaltungen erinnert."

Daß die Beweisführung bei sexuellen Belästigungen zumeist ein unüberwindbares Hindernis ist, mußte auch die englische

Ärztin Alanah Houston erkennen. Sie hatte einen Kollegen vor Patienten als „Busengrapscher" bezeichnet, nachdem dieser keine Gelegenheit ausgelassen hatte, in ihre Privatsphäre einzudringen oder sie körperlich zu belästigen, indem er ihre Brüste streifte. Die Ärztin mußte zugestehen, daß es „natürlich keine Fingerabdrücke" gebe, und wurde wegen Verleumdung zu 150 000 Pfund Entschädigung verurteilt, im Oktober '91 etwa 450 000 DM.

Besser erging es einem deutschen Polizisten, der die Freundin seines Sohnes massiv sexuell bedrängt hatte. Er wurde vom männlichen Richter freigesprochen, da die Gewalt nicht so erheblich gewesen sei.

Daß sexuelle Belästigung vor allem Sache der Auslegung und weniger Gegenstand der Rechtssprechung ist, mußten auch Frauen in Gießen erkennen. Sie waren von ihrem Chef heimlich mit Videokamera auf der Toilette gefilmt worden. Das Gericht sah jedenfalls keinen Handlungsbedarf, da der Geschäftsmann weder beabsichtigt habe, andere mit seinen Filmen zu beglücken, noch die Frauen selber damit konfrontieren wollte. Auch eine Mißachtung des Persönlichkeitsrechtes wollten die Richter nur dann sehen, wenn Filme zweifelsfrei das Gesicht oder markante Körpermerkmale zeigen. Der Mann wurde gerichtlich nicht belangt, offensichtlich hatte er darauf verzichtet, sich filmisch für die Gesichter seiner Opfer zu interessieren.

Sexuelle Belästigungen sind weder auf den Arbeitsplatz begrenzt noch eine Frage der gesellschaftlichen Stellung. Das einzig wesentliche Moment dabei ist, daß ein Mann auf eine Frau trifft.

So konnte es sich der damalige CSU-Oberbürgermeister von München, Erich Kiesl, nicht verkneifen, die Politikerin und spätere Bürgermeisterin der Grünen, Sabine Czampai, zu fragen, wie die Unterwäsche beschaffen sei, die sie trage.

Diese Art der dümmlichen und verletzenden „Anmache" und ihre verwandten Erscheinungsformen firmieren bei Männern gerne unter dem Begriff „Flirten". Dieses Motiv hatte wohl auch ein 46jähriger Verwaltungsamtmann, als er der deutlich jüngeren weiblichen Schreibkraft bescheinigte, „du brauchst mal einen gescheiten Freund", und wie die später folgenden Handgreiflichkeiten zeigten, dachte er dabei an sich. Der Amtmann ist Beispiel für unzählige Geschlechtsgenossen und das Prozedere symptomatisch. Sexuelle Belästigungen sind die Vorläufer von physischer und sexueller Gewalt, die hohe männergesellschaftliche „Akzeptanz“ der täglichen „Anmache“ ist das verstärkende Element.

So wichtig öffentliche Diskussion oder ein „Kodex gegen sexuelle Gewalt“ sind, wie ihn die Europäische Gemeinschaft zum Schutz von Frauen am Arbeitsplatz im Juli ’91 beschloß, ihre Wirkung ist marginal. Zu sehr ist die sexuelle Belästigung in den Köpfen der Männer und im Alltag der Frauen verankert, um durch solche verbalen „Übungen“ Abhilfe schaffen zu können. Selbst eventuelle verschärfte gesetzgeberische Maßnahmen sind sicher nicht sonderlich erfolgreich, solange Männer über Auslegung und Einhaltung befinden. Was Sängerin und Kabarettistin Lisa Fitz für unerwünschte Anmacher parat hatte, scheint vielversprechender zu sein: „Faß mich an, und du kriegst eins in die Eier!“

Am wichtigsten in diesem Zusammenhang wie bei allen anderen Formen männlicher Gewalt gegen Frauen wäre es allerdings, daß sich vor allem Frauen mit der Erkenntnis anfreunden könnten, daß die sexuellen Belästigungen Auswirkung der bestehenden Machtverhältnisse sind, also sowohl Mittel zur Ausübung der Macht als auch Ausdruck der Unterdrückung sind. Dieser Gewalt kann nur ein Ende bereitet werden durch die Veränderung der Machtverhältnisse. Männer werden hierzu mit Sicherheit keinen wesentlichen Beitrag leisten.

Männer glauben, daß sie zum Herrschen geboren sind, und wenn sie selber von Männern beherrscht werden, verstärkt sich dieser pathogene Drang eher noch, um in verschiedensten Gewalttätigkeiten zu enden. Bevorzugtes Objekt: Frauen. Die Autorinnen Cheryl Benard und Edit Schlaffer haben in ihrem Buch „Die ganz gewöhnliche Gewalt in der Ehe“ vier Arten dieser männlichen Gewalt unterschieden:

„Gewalt als Strafe für ein vermeintliches Vergehen der Frau; Gewalt als Form der Konfliktaustragung; Gewalt als Versuch, dem Zwang der männlichen Rolle gerecht zu werden; Gewalt als Ausdruck des diffusen Zorns des Mannes."

Und weiter schreiben die Sozialwissenschaftlerinnen:

„Die ersten drei Formen sind in unserer Terminologie als politisch zu bezeichnen, weil es sich um die bewußte Ausübung von Macht unter Rekurs auf gesellschaftliche Gewaltverteilung handelt. Die vierte Form ist politisch bedingt, weil auf Grund der gesellschaftlichen Gewaltverhältnisse der Mann als materiell, physisch und sozial Stärkerer gegenüber seiner Frau Gefühlen Ausdruck geben kann, die er gegenüber anderen Leuten in Kontrolle behalten müßte."

Wäre dem nur noch hinzuzufügen, daß dies auch Gültigkeit hat, wenn es sich nicht um „seine" Frau handelt, es genügt, eine Freundin zu sein oder Verwandte. Das Ergebnis ist oft das gleiche: Zwei gebrochene Finger, drei gebrochene Rippen, das Nasenbein viermal zertrümmert, Würgemale, Blutergüsse, Gehirnerschütterungen und Risse in der Netzhaut der Augen, das ist die „Bilanz" einer 14monatigen Ehe, die Verletzungen hatte alleine die Frau davongetragen. Wer dies als krassen Einzelfall abtun möchte, wird durch Polizeiakten, Krankenhausberichte und die Erfahrungen in Frauenhäusern und Selbsthilfegruppen widerlegt.

Es gibt keine konkreten Zahlen über Quantität und Qualität männlicher Gewalt im persönlichen Umfeld, da zumeist, wie es die Justiz zum Beispiel in Bayern formuliert, „der Anzeige mangels öffentlichen Interesses keine Folge gegeben" wird.

Diesbezügliche Studien können kein realistisches Bild abgeben, schweigen doch immer noch viele Frauen aus Angst vor der „Schande", die kurioserweise auf das Opfer und nicht auf den Täter zurückfällt. „Die wird schon wissen warum", lautet eine der gängigen Redensweisen oder, wie ein Thekenspruch es empfahl, „Schlage deine Frau täglich, wenn du nicht weißt warum, sie weiß es". Einige andere Kernsätze aus männlichen Rechtfertigungsversuchen, zusammengestellt von „Frauen gegen Gewalt" in Bonn, sind nicht weniger deutlich:

„Sie soll sich anständig benehmen, dann bin ich der sanfteste Ehemann.

Schläge haben noch niemandem geschadet.

Als Mann kann man sich doch nicht alles gefallen lassen. Die hört doch nur auf Schläge, danach geht's dann immer wieder gut bei uns."

Männer sind heute noch davon überzeugt, daß es eigentlich ihr gutes Recht ist, mit Prügeln „ihre" Frauen zu erziehen und zu bestrafen. Diese Überzeugung spiegelt sich in der Sprachregelung wider. Am liebsten spricht Mann von „häuslicher" oder „ehelicher" Gewalt und erinnert sich dabei vielleicht wehmutsvoll an die Tage der römischen Patrizier, als Frauen durch Heirat der „manus", der Hand des Mannes, übergeben wurden und von selbiger nach Belieben gezüchtigt werden durften.

Im England des 14. Jahrhunderts war es Männern ausdrücklich erlaubt, Verräter, Heiden und Ehefrauen zu schlagen, und ein Jahrhundert später empfahl auch die katholische Kirche bei fortgesetzter Unbotmäßigkeit der Gattin dem Gatten, „so nimm einen Stock und schlage sie fest".

Die christlichen Kirchen sind zwar zwischenzeitlich von dieser offiziellen Sprachregelung abgewichen, aber der Koran zum Beispiel befiehlt dem gläubigen Mann bis heute, Frauen zuerst zu ermahnen, wenn sie rebellieren, und dann zuzuschlagen.

Das durfte auch ein Mann im Deutschen Reich, bis mit der Einführung des Bürgerlichen Gesetzbuchs und dem beginnenden 20. Jahrhundert die offizielle Erlaubnis wegfiel, aber die Gewalt in den Familien blieb.

Neueren Studien von Sigrid Metz-Göckel und Ursula Müller zufolge akzeptierte nur die Hälfte der befragten Männer ein Recht der Frauen auf „körperliche Unversehrtheit". So kann es nur eine satirische Einlage gewesen sein, als der frischgewählte deutsche Bundeskanzler Helmut Kohl in seiner ersten Regierungserklärung die bewegenden Worte sprach: „In der Familie lernen Menschen Tugenden und Verhaltensweisen, die unserer Gesellschaft ein menschliches Gesicht geben, Liebe, Vertrauen, Rücksichtnahme auf andere, Opferbereitschaft, Mitverantwortung."

Seine Richtigkeit hat zugegebenermaßen ein Begriff wie Opferbereitschaft in diesem Zusammenhang, wenn diese auch erst mühsam und zumeist bereits dem kleinen Mädchen anerzogen werden muß. Die männlich ausgerichtete Psychoanalyse hat allerdings ganz andere Erkenntnisse parat. Margarete Mitscherlich schreibt diesbezüglich in „Die friedfertige Frau": „Der feminine Masochismus ist, jedenfalls in der Psychoanalyse, Ausdruck des femininen Wesens. Wer an ihm leidet, versetzt sich in seinen Phantasien in eine für die ‚Weiblichkeit charakteristische Situation'. Damit ist im allgemeinen die passive Haltung eines Menschen gemeint, der besondere Freude am Dienen und am Sich-Aufopfern erlebt. Diese Lust am Leiden kann eine sexuelle Färbung haben, braucht es aber nicht. Der Unterschied zwischen erogenem und weiblichem Masochismus ist in der psychoanalytischen Theorie weitgehend ungeklärt. Freud meint immerhin, die Frau könne ohne masochistischen Leidensdruck den Geschlechtsverkehr nicht genießen."

Diese Meinung Freuds scheinen Millionen von Männern geteilt zu haben und zu teilen, obwohl die meisten vor Freud lebten bzw. noch nie etwas vom Vater der Psychoanalyse gehört haben. Und basierend auf diesem geistigen Untergrund haben sexuelle Belästigungen und körperliche Gewalt von Männern ihre Fortsetzung und Steigerung – und die heißt viol, rape, zgwał cenie oder Vergewaltigung.

Gewalt und Sexualität und Männer

Frauenalltag II

Das deutsche Strafgesetzbuch definiert das Verbrechen folgendermaßen: „Wer eine Frau mit Gewalt oder durch Drohung mit gegenwärtiger Gefahr für Leib und Leben zum außerehelichen Beischlaf mit ihm oder einem Dritten nötigt, wird mit Freiheitsstrafe nicht unter zwei Jahren bestraft." Mit dieser Formulierung ist ein Netz geknüpft, durch dessen große Maschen die meisten Vergewaltiger schlüpfen. Der Punkt, von dem ab die zumeist männlichen Richter von Gewalt sprechen, liegt oft kurz vor dem Exitus des Vergewaltigungsopfers, denn verbale Drohungen sind nun einmal nicht so leicht nachweisbar.

Für manchen Richter kommt bei der Urteilsfindung auch erschwerend hinzu, daß, wie es ein englischer Kollege in einem Prozeß wegen Vergewaltigung formulierte, „Frauen, wenn sie ‚nein' sagen, eigentlich ‚ja' meinen".

Eine Einschränkung der besonders subtilen Art machte der Bundesgerichtshof in einem Urteil aus dem Jahr 1984: „Der Angeklagte hatte ‚aus irgendeinem nicht mehr feststellbaren Grund' mit einem Aschenbecher, einer Kaffeekanne, einer Kaffeetasse und einem Wandteller nach der Zeugin geworfen, er schlug sie dann mit der Hand und mit den Fäusten etwa zehn Minuten lang zusammen, anschließend tobte er in der Wohnung herum; zwischen dem Ende der Mißhandlungen und den vom Angeklagten verlangten sexuellen Handlungen lag ein Zeitraum von etwa einer Stunde. Hiernach diente die Gewaltanwendung durch den Angeklagten nicht dem Ziel, die Zeugin zur Vornahme sexueller Handlungen zu bewegen ..."

Die „sexuellen Handlungen" waren Oralverkehr, und nach Auffassung dieses Gerichts hätte sich das Opfer kurz zuvor noch einmal zusammenschlagen lassen müssen.

Von ganz entscheidender Bedeutung im Paragraphen 177 ist

das Adjektiv „außerehelich“. Damit wird ganz der jahrtausendealten Tradition der Verfügungsgewalt der Männer über Frauen in der Ehe entsprochen. Das Weib als Instrument zur männlichen Lustbefriedigung in der „Keimzelle des Volkes“, der Familie, zu betrachten ist also immer noch staatlich sanktioniert, der Mann immer noch berechtigt, sich mit Gewalt zu nehmen, was ihm von der Institution Ehe versprochen wird.

Natürlich verkünden männlich sonore Stimmen des Volkes diese Botschaft noch, vom einfachen Biedermann bis hin zum Redakteur der „Frankfurter Allgemeinen Zeitung“, Friedrich Karl Fromme. Der schrieb in einem Kommentar, in dem er sich mit Äußerungen der damaligen FDP-Generalsekretärin Cornelia Schmalz-Jacobsen zu einer strafrechtlichen Verfolgung von Vergewaltigung in der Ehe auseinandersetzte:

„Es ist auch zweifelhaft, daß die Durchschnittsfrau heftig bewegt wird von dem Verlangen, ihr Ehemann müsse unter eine spezielle Strafandrohung gestellt werden, falls es ihm beifallen sollte, sie zu notzüchtigen.“

Um das Opfer einer Vergewaltigung zu werden, genügt die Voraussetzung, weiblichen Geschlechts zu sein, das Alter spielt keine Rolle. Eine 65jährige Rentnerin bleibt mit einem gebrochenen Lendenwirbel zurück, nachdem ein 22jähriger in ihre Wohnung eingestiegen ist und sie vergewaltigt hat. Ein 34jähriger versucht in einer Grünanlage ein 5jähriges Kind zu vergewaltigen, läßt von dem Kind ab, als es in Ohnmacht fällt. Nicht weit entfernt vergewaltigt er ein 11jähriges Mädchen.

Ebensowenig ist der soziale Status von Belang, weder der des Opfers noch jener des Täters. Ein Arzt, in einem katholischen Krankenhaus auf der Station für Inneres tätig, bricht in Wohnungen von alleinlebenden Frauen ein, betäubt sie, fesselt und vergewaltigt sie. Er steht 1991 wegen achtfacher Vergewaltigung und sexueller Nötigung vor Gericht. Ein Manager vergewaltigt eine Lehrerin in einem Hotelzimmer, der Chef einer Firma betäubt eine Arbeiterin, die zu einem Vorstellungsgespräch in sein Büro gekommen war, und vergewaltigt die Frau.

1992 wurden von der Polizei 6 280 Fälle von Vergewaltigung

registriert, sexuelle Nötigung, also zum Beispiel mit Gewalt erzwungener Oral- oder Analverkehr, 4 231 mal. Will man nicht die pervers anmutende akribische Unterscheidung von Vaginalverkehr und anderen Praktiken vornehmen, wie es Polizeistatistik und Gesetzgeber tun, wurden also mehr als 10 000 Vergewaltigungen angezeigt. Mittlerweile sind es aber nicht nur Feministinnen, die davon ausgehen, daß diese Fälle nur Bruchstücke dessen sind, was in deutschen Landen wirklich Frauen angetan wird. Schließlich sind noch mehr als 16 000 registrierte Fälle von sexuellem Mißbrauch von Kindern für das Jahr 1992 zu berücksichtigen und vor allem die Tatsache, daß nur ein geringer Teil der Opfer auf dunklen Wegen oder in Tiefgaragen vergewaltigt wird. Der weitaus größte Teil der Vergewaltiger zieht ein eher häusliches Ambiente und die gewohnte Umgebung vor. Mehr als 90 Prozent aller vergewaltigenden Männer kennen ihre Opfer, sagt die Statistik.

Dabei ist weniger die Tat selber tabu als vielmehr, öffentlich darüber zu sprechen. Das Verhältnis von Anzeigen in Fällen sexueller Übergriffe durch Fremde zu denen, wo der Täter aus dem familiären Umfeld kam, ist etwa vierzig zu eins. Über die meisten Fälle von sexueller Gewalt wird der Familienmantel des Schweigens gelegt, allerdings ist der Schutz des männlichen Täters nicht das einzige Motiv. Vor allem lastet das Schweigen auf den Frauen, die „verwehrt" haben, wovon Mann glaubt, daß es ihm zusteht, nämlich vordergründig die Befriedigung seiner sexuellen Bedürfnisse. Die „Schuldigen" sind also schnell gefunden, und der Ankläger wird sogar durch die Geisteswissenschaften unterstützt und von Psychologen mit Argumenten und „Beweisen" versorgt.

So kam in den 60er Jahren ein amerikanischer Kriminologe, David Abrahamsen, in einer Studie über „Die Psychologie des Verbrechens" mit Freudscher Theorie im Rücken zu der Erkenntnis, „daß die Ehefrauen der Sittlichkeitstäter sich gegenüber Männern äußerlich unterwürfig und masochistisch verhielten, aber ihre Weiblichkeit latent negierten und eine männlich-aggressive Orientierung zur Schau stellten. Unbewußt begünstigten sie sexuelle Aggression, nur um dann kalt und abweisend darauf zu reagieren. Sie stimulierten ihre Männer zu Versuchen, sich zu beweisen, Versuche, die unweigerlich in Frustration endeten und die Zweifel der Männer an ihrer Männlichkeit noch verstärkten. Unbewußt setzten die Frauen damit jene Art der Beziehung fort, die der Täter zu seiner Mutter gehabt hatte. Ohne Zweifel ist die sexuelle Frustration, die von den Frauen ausging, einer der Faktoren, die zur Vergewaltigung motivieren, einer Tat, die mit aller Vorsicht als verschobener Versuch bezeichnet werden kann, eine verführerische, aber abweisende Mutter zur Unterwerfung zu zwingen."

Das Zitat verdanken wir Susan Brownmiller und ihrem Buch „Gegen unseren Willen", die naheliegende Einsicht aus diesen Ausführungen, daß nämlich somit alle Männer potentielle Vergewaltiger sind, ist durchaus nachvollziehbar, wenn auch nicht die darin gelieferte Begründung. Daß aber Mann sich bis heute nicht in der Lage glaubt, auf Frauen als „Befriedigungshilfe" verzichten zu können, obwohl ihm zwei Hände zur Verfügung stehen und diverse technische Hilfsmittel wie Gummipuppen und vibrierende weibliche Geschlechtsteile aus Kunststoff, zeigt, daß es nicht in erster Linie um Sexualität geht, sondern um Macht und ihre Demonstration.

Die Vergewaltigung ist so selbstverständlich Bestandteil männlichen Denkens, wie es die angeblich untergeordnete Stellung der Frauen in der Gesellschaft allgemein ist. Wie Männer das Verbrechen sehen, spiegelt sich präzise und treffend in der abscheulichen Wortschöpfung von der „Vergewohltätigung" wider, welche beinhaltet, daß Würgemale, Blutergüsse oder Verletzungen im Genitalbereich ein „Wohlbefinden" von Frauen zur Folge haben könnten.

Es wäre allerdings ein gravierender Fehler, nur im Zusammenhang mit körperlicher Gewalt und Verletzungen von Vergewaltigung zu sprechen. Bereits wenn Mann mit Appellen an die Liebe der Frau oder mit verärgerten Reaktionen versucht, den ehelichen oder nichtehelichen Beischlaf herbeizuführen, muß von Gewalt die Rede sein. Aber auch dann, wenn Mann heterosexuelle Befriedigung sucht, ohne sich für die Bedürfnisse der

Frau zu interessieren, ist Gewalt im Spiel, wenn auch von der subtilen Art.

Für Vergewaltigungen am heimischen Herd gilt eben auch, was Cheryl Benard und Edit Schlaffer über eheliche Gewalt allgemein schrieben: „Im Laufe der Gespräche und Interviews wurden uns immer wieder Erfahrungen systematischer Erniedrigung und Einschüchterung erzählt: irrationale Befehle, entmündigende Belohnungen, unerwartete Strafen. Diese Mechanismen ergeben einen Prozeß der Desorientierung und des zunehmenden Realitätsverlusts seitens der Frau, weil die Person, von der sie sich ihr Glück erwartete, zur Quelle von Angst und Verunsicherung wird. Die Frage, ‚warum Frauen bleiben' und sich aus objektiv unerträglichen Beziehungen nicht lösen können, kann nicht beantwortet werden, wenn die Taktiken ihrer Unterdrückung im geschlossenen System unberücksichtigt bleiben."

Was Mann allerdings getrost nicht berücksichtigen sollte, das ist die ewigmännliche Fama, daß Frauen sexueller Gewalt irgendeinen Lustgewinn zu verdanken hätten. Dieser Mythos wabert seit Jahrtausenden durch Köpfe und Literatur und hat schon seit ewigen Zeiten Einzug gehalten im täglichen männlichen Mißbrauch. Wie aktuell er immer noch ist, kann auch nicht durch die Tatsache entkräftet werden, daß der folgende Abschnitt keinem Tatsachenbericht, sondern einem Roman des Spaniers José Maria Alvarez entnommen ist, der als Lyriker und Übersetzer von Hölderlin und Shakespeare internationales Ansehen genießt. „Der Meister und das Mädchen", 1993 bei Rowohlt erschienen, bedient alle Klischees, die in diesem Zusammenhang als gängig bezeichnet werden können, weshalb ohne Rücksicht auf eventuelle zwischenzeitliche Schamgefühle des Autors eine längere Passage zitiert werden soll. Damit erübrigt sich eine weitere Beschäftigung mit diesem Aspekt männlicher Denkungsart, Herrn Alvarez ist kaum noch etwas hinzuzufügen:

„‚Komm ins Bett', befahl ich.

‚Ich will nicht! Ich will nicht! Ich will nicht!'

Ich versuchte, dich zum Bett zu ziehen.

‚Laß mich! Laß mich, du Schweinekerl!', riefst du.

Ich gab dir eine Ohrfeige. Du stürztest rücklings gegen die Tür.

Dann geschah etwas Magisches, Bestürzendes, Gewalttätiges. In deinen Augen leuchtete etwas, das keine Angst mehr war, sondern Herausforderung und Begierde. Ein kaltes Schweigen trat ein und schien in der Luft zu schweben. Ich hörte, wie dein Atem schneller ging.

In deinen Augen blitzte es auf. Dann sagtest du: ‚Schlag mich. Schlag mich.‘

Es war, als zerberste eine Granate in meinem Kopf. Ich gab dir zwei Ohrfeigen und merkte, daß es mir gefiel. Es erregte mich. Ich packte dich am Arm, zog dich zum Bett und stieß dich auf das Laken. Deine Schenkel glänzten. Ich sah dein Geschlecht aufblitzen. Ich packte dich an den Haaren und küßte dich.

‚Hör mal‘, sagte ich, ‚jetzt wird gefickt, ob dir das paßt oder nicht. Hast du mich verstanden?‘

Du richtetest dich auf wie eine Kobra. Ohne mich eines Blicks zu würdigen, und mit einem Lächeln, in dem eine animalische Entschlossenheit lag, zogst du dir das Unterhemd aus. Deine Brustwarzen waren hart und fest. Ich spürte, daß du glühtest. Deine Augen sprühten Feuer …

Ich rammelte und schnaubte wie ein Tier, während du schriest: ‚Ja, tu mir weh, du Scheißkerl! Schieb ihn mir bis zum Hals! Mach mich fertig! Oh, großer Gott, wie dick er ist, wie dick und wie heiß! Mach mich fertig! Komm schon, du Scheißkerl, komm! Komm!‘“

Phantasien können insbesondere in der Sexualität ein wesentliches und äußerst anregendes Moment sein. Aufgrund von Untersuchungen Lonnie Barbachs beispielsweise wissen wir auch, daß für Frauen die Phantasie von einer Vergewaltigung sexuell stimulierend sein kann. Doch nur die Vorstellung ist anregend. Männer aber können das offensichtlich nicht auseinanderhalten und vergewaltigen, wobei ihnen ein deutscher Philosoph die Erektion stärkt.

Neben dem berühmten „Du gehst zu Frauen? Vergiß die Peitsche nicht!“ hat der Denker und Dichter Friedrich Nietzsche die männliche Vorstellungswelt von Stammtischbrüdern in „Also sprach Zarathustra“ auf dichterisches und intellektuelles Niveau gebracht:

Das Glück des Mannes heißt: ich will
Das Glück des Weibes heißt: er will

Zu dieser pervertierten Art des Glückes sehen sich Männer besonders motiviert, wenn sie in eine Uniform gesteckt werden und sie dem Irrglauben anheimfallen, daß es eine Großtat der Zivilisation sei, andere Menschen zu ermorden und zu verstümmeln. Kriege sind von Männern stets als beste Gelegenheit betrachtet worden, dem kultisch betriebenen Männlichkeitswahn als Soldat einen Höhepunkt zu geben, nämlich durch Vergewaltigungen.

Gleichgültig, ob die Schlächter der Schöpfung Troja dem Erdboden gleichmachten, Gallier oder Kelten „zivilisierten“, die Neue Welt dem rechten Glauben zuführten oder wie in Vietnam die Menschen vom Joch des Kommunismus „befreiten“, es wurden Frauen vergewaltigt, zu Hunderten, zu Tausenden, zu Hunderttausenden.

Humanität und Zivilisation in den patriarchalischen Gesellschaften haben in ihrer Entwicklung in keiner Weise der von Wissenschaft und Technik folgen können, das männliche Verhältnis zur Gewalt hat jeder Evolution widerstanden.

Kriege werden von Männern als weiterer Beweis dafür erfahren, daß Frauen im Weltengefüge eine untergeordnete, zweitrangige Rolle spielen, sind sie doch vom eigentlichen Kriegsspiel ausgeschlossen. Margarete Mitscherlich schreibt in „Die friedfertige Frau“:

„In allen uns bekannten Zeiten hat es Kriege gegeben, kleine, größere, Massen- und Völkerkriege, Kriege, die nur Männer führten, … mit Millionen von Toten und Verletzten, mit ausradierten Städten und umgepflügten Landstrichen, mit ganzen Völkerverschiebungen und Völkermorden.

In allen uns bekannten Kriegen hatten die Frauen eine dienende oder unterhaltende Funktion, sie zogen im Troß hinter den Kriegern her, sorgten für ihr leibliches Wohl, im Bett und in der Küche, im Lazarett und im Bordell; fast immer waren sie Opfer, ob als Vergewaltigte, Gefolterte, Getötete, Sklavinnen oder Kriegstrophäe, ob als Trauernde um Familienväter oder Kinder.“

Als nicht so drastisch empfindet dies allerdings der Ethnologe und Professor für Kulturgeschichte Hans Peter Duerr. In „Obszönität und Gewalt“ leitet er ein Kapitel über Kriegsvergewaltigungen im typischen bagatellisierenden Stil von Männern ein. Für ihn steht zwar „außer Frage, daß während der häufig stattfindenden Kriegszüge des Mittelalters zahllose Frauen und Mädchen *sexuell erobert und unterworfen wurden*“, und er hegt auch den Verdacht, „wie fürchterlich solche Massenvergewaltigungen zum Teil gewesen sein müssen“, aber als objektiver Wissenschaftler und Mann versäumt er es dann auch nicht, im Anschluß an besagtes Kapitel sich des langen und breiten der Frage nach der „Lust des Täters“ und „der Lust des Opfers“ zu widmen: „Eine ganz andere Frage ist natürlich die, ob nicht nur die Täter, sondern auch die Opfer wenigstens gelegentlich die Vergewaltigung als lustvoll erleben, ja, seit Jahrtausenden ist immer wieder die Frage aufgeworfen worden, ob denn nicht alle Frauen ‚im Grunde‘ lüstern danach seien, vergewaltigt zu werden, und sicher sind es diese Fragen, die dem Thema der Notzucht stets einen *pikanten Reiz* gegeben haben.“

Abgesehen von dem Vorwurf an die Adresse vergewaltigter Frauen, nicht einmal gelegentlich das Verbrechen lustvoll zu erleben, der in diesen Zeilen mitschwingt, gelingt es Herrn Duerr auch im weiteren Text nicht, Aussagen zu zitieren, die dem Thema einen „pikanten“ Reiz geben könnten. Nur Behauptungen von Geschlechtsgenossen wiedergeben zu können, es gebe „vereinzelt Aussagen vergewaltigter Frauen, aus denen hervorgeht, daß die Betreffenden sogar in ihrer Todesangst sexuell erregt wurden“, scheint ihn zu enttäuschen.

Der Kulturgeschichtler bewegt sich mit dieser Unterstellung zwar in den gewohnten Bahnen männlicher Vorstellungswelt, aber außerhalb jeglicher realer, emotionaler und rationaler Empfindungsmöglichkeiten. Selbst wenn eine Frau trotz einer Vergewaltigung körperliche Symptome einer Erregung zeigen würde, es bleibt eine Vergewaltigung, weil die Gewalt des Mannes und sein Nichtrespektieren der Frau die Vergewaltigung ausmachen. Herr Duerr wäre wohl besser beraten gewesen, sich zu diesem Thema einmal bei Frauen aus dem ehemaligen Jugoslawien zu informieren.

Eine andere Empfehlung an die Adresse der Vertreter der „Vergewaltigungslusttheorie" wäre es, sich einmal vorzustellen, ob sie sich so intensiv mit der Frage der Erregung beschäftigen würden, wenn sie selber von einem Mann vergewaltigt würden, also oral oder anal penetriert zur Befriedigung eines anderen Mannes mit Schlägen und Drohungen gezwungen würden.

Während der ersten zwei Jahre des Krieges in den jugoslawischen Republiken wurden nach offiziellen Angaben mehr als 60 000 Frauen und Mädchen – oftmals vielfach – vergewaltigt. Frauen wurden in Lagern gefangengehalten, wo sie über längere Zeit hinweg und Tag für Tag vergewaltigt wurden. Kamen sie frei, war ihr Martyrium noch nicht zu Ende, viele wurden von Mann und Familie verstoßen. Wer von den Frauen durch die Vergewaltigungen schwanger geworden war, für den hatte Papst Johannes Paul II. allerdings Lebenshilfe parat. Demnach sollten diese Frauen den Akt der Gewalt in einen „Akt der Liebe und der Aufnahme verwandeln" und „den Feind in ihnen akzeptieren". Eine Empfehlung mit sehr unterschiedlichen Interpretationsmöglichkeiten.

Sehr viel konkreter äußerten sich Politiker aller Couleur und vieler Länder. Sie verurteilten die Greuel aufs schärfste – und ließen es dabei bewenden. Ein Verfahren, wie es zu allen Zeiten angewandt wurde, zum Beispiel auch, als in Bangladesch Anfang der 70er Jahre nach Schätzungen zwischen 300 000 und 400 000 Frauen vergewaltigt wurden oder in Kuwait 1990 Frauen erst Opfer der irakischen Besatzer wurden und dann im Jahr darauf die befreiten Kuwaiter Männer „Gastarbeiterinnen" aus Asien vergewaltigten.

Ob Krieg oder Frieden, es gibt wahrscheinlich keine adäquate Möglichkeit, in Worten nachzuvollziehen, was eine Vergewaltigung für eine Frau an physischem und psychischem Schmerz und Verletzung bedeutet. Für einen Mann ist dieses Unterfangen erst recht unmöglich. Möglich ist es jedoch, einen vagen Eindruck davon zu vermitteln, wozu vergewaltigende Männer fähig sind. Das folgende Beispiel kann für unzählige andere stehen, es belegt nicht die Ausnahme, es ist Alltag. Daran ändert auch nichts die Tatsache, daß die Täter Einbrecher waren und keine Soldaten im Krieg, nicht zur Familie gehörten oder im Park lauerten. Entscheidend ist letztendlich nämlich nur, daß es Männer waren.

Im März 1983 wurde in der Bundesrepublik ein Fall verhandelt, den der Jurist Klaus-Peter Becker in seinem Buch „Vergewaltigungen in Deutschland" anhand von Gerichtsakten dokumentierte.

Damit die Schilderung nicht zum sadistischen Kitzel für Verbalvoyeure degeneriert, wird die Darstellung des Verbrechens rein auf die Wiedergabe der Geschehnisse reduziert. Das Entsetzliche braucht schließlich keine Erläuterungen.

Zwei Männer dringen mit Waffengewalt in ein Haus ein, fesseln die vierköpfige Familie und durchsuchen die Zimmer nach Geld. Aber anstatt mit der Beute zu verschwinden, schleppt einer der Männer die 13jährige Tochter ins Wohnzimmer und zieht sie halb aus. Er steckt dem Kind Finger in die Scheide und quetscht seine Brüste, bevor er mit dem Penis in die Vagina eindringt. Dieses Mädchen hatte bis zu diesem Zeitpunkt noch keine sexuellen Kontakte. Auf die Frage des Vergewaltigers nach seinem Alter antwortet es und zeigt zusätzlich die Zahl mit den Fingern an.

Nach einiger Zeit zwingt der Mann das Mädchen zu Oralverkehr. Dann verläßt er den Raum. Als er zurückkommt, vergewaltigt er das gefesselte Opfer erneut, dreht es dann auf den Bauch, um es anal zu vergewaltigen.

Als er sich erneut zu vaginaler Vergewaltigung entschließt, kommt sein Komplize in das Zimmer. Nun zieht sich dieser ebenfalls aus und vergewaltigt die 13jährige sowohl vaginal als auch anal. Nach kurzer Unterbrechung kommt er wieder in das Zimmer, vergewaltigt das Kind oral und zwingt es, sein Sperma zu schlucken. Gleich darauf wird das Mädchen erneut von dem anderen Mann vergewaltigt. Wenig später flößen die Männer dem Opfer Alkohol ein, und einer von ihnen schleppt die Gefesselte in das Badezimmer, wo er in der Badewanne versucht, die Handbrause in die Vagina des Kindes zu stoßen, was ihm teilweise gelingt. Wieder zurück im Wohnzimmer, preßt er nun eine Flasche in die Vagina des Mädchens, nachdem er es erneut vergewaltigt hat. Das Mädchen verliert das Bewußtsein.

In der Zwischenzeit hat der andere Mann im Schlafzimmer die Mutter mehrfach vergewaltigt, ihr 3jähriger Sohn liegt die ganze Zeit neben ihr.

Für eine Vergewaltigung kann unter Umständen die sexuelle Erregung oder Phantasie eines Mannes der Auslöser sein, möglich wird sie jedoch erst durch die Geringschätzung für das Opfer, durch das Gefühl der Macht über das Opfer. Und deshalb werden Frauen von Männern vergewaltigt. Susan Brownmiller zitierte in dem schon erwähnten Buch über „Vergewaltigung und Männerherrschaft" aus einem öffentlichen Hearing mit Vietnamveteranen über Vergewaltigungen von Vietnamesinnen durch GI's:

„Diskussionsleiter: Fanden die Männer in Ihrer Einheit oder Sie das richtig, was sie da sahen? Schienen sie zu denken, mit Vietnamesen könnte man alles machen? Camil: Die wurden doch nicht als Menschen angesehen ... Das waren Schlitzaugen und Kommunisten, und deshalb war das okay."

Camil war Feldwebel und vorgeschobener Beobachter der US-Marineinfanterie in Vietnam gewesen. Nach seiner Aussage nannten die GI's Vergewaltigungen „pretty sop", wobei das zweite Wort die Abkürzung für „standard operating procedure" (standardisierte Vorgehensweise) war.

Es hat den Anschein, manche Männer bräuchten eine Legitimation durch den Krieg, um eine letzte innere Hürde zu überwinden und zum Vergewaltiger zu werden. Das Leben als Soldat in einer reinen Männergesellschaft belegt wohl, was Männer schon immer wußten: Frauen sind unbedeutend, und um dies sich selber und den anderen Männern zu demonstrieren, kann Mann sie gebrauchen und mißbrauchen, wie es ihm beliebt. Im Krieg kommt noch ein weiterer Aspekt hinzu.

Nachdem in der Geisteswelt vieler Männer Frauen als mehr oder minder persönliches Eigentum betrachtet werden, wird die Vergewaltigung als Möglichkeit zur Zerstörung fremden Eigentums benutzt. Der männliche Feind soll und wird damit getroffen, den Besiegten wird durch die Vergewaltigungen ihrer Frauen das „letzte Eigentum“ geraubt. Und die unterlegenen, aber immer noch tapferen Krieger reagieren darauf wieder ganz als Mann.

Gegen Ende des Zweiten Weltkrieges und nach der Kapitulation vergewaltigten sowjetische Soldaten Tausende von Frauen. Hatten sie noch Männer, die zu ihnen zurückkehren konnten, mußten sie nun deren Vorwürfe über sich ergehen lassen, wurden davongejagt oder sogar getötet – weil Mann die Schmach nicht ertragen konnte. Männer können nun mal sehr sensible Wesen sein. Wenn es um sie selber geht, um Mannesstolz und Mannesehre.

Vergewaltigungen im Krieg sind keine Frage von zivilisatorischer Stufe, westlicher oder östlicher Hemisphäre, Mittelalter oder 20. Jahrhundert. Amerikaner haben in Vietnam vergewaltigt, Japaner in China, Deutsche in Frankreich, Marokkaner in Italien. Troja hieß der Schauplatz, Lugdanum oder Jerusalem, Haiti und Rheinfelden, Brüssel und Korea.

Vergewaltigungen im Krieg werden als noch unvermeidlicher betrachtet, als dies bereits für Friedenszeiten der Fall ist. Zwar gab es zum Beispiel bereits im England des 14. Jahrhunderts ein Gesetz, wonach Soldaten gehenkt werden sollten, wenn sie eine Frau vergewaltigt hatten, aber derartige Gesetze wurden niemals mit besonderem Nachdruck verfolgt.

Laut statistischer Angaben der US-Militärgerichte wurden in Vietnam zwischen 1965 und 1973 von 38 wegen Vergewaltigung vor Gericht gestellter Soldaten 24 verurteilt. Die Strafverfolgung durch die US-Behörden war also nur eine Farce.

Vergewaltigung hat nur insofern etwas mit Sexualität zu tun, als sie die Ejakulation des vergewaltigenden Mannes zur Folge haben kann, ansonsten ist sie nur ein weiteres Instrument physischer und psychischer Unterdrückung von Frauen. Die Hamburger Diplompsychologin Uta Boyksen nennt es „kein Sexualdelikt, sondern ein Gewaltdelikt. Es ist nicht der aggressive Ausdruck von Sexualität, sondern der sexuelle Ausdruck von Aggressivität und Haß."

Schließlich sind nicht nur jene Frauen direkt betroffen, die bereits Opfer eines Mannes wurden. Betroffen sind alle Frauen, weil sie in diesem Klima von Gewalt und der Angst davor nicht mehr die Freiheit haben, sich frei zu bewegen, weil sie sich ihr Leben unter dem Druck dieser Angst einrichten müssen. Tun sie dies nicht, werden sie mitverantwortlich gemacht.

So schrieb eine Zeitung, nachdem innerhalb von drei Tagen zwei Frauen in ihren Wohnungen überfallen und vergewaltigt worden waren: „Beide machten es den Tätern zu einfach, weil sie bei geöffneten Fenstern schliefen. Lebensgefährlicher Leichtsinn." Und ein Polizeisprecher ergänzte: „Vor allem alleinlebende Frauen sollten nachts Fenster und Türen schließen – Sexualtäter nutzen jede Gelegenheit."

Die logische Schlußfolgerung wäre also, daß Frauen auch nicht mehr mit ihren Ehemännern und Freunden in gemeinsamen Wohnungen leben sollten, da ihnen von diesen und in dieser Umgebung die meiste Gefahr droht, vergewaltigt zu werden. Ebensowenig sollten Frauen sich auf öffentlichen Straßen und Plätzen, in Parks und Tiefgaragen bewegen, da sie dort das gleiche Schicksal ereilen kann. Und das ist der Kern diesbezüglicher männlicher Philosophie: Vergewaltigungen sind etwas Unausweichliches, fast Naturgegebenes (der mächtige Trieb der Männer), sie gehören zum Leben einer Frau wie Geburt und Tod. Sollen sich die Frauen also nicht so anstellen, schließlich haben sie ja wohl auch ihren Spaß dabei.

So argumentieren die schlichten Gemüter unter den Männern ebenso wie promovierte Psychoanalytiker.

Von Brustwarzen und Klitoris ist die Rede, die durch ihre Erregung belegten, daß das „Es" der Frau zugestimmt habe und sich deshalb keine Frau „durch eine Vergewaltigung gedemütigt" fühle, und dieser pathologisch nicht nachvollziehbare Schwachsinn endet mit der Behauptung, daß Frauen die intensivste Lust erfahren würden, wenn sie vergewaltigt würden und beispielsweise auch frigide Frauen durch den Gewaltakt zu einem Orgasmus kämen (G. Groddeck, G. Devereux und Dieter Duhm in „Obszönität und Gewalt" von Hans Peter Duerr).

Doch auch aus anderem, aber sicher berufenem Männermund und verschiedenen Quellen gibt es aussagekräftige Statements über Frauen an sich und deren Vergewaltigung im besonderen.

Der amerikanische Autor Hunter Thompson: „Die Frauen leben in Angst vor Vergewaltigung, aber irgendwo versteckt im Schoß einer jeden Frau gibt es einen aufsässigen Nerv, der jedesmal vor Neugier zittert, wenn nur das Wort fällt."

Ein angeblich ägyptisches Sprichwort: „Erst wenn eine Frau zehn Mal hintereinander vergewaltigt worden ist, schreit sie um Hilfe."

Der Autor George Devereux: „Trotz der lärmenden ‚Anti-Vergewaltigungs'-(= Anti-Männer-)Kampagne unserer Tage kommt es vor, daß eine vergewaltigte Frau starke Wollust empfindet, nicht nur weil die Vergewaltigung ihren weiblichen Masochismus befriedigt, sondern auch deshalb, weil sie bei einer Vergewaltigung für das, was ihr geschieht, nicht ‚verantwortlich' ist."

Der berühmte Honoré de Balzac: „Man kann keinen Faden einfädeln, wenn die Nadel nicht stillhält."

Und abschließend soll noch der amerikanische Schriftsteller Norman Mailer zu Wort kommen: „Ein wenig Vergewaltigung ist gut für die Seele eines Mannes."

Das also ist dann der Stoff, aus dem sich Männer ihre Welt formen, das ist das Credo, das Vergewaltigungen rechtfertigen soll. Dies ist aber auch der Nährstoff, das Verständnis, aus dem heraus Männer zu Vergewaltigern werden. Es geht primär nicht um Sex, es geht um Erniedrigung, Unterdrückung. Es geht um die männliche Macht über Frauen, der Samenerguß ist willkommenes Beiwerk.

Sexuelle Gewalt ist ein Instrument, mit dem Männer Angst und Schrecken verbreiten, vorauseilenden Gehorsam erzwingen wollen. Die Vergewaltigung ist für Männer eine wichtige Waffe im Kampf gegen die Frauen, die vielfachen, alltäglichen Diskriminierungen der Frauen sind die Logistik dazu.

Bis daß der Tod euch scheidet

Frauenalltag III

Der amerikanische Farmer Ed Gein wird 1957 verhaftet, nachdem die Polizei bei der Durchsuchung des Hauses die Leichenteile von mehr als zehn Frauen gefunden hat. Die Beamten fanden enthäutete Totenschädel, eine Weste und diverse andere Gegenstände, kunstvoll aus weiblicher Haut gefertigt. Bevor Gein zu morden anfing, hatte er die Leichen von Frauen aus Gräbern gestohlen und sie seziert.

Im Garten des Kürschners Lutz Reinstrom in der Nähe von Hamburg graben Polizeibeamte 1992 zwei Fässer aus. In einem der Behälter finden sie die Leichenreste von zwei Frauen, von Salzsäure zerfressen. Wie viele Frauen Reinstrom, laut Nachbarn eine „Stimmungskanone" und verheiratet, umgebracht hat, wird sich wohl nie feststellen lassen.

Großes Medieninteresse findet im Jahr zuvor der 24jährige Wolfgang Schmidt, auch als „Rosa Riese" oder „Bestie von Beelitz" bezeichnet. Ihm werden fünf Morde an Frauen vorgeworfen, außerdem soll er sich an den Leichen „vergangen" haben, wie es so schön wortneutral heißt. Die Opfer waren mit Schmidt entweder zufällig zusammengetroffen, wenn er versuchte, sich Frauenunterwäsche zu beschaffen, oder wenn er im Wald in BH und Slip herumlief.

Der Computergrafiker Thomas Holst, der 1993 in Hamburg vor Gericht steht, hat drei Frauen in seiner Wohnung vergewaltigt, gefesselt, gefoltert und dann ermordet. Auf die Frage, ob er nach einer Tat habe schlafen können, antwortet Holst: „Natürlich konnte ich schlafen. Es war ja nichts aufzuräumen."

Den „übermächtigen Wunsch", einmal eine Frau zu töten, will er schon mit zehn Jahren verspürt haben.

In der Berichterstattung über Frauenmörder ist immer wieder auffallend, daß die Kindheit des Täters ausgeleuchtet wird, das zumeist „gestörte Verhältnis“ zur Mutter wird ausführlich dargestellt. Die weiblichen Opfer finden hingegen nur Erwähnung im Zusammenhang mit Details der Mordtat, der vorhergehenden Folter oder Vergewaltigung, und auch ihr Alter ist interessant, aber sonst werden sie eher als eine Randerscheinung des Verbrechers behandelt.

Der Serienmörder bewegt Medien und die Herzen vieler Menschen, daß Frauen serienweise die Opfer sind, scheint kaum mehr der Erwähnung wert.

Bisher ist allerdings gänzlich unter den Tisch gefallen ein Phänomen, das von Männerherrschaften stets tatkräftig gefördert und spätestens durch Sigmund Freud psychologisch-wissenschaftlich begründet wurde: Misogynie, krankhaften Haß von Männern gegen Frauen, nennt es die Psychologie. Ein Haß, der von der Mehrheit der männlichen Gesellschaft nicht nur toleriert, sondern auch gefördert wird. Insbesondere die permanent wiederholten Schuldzuweisungen an Mütter haben Langzeitwirkung. „Mörderische Muttersöhnchen“ heißen unter solchen Vorzeichen die Herren Frauenmörder, und sicher findet sich noch ein Psychologe, der die Gründe kennt. So zum Beispiel der FBI-Psychologe namens Robert Ressler, der in Quantico/Virginia Ende der 80er Jahre Triebmörder befragte. Mit kaum überlesbarer Begeisterung schreibt ein Journalist in einem Beitrag:

„Das überraschende Ergebnis seiner Studie: Die meisten Serien-Killer sind weiß, männlich und zwischen 20 und 40 Jahre alt und haben eine gestörte Beziehung zu ihrer übermächtigen Mutter.“

Warum aber morden Massenmörder sehr viel seltener Männer, obwohl die Beziehungen von Söhnen zu ihren Vätern nicht immer nur von Verständnis und Liebe geprägt sind? Sucht man nach Antwort, keimt schnell der Verdacht, dies könnte mit dem Status der Frauen, ihrem Ansehen in der Gesellschaft in Zusammenhang stehen.

Haß findet sein Ventil dort am ehesten, wo der zu erwartende Gegendruck am geringsten zu sein scheint, also bei quantitativen oder „qualitativen“ Minderheiten wie Ausländern, Juden, Sintis, Homosexuellen – und natürlich Frauen. Ein entscheidendes Moment ist eben der gesellschaftliche Status einer Bevölkerungsgruppe, wobei dieser nicht der Realität, sondern lediglich der Manipulation unterliegt. Dank Adolf Hitler und seiner zahlreichen Anhänger ist dieser Prozeß an deutscher Geschichte gut nachvollziehbar.

Aber selbst wenn keine zweifelsfreien Anzeichen für einen eindeutig pathologischen Befund erkennbar sind, kann es Frauen das Leben kosten.

„Ja mei, i woaß a net, warum i den Schmarrn gmacht hob", antwortet ein Angeklagter auf die Frage des Richters, warum er die zwei Frauen erstochen habe. Für Nichtbayern: Der Duden erklärt den Begriff „Schmarrn" mit „etwas, was bedeutungslos, minderwertig ist". Für den Angeklagten war es also eher bedeutungslos, daß er zwei junge Frauen, eine von ihnen schwanger, bei dem Versuch, sie auszurauben, mit dem Messer erstochen hatte.

In seiner Mittagspause ist ein junger Mann mit dem Auto auf einer Landstraße unterwegs. Er nimmt eine Anhalterin mit, unterhält sich auch ein wenig mit ihr. Plötzlich biegt er in einen Feldweg ein, beugt sich zu der 17jährigen und erwürgt sie. Vor Gericht gibt er seiner Verwunderung Ausdruck, daß der Todeskampf des Mädchens sehr viel länger gedauert habe, als sich dies ein Gutachter vorstellen könne. Er gesteht noch zwei weitere Morde und einen Mordversuch an Frauen. Über sein Motiv kann er nichts sagen, auch das Gerichtsverfahren bringt keine diesbezüglichen Erkenntnisse.

Ende 1990 wird in Traben-Trarbach eine Wohnung aufgebrochen, der Mieter ist seit Wochen nicht mehr erschienen und mit der Miete im Rückstand. Im Badezimmer wird die verweste und zum Teil mumifizierte Leiche einer Frau gefunden. Der Täter ist schnell gefaßt und geständig. Nach seiner Version war die 19jährige auf einen Kaffee mit in seine Wohnung gekommen, und er hatte mit Zärtlichkeiten begonnen. Nachdem sich daraufhin bei ihm keine besondere Reaktion gezeigt habe, hätte er damit wieder aufgehört, worauf ihn das Mädchen mit den Worten „Wichser", „Bastard" und „Hurensohn" beschimpft habe. Der Mann nimmt ein Messer und ersticht die Frau.

Berücksichtigt man ihren Anteil an der Gesamtbevölkerung, werden Frauen häufiger erwürgt, erschlagen oder erstochen als Männer, und die Täter sind in den meisten Fällen Vertreter der männlichen Spezies. Dabei ist es nicht unbedingt erforderlich, daß eine besondere Konstellation zugrunde liegt, es scheint zu genügen, daß Frauen sich zufällig an einem bestimmten Ort befinden, daß sie zu laut schreien, wenn Mann sie ausraubt, daß sie ein falsches Wort zur falschen Zeit sagen.

Die Motive für Morde an Männern von Männern sind zumindest laut Kriminalstatistik zumeist viel konkreter. Bereicherung oder persönliche Auseinandersetzungen sind häufig ein Grund. Morde an Frauen, wie zum Beispiel die geschilderten, hinterlassen einen eher ratlos und werfen die Frage auf, warum gerade die Hemmschwelle von Männern Frauen gegenüber so niedrig angesiedelt ist und schon geringfügiges „Fehlverhalten" von Frauen den Mann zum Messer oder zu anderen Tötungswerkzeugen greifen läßt.

In unseren menschlichen Gesellschaften gab und gibt es moralische „Schranken" als wesentliches Moment des Zusammenlebens. Zum größten Teil finden sie sich in der Gesetzgebung wieder, in den Geboten von Religionen, die Regeln für das Miteinander aufstellen. Zu erwarten, daß sich eine Gesellschaft in der Beachtung dieser Regeln als weitgehend homogen erweist, ist unrealistisch.

Der Schweizer Jean Piaget, u.a. Professor der Psychologie und Soziologie, konstatierte aufgrund seiner Untersuchungen über „Das moralische Urteil beim Kinde", daß sich die Achtung vor den Regeln „aus dem Druck der Gruppe auf das Individuum" oder „aus den Beziehungen der Personen zueinander" ergibt. Bei Kindern untereinander fand Piaget zwar derartige „Beziehungen der Zusammenarbeit, deren Eigentümlichkeit darin besteht, daß sie in den Geistern selbst das Bewußtsein von idealen Normen entstehen lassen, welche alle anderen Regeln bestimmen", resümierte dann aber: „Die aus der Autorität und der einseitigen Achtung hervorgegangenen Beziehungen des Zwanges kennzeichnen so die meisten tatsächlichen Zustände der gegebenen Gesellschaft und insbesondere die Beziehungen zwischen dem Kind und der Umgebung von Erwachsenen. Die durch Gleichheit und gegenseitige Achtung gekennzeichneten Beziehungen der Zusammenarbeit bilden dagegen eher die ideale Grenze eines Gleichgewichts als ein statisches System."

Die Untersuchungen Piagets verdeutlichen, daß die Einhaltung moralischer Grenzen keine Frage der individuellen Entwicklung ist, sondern im wesentlichen von dem Postulat der Gesellschaft abhängig. Eine Sozialordnung, in der das Töten – wie im Falle eines Krieges, bei Vollstreckung der Todesstrafe – nicht nur erlaubt, sondern gefordert wird, die „durch Gleichheit und gegenseitige Achtung gekennzeichnete Beziehungen der Zusammenarbeit" bei Kindern unterdrückt und in der Erwachsenenwelt nicht mehr akzeptiert, eine solche Gesellschaft formt ihre Mörder.

Ob die kriegerischen Einsätze im neuen Technokratenjargon „Friedensmissionen" oder beim richtigen Namen genannt werden, es bleiben immer Feldzüge gegen das bestehende Regelwerk menschlichen Zusammenlebens.

Die Beziehungen zwischen Frauen und Männern sind alles andere als von Gleichheit und gegenseitiger Achtung gekennzeichnet. Sie sind in eine Moral eingebettet, die Verbrechen an Frauen nur zu oft als „tolerierte" Ausnahme von einer Regel betrachtet.

Die Verwunderung und das Entsetzen, die oft bei dem Mord an einer Frau zur Schau getragen werden, sind deshalb pure Heuchelei. Zum Beispiel, wenn in einer kleinen Ortschaft ein Mann wegen „Vergewaltigung mit Todesfolge" verhaftet wird und sich alle einig sind, daß der so Angeklagte „das nicht gemacht haben kann, der kann doch keiner Fliege was zuleide tun". Konnte er aber anscheinend doch. Eines Morgens lag nämlich seine geschiedene Frau tot im gemeinsamen Bett: „Reihenrippenbrüche, Blutung im Herzgewebe, Blutungen an beiden Armen und am Handgelenk, Blutungen an Scheide und Darm, Schwellungen im Gesicht, blutiger Schleim am Mund, Hautunterblutungen an den Beinen, blaue Flecken an Brust und Schulter", zählte der Obduktionsbericht auf. Der Mann will nichts bemerkt haben, was die Verletzungen hätte zur Folge haben können. Nach Ansicht des Richters könnten die Verletzungen allerdings „im Rahmen eines etwas heftigeren Geschlechtsverkehrs" zustande gekommen sein. Der Mann, der keiner Fliege etwas zuleide tun konnte, wird vom Gericht wegen vorsätzlicher Körperverletzung zu 400 Mark Geldstrafe verurteilt.

Das Verständnis des Richters von Sexualität ruft ziemliches Unverständnis hervor; dennoch ist die Annahme wohl berechtigt, daß derartige Urteile den Charakter von Freibriefen haben und, da von keiner weiteren Instanz angefochten, durchaus exemplarisch sind für die Gesamtbefindlichkeit einer Gesellschaft.

Vielleicht basierte die Milde des Richters auch auf der Tatsache, daß es sich bei Täter und Opfer um ein, wenn auch geschiedenes, Ehepaar gehandelt hat. Zumindest nach altrömischem Recht bedeutete dies ja, Mann durfte das mehr oder minder geliebte Eheweib nach Belieben töten. In vielen Männerköpfen scheint dieses Recht noch immer ungeschriebenes Gesetz zu sein.

Insbesondere wenn Liebe im Spiel ist oder das, was Mann dafür hält, glauben die angeblichen „Herren der Schöpfung", über Leben und Tod entscheiden zu dürfen. Ist die Liebe auf Seiten der Frau beispielsweise erkaltet oder hat sie sich einem anderen zugewandt, dann entscheiden sich viele liebende Männer für den Tod. Den Tod der Frau allerdings.

Hinter der rätselhaften Überschrift inklusive vorauseilender Schuldzuweisung „Für sie hatte er die Krankheit besiegt – drei Jahre Haft" verbirgt sich der Tod einer Frau. Der Originaltext, einer deutschen Tageszeitung entnommen:

„Der Alkohol zerstörte seine Ehe, seine Familie, sein Leben. Doch die Liebe blieb. Um seine geschiedene Frau Brigitte und Tochter Isabella zurückzugewinnen, überwand Bäcker Franz-Xaver H. (46) aus eigener Kraft die Trunksucht. Zehn Jahre nach der Scheidung traten Franz-Xaver H. und seine Ex-Frau (44) erneut vor den Traualtar. Das Glück dauerte nur wenige Monate. Als Franz-Xaver H. merkte, daß seine Frau heimlich trank, brachte er sie um."

Welch Schicksal, armer Franz-Xaver, möchte Mann da ausrufen und ist erst am Ende des Artikels wieder etwas erleichtert, denn die „Richter zeigten Verständnis“ und verurteilten den Mann wegen Körperverletzung mit Todesfolge zu drei Jahren Haft. Franz-Xaver hatte die betrunken am Boden liegende Ehefrau mit den Füßen zu Tode getreten.

Alkohol und Liebe waren auch bei dem Konditor Hans-Peter S. im Spiel, als er Ehefrau Manuela mit der Faust ins Gesicht schlug. Zuvor hatte er erfahren, daß sie einen anderen Mann kennengelernt hatte. Die Frau starb an den Folgen einer Gehirnquetschung, der daraufhin erlassene Haftbefehl hinderte nun allerdings Hans-Peter S. daran, seine Freundin, wie seit zwei Jahren gewohnt, zu sehen.

„Meine Frau wollte mich wegen eines anderen verlassen“, lautete die Begründung eines anderen Ehemannes dafür, daß er die Gattin mit einem Messer erstochen hatte. Doch Frauen müssen nicht erst heiraten, um mit der tödlichen Liebe der männlichen Art konfrontiert zu werden.

Nachdem eine zweimonatige Wochenendromanze zu Ende gegangen war, übergoß der Mann die frühere Freundin mit Benzin und zündete sie an. Ein Gutachter bescheinigte, daß die Steuerungsfähigkeit des Täters durch eine „reaktive Depression mittlerer Schwere“ zur Tatzeit eingeengt gewesen sei.

Doch ist die Liebe der Frau groß und unerschütterlich, kann ihr das ebenso zum Verhängnis werden.

Eine 29jährige Frau arbeitete in einem Supermarkt, abends putzte sie noch und bediente in einem Lokal, während sich der Gatte mehr dem Alkohol widmete. Die Frau wich nicht von der Seite des angetrauten Mannes, obwohl dieser sie und den Sohn aus ihrer ersten Ehe mißhandelte. Als es wieder einmal zu einem Streit kam, griff er zum Gewehr und erschoß die Frau.

Daß Alter nicht unbedingt gleichzusetzen ist mit Besonnenheit und Weisheit, zeigte ein 60jähriger, der die von ihm geschiedene Frau auf offener Straße mit mehreren Messerstichen getötet hatte. Tatmotiv: wahrscheinlich Eifersucht.

Schlagzeilen machte auch der Fall von Wilfried Schulte. Als sich seine Frau von ihm getrennt hat, mit einem anderen Mann zusammenlebt, beginnt er, sie mit Mord zu bedrohen, schlägt mit einem Vorschlaghammer die Tür zu ihrem Haus ein. Obwohl er in aller Öffentlichkeit droht, sieht die Polizei keinen Handlungsbedarf. Als Schulte per gerichtlicher Verfügung verboten wird, das Haus der Exfrau zu betreten und die gemeinsamen Kinder zu sehen, fährt er zur Schule, wo Eva Lerp, frühere Schulte, unterrichtet. Er erschießt sie im Klassenzimmer mit einem Schrotgewehr.

Mit solchen Zeitungsberichten ließe sich noch Seite um Seite füllen, und immer wäre die Liebe des Mannes mit im Spiel. „Bei Scheidung Mord" lauten die Schlagzeilen, „Tödliche Eifersucht" oder „Verlobte getötet – weil sie ihn verlassen wollte".

Einmal abgesehen von der Fragwürdigkeit einer Liebe, die das geliebte Wesen lieber tot als in den Armen eines anderen sieht, scheint es verschiedene konkrete Faktoren zu geben, die es Männern so „leicht" machen, zu Messern und Gewehren zu greifen, um Ehefrau oder Freundin, geschieden oder getrennt von ihnen, zu töten.

Ganz wesentlich scheint hierbei das Besitzdenken von Männern zu sein, das Frauen und Kinder miteinbezieht. In der Tradition vergangener Epochen wird das „Eigentum Frau" dadurch vor fremdem Zugriff geschützt, daß es für einen anderen Mann „unbrauchbar" gemacht wird. Mentaler und körperlicher Umgang mit tödlichen Waffen hat solchen „drastischen" Schutz zur Folge.

Der Krieg im ehemaligen Jugoslawien ist ebenso Zeugnis dafür wie der Lebensweg vieler Vietnamveteranen in den USA. Der tägliche Umgang mit dem Tod hat „massive psychische Störungen oder absolute Gefühlskälte" zur Folge. Hemmschwellen werden herabgesetzt, Leben wird als wertlos angesehen, und eben nicht nur im Krieg selber, sondern auch danach und anderswo. Und es sind die Männer, die die Gewalt des Krieges fortsetzen.

Töten war schon immer die Sache von Männern. Selbst wenn sie selber noch nie auf andere Menschen geschossen haben, die Geschichte propagiert es allenthalben und die Geschichtsschreibung en detail. In unserer Welt der Medien wird dieser Eindruck noch verstärkt und täglich in Bildern vermittelt. Männer werden auch in Friedenszeiten durch den Wehrdienst im Töten unterrichtet, sind aktive Mitglieder in Schützenvereinen, gründen Schulen für Nahkampf und Wehrsportgruppen. Welchen Stellenwert im Selbstbewußtsein von Männern eine Waffe einnehmen kann, demonstrieren uns freundlicherweise die USA immer wieder eindrucksvoll. Auch die Volksweisheit, daß Gelegenheit Diebe macht, bestätigen die Kriminalstatistiken im Land der unbegrenzten Möglichkeiten und der frei käuflichen Waffen durchaus.

Diese unsägliche Leichtigkeit des Tötens wird sicher noch gefördert, wenn das Opfer minderwertig, nicht gleichrangig ist. Das wußten die Nationalsozialisten im Dritten Reich anzuwenden und fanden willige Helfer für den Mord an Millionen Juden. Frauen werden tagtäglich als das „zweite Geschlecht" diskriminiert, sie sind die „underdogs", selbst in den angeblich so zivilisierten Gesellschaften. Der Mord an einer Frau kann durchaus als radikalste Konsequenz aus einer langen Reihe von Diskriminierungen gesehen werden, die sicher nicht die einzige, aber wohl eine wesentliche Ursache sind. Und vor allem dann, wenn Männer glauben zu lieben.

Das zugrundeliegende Wertesystem wird von allen Bereichen der Männergesellschaft getragen.

Eine Frau, Sara Thornton, wird von ihrem Mann, einem ehemaligen Polizisten und Alkoholiker, jahrelang geprügelt, fünfmal müssen „Kollegen" einschreiten, der Ehemann droht, Frau und Kinder umzubringen. Eines Tages ersticht Sara Thornton den Gatten mit einem Messer. Sie wird wegen Mordes verurteilt.

Zu gleicher Zeit steht ein Mann, ebenfalls in England, vor Gericht, der seine „streitsüchtige" Frau umbrachte, auch sie hatte schwere Alkoholprobleme. Der Mann wird zu zwei Jahren mit Bewährung verurteilt, und der Richter weiß das auch zu begründen: „Diese Frau hätte die Geduld eines Heiligen auf die Probe gestellt."

Das Urteil gegen Sara Thornton wurde ebenfalls begründet. Daß auf Mord entschieden wurde, hatte sie dem Umstand zu verdanken, daß sie der Ehegatte kurz vor der Tat nicht verprügelt hatte, also kein zeitweiliger Verlust der Selbstkontrolle eingerechnet werden konnte. So argumentierten jedenfalls die männlichen Richter. Selbst wenn diese Urteile nicht repräsentativ für alle diesbezüglichen Richtersprüche stehen können, sie belegen sehr präzise die Einstellung, die ihnen zugrunde liegt.

Es ist das System der zwei Klassen, das den Alltag von Frauen prägt und von dem Männer die Berechtigung ableiten zu können glauben, Frauen verbal, physisch und vor allem sexistisch und sexuell zu belästigen, sie zu vergewaltigen, zu foltern, zu verstümmeln und in letzter Konsequenz zu ermorden. Dabei ist das eine die Folgerung aus dem anderen, die Belästigung bereits ein kleiner Mord, der Mord Ausdruck der Vorstellung, daß Frauen Männern zur Verfügung zu stehen haben, mehr Eigentum sind als Mensch, eher Feind als Freund, eher Mutter des Bösen als Quell von Leben

Um ihren Platz in dieser schizophrenen Welt eines Mannes zu bekommen, muß eine Frau allerdings nicht warten, bis sie Frau ist. Bereits als Säugling, Kind oder Jugendliche kann ihr das passieren, und was dann geschieht, wissen zu viele Frauen nur zu gut, denn sie haben es am eigenen Leibe zu spüren bekommen.

Der Schatten zarter Mädchenblüte

Frauenalltag IV

Die deutsche Sprache kennt den Amtsmißbrauch, den Machtmißbrauch, aber auch den Alkoholmißbrauch. Berücksichtigt man dann noch die Definition des dazugehörigen Verbs im „Deutschen Universal Wörterbuch" des Duden, so wird der Sprachgebrauch endgültig zum Ärgernis. Heißt es doch dort:

„mißbrauchen: 1. a) etw. falsch, nicht seiner eigentlichen Bestimmung od. seinem eigentlichen Verwendungszweck entsprechend gebrauchen, benutzen ..."

Nachdem grammatikalische Feinheiten dargelegt und diverse Beispiele letzte Zweifel über den Gebrauch des Wortes genommen haben, heißt es dann lapidar:

„2. (geh.) vergewaltigen"

Für alle, die dieses Wörterbuch nicht besitzen, sei hinzugefügt, „(geh.)" heißt „gehoben". Und abgehoben, weil verharmlosend und kaschierend, ist dann auch der Begriff Kindesmißbrauch. Ein Begriff, den besagter Duden als Substantiv gar nicht kennt, der aber in beiden Formen hier mangels Alternativen im Text trotzdem auftauchen wird, jedoch stets mit der gedanklichen Fußnote versehen, daß es sich um sexuelle Gewalt, um die Vergewaltigung eines Kindes handelt.

Was hinter der Formulierung „Kindesmißbrauch" verborgen wird, ist zwar mehr und mehr Gegenstand öffentlicher Diskussion und zahlreicher Untersuchungen geworden, aber es gelang nicht, die Zahl der Vergewaltigungen und sexuellen Angriffe auf Säuglinge und Kinder auch nur ansatzweise zu verringern. Ausgehend von der Thematik dieses Buches ist es keine Ungereimtheit, daß zu den Opfern auch Jungen gehören. Sind die Täter Männer, hebt sich der vermeintliche Widerspruch auf. Die kindlichen weiblichen wie männlichen Opfer haben zwei Merkmale, die die Verbindung zu den erwachsenen Frauen herstellen: 1. Kinder sind so schwach, wie Frauen von Männern gerne dargestellt werden. 2. Kinder werden von Männern ebenso der männlichen Verfügungsgewalt unterstellt wie Frauen.

Mann zählt beide zu seinem Besitztum, leitet das Recht daraus ab, sie zu schlagen, zu quälen, zu vergewaltigen. Das erklärt auch, warum der Großteil der Verbrechen im Schoß der Familie geschieht, die Warnung vor dem bösen Onkel mit der Schokolade eigentlich in die falsche Richtung geht. Vor dem eigenen Vater müßten Kinder gewarnt werden, vor dem Freund der Familie, dem Opa, aber auch vor Lehrern und Gottesmännern. Und es sind vor allem Mädchen, die gewarnt werden müßten, sie sind das bevorzugte Objekt männlicher Perviertiertheit.

Der Umgang von Männern mit dieser Thematik läßt sich sehr gut charakterisieren, indem Alfred C. Kinsey, der mit seinem Report in den 60er Jahren das Sexualleben über die Grenzen der USA hinaus „revolutioniert" hat, das Wort überlassen wird. In „Das sexuelle Verhalten des Mannes" schreibt er nämlich:

„Viele kleine Mädchen zeigen das Bild der üblichen Hysterie in bezug auf das Berührtwerden durch eine fremde Person, und manches Kind, das keine Ahnung von den Vorgängen beim Geschlechtsverkehr hat, hält alle Zärtlichkeiten und jedes einfache Liebkosen, außer wenn es durch die Eltern geschieht, für einen Vergewaltigungsversuch."

Der „Sexualexperte" Kinsey hat noch eine Steigerung parat:

„Wenn das Kind nicht kulturell geprägt wäre, wäre es zweifelhaft, ob es durch die sexuellen Annäherungen überhaupt gestört würde. Es ist schwer zu verstehen, warum ein Kind darüber verstört sein sollte, wenn man seine Genitalien berührt oder wenn es die Genitalien anderer zu sehen bekommt, und sogar, daß es durch spezifisch sexuelle Akte verstört sein sollte – es sei denn auf Grund kultureller Prägung."

Wer diesen Absatz gleich zweimal lesen mußte, um sich der ganzen Ungeheuerlichkeit bewußt zu werden, der sei beruhigt, Kinsey ist zu einer weiteren Steigerung fähig. Er fährt nämlich fort:

„Einige erfahrene Jugendkundler sind zu der Überzeugung gekommen, daß die emotionale Reaktion der Eltern, der Polizeibeamten und anderer Erwachsener, die den Fall entdecken, das Kind seelisch mehr schädigen, als es die Sexualakte selbst tun. Die ständige Hysterie über Sexualvergehen kann sehr wohl ernste Auswirkungen auf die spätere sexuelle Anpassungsfähigkeit vieler dieser Kinder haben."

Und so stellt sich dann die Überzeugung ein, daß die zitierten erfahrenen Jugendkundler genauso große – ein anderer Begriff fällt dem Autor hier nicht ein – Arschlöcher sein müssen wie der Sexualexperte selbst. An dieser Einschätzung ändert sich auch nichts durch die Tatsache, daß bereits der in diesem Zusammenhang eher unselige Vater der Psychoanalyse, Sigmund Freud, sich mit ähnlicher Tendenz der Vergewaltigung von Kindern widmete. Bei der Psychoanalyse vieler Frauen mit deren Vergewaltigungen in der Kindheit, zumeist durch die Väter, konfrontiert, folgerte Freud nämlich, daß die Schilderungen Phantasiegebilde sein müßten, als Abwehr gegen verbotene Wünsche, mit dem Vater zu schlafen. Freud in „Die Weiblichkeit", 1933 erstmals veröffentlicht:

„In der Zeit, da das Hauptinteresse auf die Aufdeckung sexueller Kindheitstraumen gerichtet war, erzählten mir fast alle meine weiblichen Patienten, daß sie vom Vater verführt worden waren. Ich mußte endlich zu der Einsicht kommen, daß diese Berichte unwahr seien, und lernte es verstehen, daß die hysterischen Symptome sich von Phantasien, nicht von realen Begebenheiten ableiten."

Als Folge der Freudschen Theorie setzte sich die Auffassung durch, daß die eigentlichen Opfer die Männer wären, da das Kind zumeist Verführer sei, Mann der arme Verführte. Und damit sich der familiäre Kreis schließen kann, darf natürlich die Frau und Mutter nicht fehlen, die, so der durchaus geläufige Tenor, zumeist mitschuldig ist, weil sie entweder nicht rechtzeitig eingriff oder sogar durch ihr eigenes Verhalten das des Kindes förderte. Hierzu noch einmal Sigmund Freud:

„Später erst konnte ich in dieser Phantasie von der Verführung durch den Vater den Ausdruck des typischen Ödipuskomplexes beim Weibe erkennen. Und nun findet man in der präödipalen Vorgeschichte der Mädchen die Verführungsphantasie wieder, aber die Verführerin ist regelmäßig die Mutter. Hier aber berührt die Phantasie den Boden der Wirklichkeit, denn es war wirklich die Mutter, die bei den Verrichtungen der Körperpflege Lustempfindungen am Genitale hervorrufen, vielleicht sogar zuerst erwecken mußte."

Mit diesem genialen Schachzug gelang es Freud, jedem Mann vorauseilende Absolution zu erteilen, einzige zu erfüllende Voraussetzung, er mußte sich an der eigenen Tochter vergreifen.

Der Vorstellungswelt von Männern kann Realität gegenübergestellt werden, und die Absurdität dieser Denkungsweise spiegelt sich darin bestens wieder.

Die Zahlen: In der Bundesrepublik schwanken Angaben über den „sexuellen Mißbrauch" von Kindern zwischen 16 442 und mehr als 300 000 Fällen pro Jahr. Die erste Zahl betrifft die angezeigten Fälle für 1992, die zweite versucht der Dunkelziffer gerecht zu werden. In den USA gehen Untersuchungen beispielsweise davon aus, daß nur 10 der Verbrechen aktenkundig werden, in der BRD rechnen verschiedene Quellen damit, daß auf einen bekanntgewordenen 20 nichterfaßte Fälle kommen. Eine Studie des Kriminologischen Forschungsinstituts in Niedersachsen ging für das Jahr 1991 davon aus, daß in den alten Bundesländern mindestens 82 000 Mädchen sexuell „mit Körperkontakt" mißbraucht wurden.

Fast 95 Prozent der Täter sind laut Statistiken dem familiären Umfeld bzw. dem „Bekanntenkreis" des Kindes zuzuordnen (Erzieher, Priester oder Sozialarbeiter). Bei Kleinkindern sind zu 90 Prozent Mädchen die Opfer. Während es sich bei Fremdtätern zumeist um ein einmaliges Verbrechen handelt, dauert der „Mißbrauch zu Hause" in mehr als 40 Prozent der untersuchten Fälle 2 bis 4 Jahre an, bei ca. 20 Prozent der Verbrechen 5 bis 14 Jahre. Eine Studie des Bundeskriminalamtes stellte fest, daß 8 Prozent der Opfer jünger als 6 Jahre sind, 17 Prozent zwischen 6 und 8, 22 Prozent zwischen 8 und 10, und 53 Prozent sind zwischen 10 und 14 Jahren alt.

Vor bundesrepublikanischen Gerichten wurde beispielsweise 1989 der Straftatbestand des sexuellen Mißbrauch von Kindern gemäß Paragraph 176 StGB 11 851 mal verhandelt. In 1520 – in Worten: eintausendfünfhundertundzwanzig – Fällen wurden die Angeklagten verurteilt.

Begünstigt werden die Täter aber nicht erst durch Gerichte, sondern oft schon durch eine Art von „Familiensolidarität", die vor allem auf Angst basiert, zum Beispiel Angst vor dem Verlust von Sozialprestige. Nachdem über Jahrzehnte hinweg die meisten Untersuchungen ein Bild propagierten, wonach Kindesmißbrauch nur im sogenannten asozialen Milieu vorkäme, scheuen Opfer und Umfeld bis heute zumeist den Schritt zur Polizei. Andere Komponenten sind in einer Familie zweifelsohne die Angst vor der direkten Gewalt des Mannes, vor einer „Bestrafung" also, aber auch eine ganz gewöhnliche männlich autoritäre Familienstruktur kann schon ausreichen, den Täter ungeschoren davonkommen zu lassen. Auch wirtschaftliche Abhängigkeiten spielen eine Rolle und nicht zuletzt ein weit verbreiteter „Sittenkodex", wonach männliche sexuelle Aggressivität „normal" ist, gleichgültig, gegen wen sie sich richtet.

Fallbeispiele: Der 48 jährige Franz B. vergewaltigt seine Tochter zum erstenmal, als sie 13 Jahre alt ist. Von diesem Zeitpunkt an vergewaltigt der Mann fast jede Woche seine Tochter, droht bei Verweigerung mit Prügel. Nach 2 Jahren vertraut sich das Mädchen der Mutter an, diese bittet sie, niemandem davon zu erzählen, um die Familie nicht zu gefährden. Vier Jahre später geht Annette B. zur Polizei. Der Vater, die Familie leugnen das Verbrechen. Das Verfahren läuft durch mehrere Instanzen, und es dauert zweieinhalb Jahre, bis Franz B. ein Geständnis ablegt.

Die Berichterstattung der Medien bewegt sich bei Kindesmißbrauch in dem bei Gewalt gegen Frauen gewohnten Rahmen: Begrenzte Betroffenheit gepaart mit mehr oder weniger subtiler Verharmlosung. Aus einer Münchner Tageszeitung:

„Töchter zu Sexspielen gezwungen"

ack. Garmisch-Partenkirchen – Immer wenn seine Frau außer Haus ging, zwang der 40 Jahre alte Buchdrucker Peter M. (Name geändert) seine sechsjährige Tochter und seine 12jährige

Stieftochter zu sexuellen Handlungen an ihm. Wie die Kripo in Garmisch herausfand, ging das so über mindestens zwei Jahre. In Tagebüchern hielt der Familienvater buchhalterisch genau fest, was er mit den Mädchen trieb."

Besonders gut ablesbar ist die Tendenz auch bei folgender Meldung:

„*Sex-Anklage im TV: Vater verbrannte sich*
Die Tochter hatte berichtet, wie er sie als Kind mißbrauchte. München – ‚Inzest tötet auf langsame, grausame Art und Weise. Papa hat mich getötet, als er anfing, mich zu mißbrauchen.' In der ARD-Reihe „Regenbogen" schilderte die 24jährige, bei Freising lebende Stewardess Kirsten B. ihren Leidensweg. Kurz nach der Sendung übergoß sich ihr Vater, ein angesehener norddeutscher Kapitän, mit einem Lösungsmittel und zündete sich an. Er starb an seinen Verbrennungen."

Man erfährt im weiteren noch, daß Kirsten B. Angst vor dem Vater hatte und Ekel verspürte, dann widmet sich ein Drittel des Artikels der „Tragödie" des Vaters und der Betroffenheit des Senders über dessen Tod. Die simple Feststellung, daß der „angesehene norddeutsche Kapitän" ein verbrecherischer Vergewaltiger war, sucht der Zeitungsleser vergebens.

Ein weiterer Fall: Ein dreieinhalbjähriges Mädchen ist bei einer Freundin zum Spielen. Es ist Nachmittag, und sie will nach Hause gehen, es sind nur 70 Meter bis dahin. Ein Mann stürzt sich auf sie und verschleppt sie in ein 3 Kilometer entferntes Waldstück, wo er das Kind auszieht, an einen Baum bindet und, wie die Zeitung schreibt, „mißbraucht", also vergewaltigt. Die 3jährige wird erst nach Stunden gefunden, sie war immer noch an den Baum gefesselt.

Eine andere Gefahr: In einer deutschen Stadt mittlerer Größe laufen im März 1992 gleichzeitig 3 Ermittlungsverfahren wegen Kindesmißbrauch. Der 32jährige Erzieher eines „reformpädagogischen Kinderhauses" der Montessori-Vereinigung wird beschuldigt, in mehr als 55 Fällen 4- bis 7jährige Kinder sexuell mißbraucht zu haben. „Eindeutige und konkrete Anhaltspunkte" für die Staatsanwaltschaft ergaben sich auf Grund von sichergestellten Pornofilmen. Ermittlungen wegen des gleichen Vergehens in 20 Fällen über Jahre hinweg laufen auch gegen den Leiter eines Privatheimes, und der Leiter eines Jugendmusikorchesters ist der Dritte im Bunde.

Die Gottesfalle: Der Dekan, Pfarrer und Religionslehrer Roman Frauenholz wird Mitte 1992 verhaftet. Sein Geständnis bestätigt weitgehend die Vorwürfe von 3 jungen Frauen und die Anklage der Staatsanwaltschaft. Frauenholz hatte Fahrten nach Rom und Ausflüge mit Erstkommunionskindern dazu benützt, um wahrscheinlich mehr als 18 minderjährige Mädchen sexuell zu mißbrauchen. Der Dekan, infolge Haftverschonung wieder in seiner Kirche, spricht von der Kanzel herab: „In meinem Verhalten zu weiblichen Jugendlichen war ich einfach zu unbefangen und zu leichtsinnig und habe oft den Schein des Abstandes nicht gewahrt."

Das widerliche Geschäft: Im November 1989 veröffentlicht die Illustrierte „Stern" eine Serie über Kinderpornographie in Deutschland, ein Jahr später erscheinen die Recherchen als Buch. „Kinderschänder" haben die Autoren Ann Thönissen und Klaus Meyer-Andersen die Publikation genannt. Im Nachwort schrieben sie: „Wir konnten uns zu Beginn der Arbeit nicht vorstellen, mit welch ungeheurer Brutalität und Menschenverachtung Kinderseelen und Kinderkörper zerstört werden. Zerstört von Erwachsenen. Zerstört von gewissenlosen Geschäftemachern, die mit dem sexuellen Mißbrauch, der Ausbeutung von Kindern (anderthalb- bis dreizehnjährige Mädchen und Jungen), Kinderpornographie, Videos, Fotos und der Kinderprostitution Millionen verdienen. Es ist das größte Verbrechen unserer Zeit. Das Verbrechen an Kindern. Die Opfer, die Kinder, haben keine Chance."

Unter anderen hatten die Journalisten damals die Machenschaften eines Lothar Gresens aufgedeckt, der über eine Firma „Wantex" Kinderpornos im großen Stil vertrieb. Sie publizierten den Briefwechsel mit einem Abnehmer, der auf Anzeigen in Lolita-Magazinen geantwortet hatte und bestimmte Filme suchte

(„Eine Lo [11] wird 50 Minuten hart rangenommen, voll sichtbar …") oder eine „Szene, in der die Kleine saugt und ihr der Saft voll ins Mündchen gespritzt wird, so daß sie sogar leicht husten muß (Ton!), … ausgesprochen anregend" fand. Der Herr mit dem widerlichen Geschmack war ein Akademiker aus Köln, um die Vierzig.

Drei Jahre später bekamen die „Stern"-Journalisten einen Hinweis, daß der Pornohändler Gresens immer noch und mit großem Erfolg Kinderpornos vertrieb, und der Akademiker gehörte wohl immer noch zu den potentiellen Kunden. In der Zwischenzeit war die Zahl sexuell mißbrauchter Kinder weiter angestiegen, und der damalige Bundesjustizminister Dr. Klaus Kinkel hatte am 14. November 1991 im Deutschen Bundestag eine Rede zur UNO-Kinderkonvention gehalten:

„So, wie Kinder jetzt behandelt werden, so werden in Zukunft die Nationen und Staaten aussehen. Deshalb müssen wir alles tun, daß unsere Kinder in menschenwürdigen Verhältnissen aufwachsen …

– alle Kinder müssen vor Gewalt geschützt werden. Gemeint ist nicht nur körperliche Gewalt, sondern auch seelische Gewalt, Ausbeutung, Verwahrlosung, Vernachlässigung und der besonders erniedrigende sexuelle Mißbrauch …

Wir lassen uns, ich lasse mich so leicht von niemand übertreffen, wenn es um das Wohl der Kinder geht …

… Sechsjährige Mädchen, die zur Prostitution gezwungen werden, sind leider keine Seltenheit. Diese Kinder werden gequält und geschändet. Und das Schlimmste: In vielen Fällen können die Täter auch in Deutschland nicht bestraft werden. Ich verspreche Ihnen – das werde ich ändern ...

Genauso verabscheuungswürdig ist die Kinderpornographie … Gestern habe ich den Bericht meiner Beamten gelesen, die beim Bundeskriminalamt beschlagnahmte Videos eingesehen haben … Ich kann nur sagen: schrecklich und erschütternd. Das allein wird mich veranlassen, im Kampf gegen die Kinderpornographie nicht zu ruhen …"

Herr Kinkel wurde Außenminister und nahm den Kampf gegen christlich-soziale Ministerpräsidenten auf, die sich gegen die Europa-Politik der Bundesregierung stellten, und wer nach Bangkok flog, um endlich mal wieder „junges Fleisch" in die Finger zu kriegen, mußte immer noch nichts befürchten. Nach Schätzungen der Vereinten Nationen gingen 1992 weltweit etwa 10 Millionen Kinder unter 17 Jahren der Prostitution nach. Für die Philippinen ging man zur gleichen Zeit von mehr als 20 000 Mädchen aus, in Thailand rechnete man mit allein 100 000 Prostituierten, die jünger als 14 Jahre waren. In Taiwan und Sri Lanka wurde die Zahl auf jeweils 10 000 Minderjährige geschätzt.

Es wird angenommen, daß mehr als 3 Millionen männliche „Sex-Touristen" pro Jahr alleine nach Thailand reisen. Die Angst vor AIDS hat für viele von ihnen Minderjährige noch interessanter gemacht, da sie glauben, daß so die Gefahr einer Ansteckung verringert werden könnte. Die gestiegene Nachfrage nach Jungfrauen hatte laut UNO-Studie bereits dazu geführt, daß die Scheiden von Mädchen wieder zugenäht wurden, um die Kinder erneut als Jungfrau anzubieten. Keine Überraschung also, wenn die deutsche Vertreterin der internationalen Kampagne „End Child Prostitution in Asian Tourism" einen Zusammenhang zwischen den steigenden Zahlen von sexuellem Mißbrauch hierzulande und dem Sex-Tourismus nach Asien sah. Sie hatte des öfteren deutsche „Kinderfreier" angetroffen, die offen sagten: „Die hier ist wie meine kleine Tochter."

Die Zuneigung eines Vaters zu seiner Tochter ist etwas Wunderbares und sicher auch wichtig im Leben eines Kindes. Allerdings nur, wenn es wirkliche Zuneigung ist. Allzuoft ist Vaterliebe nur das Mäntelchen, hinter dem sexuelle Erniedrigungen, Demütigungen, Schmerzen und lebenslängliche psychische Schäden verborgen werden.

Das Motiv kennt auch die Bibel: Nachdem die Mutter – durch eigenes Verschulden und Ungehorsam – zur Salzsäule geworden war, machen sich Lots Töchter Sorgen um den Familiennachwuchs. Und weil der Vater einziger Mann weit und breit ist, liegt die Lösung nahe und somit das erste Töchterlein beim Papa des nächtens im Bett, nachdem sie ihn vorher betrunken gemacht hat. In der nächsten Nacht ist die zweite Tochter dran, und so werden beide schwanger. Eine Story, wie sie ein Charles Bukowski geschrieben haben könnte oder Vladimir Nabokov – aber wohl keine, wie sie das Leben schreibt.

Was einem bei dieser Geschichte bekannt vorkommt, ist die „Unschuld" des Mannes, der, von was auch immer umnebelt, vom Weibe „verführt" wird und sich – potent wie Männer nun einmal sind – als ganzer Kerl erweist. Diese Konstellation taucht so sicher in Männerphantasien auf, wie die Sonne abends am Horizont verschwindet. Im Gegensatz zum letztgenannten Vorgang hat ersteres allerdings selten etwas mit der Realität zu tun. Noch weniger realistisch ist ein Vater, der durch seine Tochter verführt wird. Der Familienalltag kennt vor allem Väter, die Babys sexuell mißbrauchen, Kleinkinder oral vergewaltigen oder ihre minderjährigen Töchter jahrelang als Ersatz für eine „Nutte" benutzen. Unberührt bleiben sie dabei gänzlich von dem sogenannten Inzesttabu, also dem Verbot der geschlechtlichen Vereinigung von Verwandten ersten Grades. Unbeschadet der Tatsache, daß dieses Tabu bereits durch die Geschichte frühester Männergesellschaften geistert, scheint es nie daran gehindert zu haben, daß Väter ihre Töchter vergewaltigten. Vielmehr drängt sich die Einschätzung auf, daß das Tabu darin besteht, über diese „Mesalliancen" nicht zu sprechen. Den Ursprung des Inzesttabus sah beispielsweise der Sozialanthropologe Claude Lévi-Strauss als eine Regel der gegenseitigen Gabe, wie er sie bei allen primitiven Gesellschaften fand, eine Regel, die auch Frauen miteinbeziehe. In „Die elementaren Strukturen der Verwandtschaft" schrieb Lévi-Strauss 1981:

„Das Inzestverbot ist weniger eine Regel, die es untersagt, die Mutter, Schwester oder Tochter zu heiraten, als vielmehr eine Regel, die dazu zwingt, die Mutter, Schwester oder Tochter anderen zu geben."

Diese Sichtweise gibt pointiert die Situation im Patriarchat wieder. Männer betrachten Frauen als Besitz, mit dem sie im Rahmen der von ihnen selber aufgestellten Ge- und Verbote beliebig verfahren. Dies beinhaltet auch, daß Männer Verbote übertreten dürfen, wenn es die Regelungen mit anderen Männern nicht verletzt. Im Klartext: Solange kein anderer Mann Ansprüche anmeldet, hat eine Tochter dem Vater zu Diensten zu sein – auch zur Befriedigung seiner sexuellen Bedürfnisse. Das hat eine zwingende Logik in sich, der viele Männer sich nur schwer entziehen können und der ein 6jähriges Mädchen eine Hölle verdankt.

Frühere Theorien hatten sich in den 60er Jahren mit einem familientherapeutischen Ansatz präsentiert und sahen den Inzest zwischen Vater und Tochter als Versuch, interfamiliäre Spannungen zu kompensieren. Als „Verursacher" wurde hierbei also die Zerrüttung einer Familie angenommen, was natürlich auch keine schlechte Lösung war, zumindest für den Mann, der durch diesen Winkelzug vom Täter zum Opfer wurde. In ähnliche Richtung bewegten sich auch psychoanalytische Untersuchungen der 70er und 80er Jahre, die gerne und wieder einmal die Schuld der Mütter in den Vordergrund stellten. So schrieben zum Beispiel Ruth und Henry Kempe:

„Aussagen von Müttern, sie könnten ‚gar nicht überraschter sein', darf man generell nur teilweise glauben; uns ist noch kein einziger Fall von seit langem praktizierten Inzest vorgekommen, in dem die Mutter unschuldig war – obschon sie der Strafe entgeht, die ihrem Gatten wahrscheinlich auferlegt werden wird."

Absolution erteilte auch der niederländische Kinderpsychiater De Levita. Josephine Rijnaarts und ihrem Buch „Lots Töchter" verdanken wir dieses Zitat aus einer Talkshow:

„Am stärksten gefährdet sind hier Familien, in denen die Mutter ausfällt, lange Zeit krank ist, von einer attraktiven Tochter vertreten wird und – ja, und dann geht das eben weiter als beabsichtigt."

Sein Landsmann, der Psychiater H. Musaph, wußte ergänzend, daß „in Familien mit einer inzestuösen Vater-Tochter-Beziehung die Mutter diese Beziehung mehr oder weniger bewußt provoziert, sanktioniert und akzeptiert."

Leider kommen sich hier die Koryphäen etwas ins Gehege, denn schon in den 30er Jahren hatten die Psychiaterin Lauretta Bender und der Psychiater Abraham Blau eine andere Schuldige ausgemacht:

„In unseren Fällen machte der Verlauf der Beziehung deutlich, daß das Kind jedenfalls bis zu einem gewissen Grad zu dem Geschehen beigetragen hatte; in einigen Fällen war die Initiative vom Kind selbst ausgegangen … Zwar beriefen sich viele Kinder zu ihrer Verteidigung auf Angst, physische Gewalt oder Verführung durch Geschenke, doch waren das unverkennbare sekundäre Faktoren … Besonders auffallend war schließlich, daß diese Kinder sich durch ungewöhnlichen Charme und ein anziehendes Äußeres auszeichneten. So war es naheliegend, auch die Möglichkeit in Betracht zu ziehen, daß das Kind selbst die Verführerin und nicht die unschuldig Verführte war."

Ganz im Sinne der pauschalen Schuldzuweisung ist in diesem Text die grammatikalische Feinheit, wonach zwar die Erkenntnis auf diversen „Fällen" basierte, es aber dann „das Kind" an sich ist, das seinen Beitrag zum Inzest leistet.

Die Haltbarkeit solcher wissenschaftlicher Aussagen belegte vierzig Jahre später nicht nur der Amerikaner James Henderson, der in einer Publikation schrieb:

„Beim Vater-Tochter-Inzest beispielsweise reagiert der Vater auf die bewußte oder unterbewußte Verführung durch seine Tochter …

In der inzestuösen Beziehung macht die Tochter mit ihm gemeinsame Sache; sie spielt eine aktive Rolle und ergreift sogar die Initiative bei der Gestaltung eines Verhaltensmusters ...

Ebensowenig wie ihre Mutter wird die inzestuöse Tochter anfangs das Verhältnis preisgeben oder dagegen protestieren. Tut sie es schließlich doch, so eher deshalb, weil sie aus anderen Gründen auf ihren Vater böse oder weil sie auf seine Beziehung mit einer anderen Frau eifersüchtig ist, als aus wirklicher Abneigung gegen sein inzestuöses Verhalten."

An dieser Stelle ist es sicher erlaubt, noch einmal Zahlen zu wiederholen, die bereits einige Seiten zuvor erwähnt wurden: 47 Prozent der kindlichen Opfer sexueller Gewalt von Männern sind jünger als 11 Jahre. Wie ist wohl die Psyche eines Mannes beschaffen, der die „Gestaltung von Verhaltensmustern" 10jährigen und jüngeren Mädchen überläßt und ihnen auch noch erliegt? Die Wissenschaft hat uns hierüber noch keine schlüssige

Antwort geben können, man ist also auf das Bild angewiesen, daß die Auswirkungen der männlichen Psyche innerhalb und außerhalb des häuslichen Bereichs vermitteln.

Daß dabei durchaus Denkfähigkeit zugrunde gelegt werden kann, zeigte die Gegenoffensive, die bald nach Einsetzen der verstärkten öffentlichen Diskussion über Vater-Tochter-Inzest einsetzte.

„MISSBRAUCH MIT DEM MISSBRAUCH“ titelte die Illustrierte „Stern“ einen Beitrag im Juli ’92 und verriet im Untertitel: „Wenn in Scheidungsverfahren gegen Väter der Vorwurf sexueller Übergriffe erhoben wird, geschieht das nicht immer aus Sorge um das Kind. Fachleute schätzen, daß jede dritte Beschuldigung falsch ist.“ Zitiert wurde sodann ein saarländischer Gerichtsgutachter: „Der sexuelle Mißbrauch ist ein schlagkräftiges Argument, das zunehmend verfahrenstechnisch eingesetzt wird.“ Zu Wort kommt auch der Vorsitzende eines Vereins „Dialog zum Wohle des Kindes“: „Ob’s stimmt oder nicht, mit dem Vorwurf hat die Mutter das Sorgerecht meistens in der Tasche.“ Und dann weiß zum Glück auch noch eine Frau, daß die öffentliche Diskussion des sexuellen Mißbrauchs zu einer „Übersensibilisierung“ führte und „teilweise hysterische Züge“ angenommen habe. Abgerundet wird das Bild durch die „vernichtenden Konsequenzen“ daraus: „Der Ruf der Väter ist zerstört, die Existenz gefährdet, die Bindung zu den Kindern zerschlagen.“

Bleibt nur die Frage offen, ob es Teil einer männlichen Strategie war, daß der Beitrag von einer Journalistin geschrieben wurde. Andere Medien widmeten sich natürlich auch diesem neuzeitlichen Damoklesschwert für liebende Väter, Talkshows füllten sich mit Betroffenen, und sogar Spiegel-TV, mit dem Touch innovativer journalistischer Arbeit behaftet, machte eine ganze Sendung daraus. Bei all den Bemühungen um den Schutz der Väter blieb einmal mehr der Schutz der Kinder auf der Strecke. Das Argument, daß es keinen Mißbrauch mit dem Mißbrauch gäbe, wenn es keinen sexuellen Mißbrauch von Kindern durch Männer gäbe, war in der ganzen Diskussion nicht zu hören.

Ein Mädchen wird von seinen Vergewaltigern mit Gonorrhöe

infiziert und deshalb in einem Krankenhaus behandelt. Es ist 18 Monate alt.

Ein zehnjähriges Mädchen stirbt an einer Unterleibsentzündung, weil ihr ein Mann einen Vibrator mit solcher Gewalt in die Vagina gestoßen hat, daß dessen Metallspitze im Körper des Kindes abgebrochen ist.

Ein 5jähriges Mädchen und später ihre jüngere Schwester werden vom Vater, einem „gutsituierten Verwaltungsbeamten aus katholischem Milieu", jahrelang sexuell mißbraucht. Beide Mädchen versuchen mehrfach, sich das Leben zu nehmen, und sind zum Zeitpunkt der Gerichtsverhandlungen in psychiatrischer Behandlung.

Es ist ein ziemlich gerader Weg, der von dem vertraulichen, aber unerwünschten Klaps auf den Hintern über die Ohrfeige als Ergebnis männlichen Zornes bis hin zur Vergewaltigung führt. Auf dem gleichen Weg, wenn auch nicht unbedingt in dieser Reihenfolge, sind die Ermordung von Frauen aus Haß oder Eifersucht und die sexuelle Gewalt an Kindern anzutreffen. Die angeführten Phänomene haben einen gemeinsamen Hintergrund: den Mann und die Macht, die er damit ausübt.

Auch wenn quasi über allem eine sexuelle Komponente zu schweben scheint, primär sind es Instrumente, die Frauen von frühester Kindheit an und in allen Lebenssituationen deutlich machen sollen, wie ihre Rolle auszusehen hat und wer die Regieanweisungen erteilt. Es sind dies Instrumente, die jeder Frau deutlich machen sollen, daß der Mann in diesem Thriller die Hauptrolle spielt: Er ist an ihrem Kinderbett! Er fingert am Arbeitsplatz an ihr herum! Er zwängt sich zwischen ihre Schenkel, wenn er es will! Und er steht sogar noch an ihrem Sarg!

Es ist ein Instrumentarium, das Frauen Angst einjagen soll und genug Schrecken verbreitet hat, um die Macht des Mannes bis heute zu erhalten. Diese Angst ist allgegenwärtig und prägt das Verhalten. Das der Frauen und vor allem auch das der Männer.

Für den Mann ergibt sich daraus die Zuversicht, daß er mit seine Taten keine allzu großen Risiken eingeht. Was auch immer er einer Frau antut, er hat schließlich einen Bonus. Er ist ein Mann.

Was ihm mehr schaden kann als die Gewalt gegen Frauen, das ist sein sozialer Status, das ist die Hierarchie innerhalb der Männergesellschaft. Ein Vergewaltiger mit dem Namen Kennedy wird von seinen Geschlechtsgenossen anders beurteilt als ein schwarzer Boxer, gleichgültig, welchen Namen er hat.

Nur vor Gott sind dann wieder alle Männer gleich. Wie sonst wäre es wohl zu verstehen, daß die katholische Kirche so gut wie keine Sanktionen gegen jene „Hirten“ verhängt, die Kinder sexuell mißbraucht haben.

Es ist nicht jeder Mann, der eine Frau sexistisch „anmacht“, ein potentieller Vergewaltiger oder Frauenmörder. Aber jeder Mann, der Frauen diskriminiert und sich – in welcher Weise auch immer – an ihrer Unterdrückung beteiligt, ist mitverantwortlich. Jeder Mann, der wegschaut, wenn eine Frau verprügelt wird, der mitlacht, wenn sexistische Zoten gerissen werden, ist auch Mittäter.

So sind es also bei genauem Hinsehen alle Männer, die den Boden bereiten für den Mißbrauch von Kindern, für die psychische und physische Gewalt gegen Frauen, für ihre Ausbeutung und Verfolgung.

Selbst einem Mann, der für sich in Anspruch nehmen könnte, sich an keiner Form von Frauenfeindlichkeiten zu beteiligen, diesem Wesen von einem anderen Stern, könnte der Vorwurf nicht erspart bleiben, daß er seine Mit-Männer nicht an ihrem Tun hindert. Doch solches „artfremdes“ Verhalten ist gar nicht erst zu befürchten, denn die Diskriminierung von Frauen ist zu „selbstverständlich“, um sie schon in ihren Ansätzen in Frage zu stellen.

Frauenalltag wird somit zu jeder Minute und überall von männlicher Macht beeinflußt. Nicht jede Frau wird von einem Mann geschlagen oder vergewaltigt, nicht jede Frau wird belästigt oder terrorisiert, nicht jedes Kind wird von seinem Vater mißbraucht. Aber Frauen müssen in der von Männern geprägten Gesellschaft mit dem Bewußtsein leben, daß dies geschieht, geschehen kann und möglicherweise geschehen wird.

Am Anfang ist das Wort

Die Sprache steht in vielfältigen Wechselbeziehungen mit gesellschaftlichen Prozessen. Platons „Politeia", dieses „Beispiel von erträumter Vollkommenheit" wie Immanuel Kant es nannte, wurde und wird als einer der wesentlichen Ausgangspunkte europäischer Philosophie, Kultur, Soziologie und Ethik angesehen. Die Zehn Gebote des Christentums und die Lehre des Koran haben ebenso wie die Worte Buddhas über Jahrtausende hinweg das Leben des größten Teils der Menschheit geprägt. „Das kommunistische Manifest" von Karl Marx und Friedrich Engels hat in seinen Konsequenzen nicht nur das Reich des Zaren revolutioniert, die politische Landschaft ganzer Kontinente wurde dadurch verändert.

Abgesehen von ihrer epochalen „Wirkung" haben alle diese Sprachwerke eines gemeinsam: In ihnen kommen Frauen kaum oder gar nicht vor, bzw. wenn etwas über Frauen ausgesagt wird, trägt dies nicht gerade dazu bei, deren Ansehen zu fördern. So steht im Koran, 4. Sure 38 (34):

„Die Männer sind den Frauen überlegen wegen dessen, was Allah den einen vor den anderen gegeben hat, und weil sie von ihrem Vermögen auslegen. Die rechtschaffenen Frauen sind gehorsam und sorgsam in der Abwesenheit, wie Allah für sie sorgte. Diejenigen aber, für deren Widerspenstigkeit ihr fürchtet – warnet sie, verbannt sie aus den Schlafgemächern und schlagt sie. Und so sie euch gehorchen, so suchet keinen Weg wider sie; siehe, Allah ist hoch und groß."

In der Bibel ist zu lesen:

„Der Mann ist des Weibes Haupt" (Paulus, I. Brief an die Korinther, 11,3).

„Weib, was habe ich mit dir zu schaffen"

(Jesus zu seiner Mutter; Johannes 2,4).

„Das Weib schweige in der Kirche“ (Paulus, I. Brief an die Korinther, 14,34).

In Platons Grundlagenwerk über den Staat wäre ein geradezu emanzipatorisches Element zu konstatieren, wenn der Feststellung, „die Anlagen sind unter die beiden menschlichen Geschlechter gleichmäßig verteilt“, nicht ein retardierendes Moment folgte: „Jedoch ist das Weib überall schwächer als der Mann.“

Das Weib kommt bei Platon ansonsten nur sporadisch vor und dann vor allem als Sklavin, Freudenmädchen oder als Gebärende. Über viele Passagen hinweg sind Frauen einfach nicht existent, ein Phänomen, daß heute noch in den meisten Zeitungsartikeln, Schriften, Abhandlungen oder auch in lexikalischen Werken zu beobachten ist.

Suchen Frau oder Mann beispielsweise nach sprachlichen Alternativen zu dem Wort „Alter“ und greifen zu einem „Handbuch mit 20 000 sinnverwandten Wörtern und Ausdrücken für den täglichen Gebrauch in Büro, Schule und Haus“, um es treffender zu sagen, so finden sie folgendes Angebot:

„1. Jahre, Lebensalter, Bejahrtheit, hohe Jahre, Greisentum, Greisenhaftigkeit, Senilität, Lebensabend, 2. Greis, alter Mann, Großvater, Nestor, Senior, Altgedienter, Ausgedienter, Veteran, Invalide, Pensionär, Rentner, …“

Auch die weiteren Alternativen klammern Frauen vom Alter aus, und dies wohl sicher nicht aus Gründen vornehmer Zurückhaltung, denn an anderer Stelle geht Mann ganz und gar uncharmant zur Sache, zumindest was Frauen betrifft. Aber erst einmal soll dokumentiert werden, was dem Autor zum eigenen Geschlecht einfällt. Auf Seite 103 dieses „unentbehrlichen Nachschlagewerks“ ist zu lesen:

„**Mann** 1. Herr, Maskulinum, Bursche, Kerl, Mannsbild, Mannskerl, Männchen, Herr der Schöpfung, das starke Geschlecht, 2. starker Mann, Kraftmensch, Gewaltmensch, Athlet, Bulle, Stier, Bombenkerl, Fetzenkerl, Herkules, Muskelprotz, Baum, Eiche, Fels, 3. Hüne, Riese, Goliath, Gigant, Titan, Koloß, Turm, Schlagetot, Schlaks, 4. Junggeselle, Einspänner, Hagestolz.“

Nachdem die ehrfurchtsvolle Starre vor so viel Männlichkeit etwas nachgelassen hat, ist vielleicht der richtige Zeitpunkt gekommen, um nachzulesen, was bezüglich des anderen Geschlechts an sprachlichen Alternativen geboten wird. 37 Seiten zuvor heißt es:

„**Frau** 1. Mädchen, Mädel, Mägdelein, Maid, Magd, Jungfrau, Jungfer, Quisel, Fräulein, Junggesellin, Garconne, 2. Weib, Dame, Weibchen, Weibstück, Weibsbild, Frauenzimmer, Frauenwesen, das Ewigweibliche, das schöne, das schwache Geschlecht, die Weiblichkeit, 3. Verführerin, Kurtisane, Hetäre, Geliebte, Freundin, Kokotte, Vamp, Circe, Dirne, Odaliske, käufliches Mädchen, Straßenmädchen, Prostituierte, Person, 4. Xanthippe, Hausdrachen, Besen, Ripp, böse Sieben, Hauskreuz, Furie, Bisgurn, Megäre, Drache, Zankteufel, Kratzbürste, böse Zunge, Schwätzerin, 5. Katze, Kätzchen, Evastochter, Schlange, Raubtier, Bestie, 6. Tränenweide, Heulsuse, Klageweib, Tränentier."

Positiv wäre in diesem Zusammenhang zu erwähnen, daß dem Stichwort Frau mehr Platz eingeräumt wird.

Vielleicht muß es noch einmal ausdrücklich erwähnt werden: Bei diesem „Handbuch" handelt es sich um kein Exemplar aus dem Giftschrank des alltäglichen männlichen Chauvinismus; „Sag es treffender" ist in einer Auflage von mehr als einer halben Million Exemplaren erschienen und wird mit schöner Regelmäßigkeit und weitgehend unverändert neu aufgelegt. Wie heißt es so treffend in der Einführung einer 1982 erschienenen Ausgabe dieses latent sexistischen Werks:

„Wiewohl die Sprache zum Menschen gehört, Fähigkeit und Ausdruck seines Geistes ist, so gehört sie ihm doch anders zu, als die von ihm erdachten Geräte seiner Hand. Diese sind Werkzeuge, die Sprache ist jedoch mehr als nur Instrument des Menschen, nämlich zugleich das Element, in dem sein Geist lebt und von dem er sogar weithin bestimmt wird."

Und da kann Frau und Mann dem Vizepräsidenten der Deutschen Akademie für Sprache und Dichtung, Gerhard Storz, nur zustimmen, erstere, weil sie diese „Bestimmung" tagtäglich am eigenen Leibe verspürt, und letzterer, weil das ganz in seinem Sinne ist und er schon seit Jahrtausenden daran arbeitet.

Die große Gefahr, die von der Sprache für Frauen ausgeht, liegt allerdings nicht nur in deren eindeutig diskriminierenden Ausdrucksformen. Xanthippe, Heulsuse oder Furie kann sich eine Frau zumindest verbeten; wogegen sie sich mit sprachlichen Mitteln nur schwer wehren kann, das ist ihre verbale „Abwesenheit", das umfassende und kategorische Leugnen der Existenz von Frauen in einer Sprache, die von den Machtverhältnissen ebenso geprägt ist wie das alltägliche Leben. Selbst die Versuche, diesem Totschweigen des weiblichen Geschlechts entgegenzuarbeiten, also die offizielle Einführung der Amtsfrau oder Pilotin, hinterlassen noch eine gewisse Ratlosigkeit, denn sie ändern nichts an der eigentlichen Struktur der Sprache.

Die ist in unserem und in anderen Kulturkreisen weiterhin männlich ausgerichtet, also sexistisch.

Bemühungen, dem entgegenzuwirken, stoßen zwangsläufig auf männlichen Widerstand, und nur da, wo sich Mann etwas davon verspricht, sind Veränderungen zu verzeichnen.

So haben es Politiker schon fest im Repertoire, die „Wählerinnen und Wähler" anzusprechen und an „Demokratinnen und Demokraten" zu appellieren. Wie es um die wahre Gesinnung der Herren steht, wird allerdings überdeutlich, wenn ein Politiker aufgrund mangelnder Konzentration spricht, wie ihm „der Schnabel gewachsen ist". Da rutschen dann einem Noch-Ministerpräsidenten Worte wie „Mäuschen", „Sprüchamsel" und „Krampfhenne" heraus, wenn er sich mit der bayerischen Oppositionsvertreterin verbal auseinandersetzt. Max Streibl bekam zwar daraufhin sogar Protest aus der eigenen Partei zu verspüren, aber wie nicht anders zu erwarten, waren es nur die CSU-Frauen, die von ihrer Partei die Erkenntnis einforderten, „daß die Krampfhennen von morgen die Böcke von gestern ablösen" könnten.

Vorerst aber blieben die Böcke und sorgten weiter für den Nachweis, daß die Sprache ein Gradmesser für die Machtverhältnisse ist. So durfte ein bayerischer Innenminister ungerügt einen Vorschlag aus den Reihen der Bundesregierung als „kindisch" bezeichnen. Edmund Stoiber hatte ja schließlich „nur" von der Bundesjustizministerin Sabine Leutheusser-Schnarrenberger gesprochen. Richtigen Beifall bekam hingegen der österreichische ÖVP-Abgeordnete Paul Burgstaller von männlichen Kollegen, der einem Bericht des österreichischen Blattes „Standard" zufolge einer Abgeordneten der Grünen, die Schwierigkeiten mit einem nicht standfesten Mikrophon hatte, zurief: „In den Mund nehmen und fest daran lutschen."

Es gehört zum Selbstverständniss von Männern und zu ihrem Standardvokabular, Frauen in herabwürdigender Weise anzureden, die Sprache mit Andeutungen auf sexuelle Praktiken oder anatomische Gegebenheiten zu „würzen".

So konnten auch der SPD-Abgeordnete Gerhard Wendzinski und der SPD-Umweltminister Klaus Matthiessen im Düsseldorfer Landtag kein rechtes Unrechtsbewußtsein entwickeln. Die Fraktionsvorsitzende der Grünen, Bärbel Höhn, hatte sich bei der Landtagspräsidentin beschwert, daß sie von Wendzinski unter anderem danach gefragt worden war, ob sie einen Büstenhalter trage und wie fest ihre Brüste seien, während sich Matthiessen im Rahmen seiner Möglichkeiten an sprachlicher Finesse versuchte: „Wer sich – ich sage das mal so salopp – der Frau Höhn an die Brust wirft, darf sich nicht wundern, daß sie festhält und klammert."

Aufgrund dieser publik gewordenen Äußerungen kann – mal so ganz salopp – konstatiert werden, daß Sexismus in der Sprache keine Frage von Parteizugehörigkeit ist und sich manche Politiker auch sprachlich nicht allzu weit entfernt vom Niveau eines Stammtisches bewegen.

Auch gesellschaftskritische Haltung, Intellekt, schöngeistige Bildung hindern Mann nicht, Frauen durch und in der Sprache Gewalt anzutun.

Gottfried Benn, „der vielleicht größte deutsche Lyriker der ersten Jahrhunderthälfte" („Süddeutsche Zeitung"/Magazin) widerlegte seine eigenen Erkenntnisse. „Das, was lebt, ist etwas anderes als das, was denkt", hatte er einmal formuliert, um dann über seine zweite Frau, Herta von Wedemeyer, zu schreiben:

„Ungeheuer bescheiden, sparsam, kann Knöpfe annähen, schreibt zweihundert Silben in der Minute – ein reizender Gebrauchsgegenstand." Andere Worte findet der Lyriker für das eigene Geschlecht: „Mann, du alles auf Erden“, rühmt Benn in einem Gedicht, und sein Verhältnis zu Frauen läßt keinen Zweifel daran, daß es ihm ernst damit ist.

Ach wie verräterisch sind doch die Worte, möchte da der Lyriker, der in jedem von uns steckt, ausrufen.

Auch der Dramatiker Bertolt Brecht lebte, was er schrieb. Zumindest, was seine Beziehung zu Frauen betraf.

Und fragst du mich, was mit der Liebe sei?
So sag ich dir: ich kann mich nicht erinnern
Und doch, gewiß, ich weiß schon, was du meinst.
Doch ihr Gesicht, das weiß ich wirklich nimmer
Ich weiß nur mehr: ich küßte es dereinst.

dichtete Brecht in der „Erinnerung an die Marie A.“ und zog von einer Geliebten zur anderen. Marieluise Fleißer erkannte eine „raffinierte Verknüpfung von Liebes- und Arbeitsbeziehung“ und ertrug bald „den Schwarm von Weibern nicht mehr, der um ihn herum war“. Dafür hatte hingegen ein „Laudator“ Brechts, Erwin Leiser, viel Verständnis, weshalb er „gern“ eine Anekdote über diesen weitergab: Brecht begegnete mit einer neuen Freundin an der Seite auf der Straße seiner Frau Helene Weigel, die den Wagen mit ihrem kleinen Kind schob. Laut Leiser zog Brecht die Mütze und grüßte höflich.

Bei so viel bewundernswerter Lebensart bleibt nur die Erkenntnis, daß also nicht einmal intellektuelles Niveau, wie es einem Dramatiker und einem Lyriker unterstellt werden soll, vor frauenfeindlicher Sprache schützt.

Sollte sich ein außerirdisches Wesen einmal die Gedichte Brechts zu Gemüte führen, in denen Frauen vorkommen, es müßte den Eindruck haben, daß das wesentliche Verbindungsglied zwischen Frau und Mann der Penis ist.

Sie geben schnell den Leib dem, der mit rauher
Hand lässig ihnen an den Busen kam
Schließend die Augen, stehend an der Mauer
Sehen sie schaudernd nicht, *welcher sie nahm.*

(aus Sonett Nr.9 „Über die Notwendigkeit der Schminke“)

Dies kommt daher, weil dieser beiden Zimmer
An meines stößt. Das ist es, was mich schlaucht
Daß ich stets höre, *wenn er sie gebraucht*
Und hör ich nichts, so denk ich: desto schlimmer!

(aus Sonett Nr. 12 „Vom Liebhaber“)

Wir waren miteinander nicht befreundet
Doch haben wir einander beigewohnt.
Als wir einander in den Armen lagen
War'n wir *einander fremder* als der Mond.

(„Liebeslied aus einer schlechten Zeit“)

Diese Kostproben Brechtscher Lyrik sind nicht deswegen symptomatisch, weil hier die Sexualität unverblümt und direkt angesprochen wird, was diese Gedichte interessant macht, das ist das Korsett der Passivität, in das die Frauen gezwängt werden. Sie sind lyrisches Objekt des männlichen Triebes, agieren nicht, sondern werden „gebraucht“, liegen in einem Arm – und keiner weiß, wie sie dort hingekommen sind. Und das setzt sich in der Literatur generell fort, einmal mehr und einmal weniger deutlich, weil es eine sprachliche Zwangsläufigkeit an sich ist, die sich aus den bestehenden Machtverhältnissen zwischen Frau und Mann ergibt.

Unsere und andere Sprachen sind so mannorientiert, daß selbst der untendenziöse Gebrauch in Zusammenhang mit dem weiblichen Geschlecht den Vorwurf des Sexismus ermöglicht. Senta Trömel-Plötz, Luise F. Pusch und andere Linguistinnen definierten es in „Richtlinien zur Vermeidung sexistischen Sprachgebrauchs“ folgendermaßen:

„Sprache ist sexistisch, wenn sie Frauen und ihre Leistung ignoriert, wenn sie Frauen nur in Abhängigkeit von und Unterordnung zu Männern beschreibt, wenn sie Frauen nur in stereotypen Rollen zeigt und ihnen so über das Stereotyp hinausgehende Interessen und Fähigkeiten abspricht und wenn sie Frauen durch herablassende Sprache demütigt und lächerlich macht.“

Wenn Mann sich der Mühe unterzieht und seine täglichen

Gespräche, aber auch Gedanken auf diese Kriterien hin untersucht, so kann er feststellen, daß selbst noch in einem Lob die Diskriminierung versteckt ist, nämlich dadurch, daß das Handeln von Frauen in Relation gesetzt wird zur Leistung eines Mannes. Zitat aus dem CSU-Organ „Bayernkurier“:

„Die Tatsache, daß gerade eine Frau es fertiggebracht hat, einen im Vorfeld fast aussichtslos geglaubten Kampf siegreich für sich zu entscheiden, sollte die CSU in ihren Anstrengungen ermuntern, mehr als bisher auf die Ansprüche der CSU-Frauen einzugehen, sie verstärkt in die Verantwortung zu rufen und ihnen größere Aufgaben zu übertragen.“

Anlaß für diese erstaunliche Erkenntnis war die Wahl von Gudrun Grieser 1992 zur Schweinfurter Oberbürgermeisterin gewesen.

Gelobt wurde beispielsweise auch die Nachrichtenmoderatorin beim Privatsender VOX, Wibke Bruns. Sie sei „fast so souverän wie Hajo Friedrichs“, war über sie in den „Nürnberger Nachrichten“ zu lesen. In der Illustrierten „Bunte“ fand ein Kritiker, daß die Talkshowmoderatorin Margarete Schreinemakers und ihr Kollege Thomas Gottschalk teilweise „unschlagbar“ seien: „Schreinemakers in ihrer Emotionalität. Gottschalk in seiner Lockerheit, Souveränität, Schlagfertigkeit – und in seinem fränkischen Mutterwitz.“ Leider klärt der Verfasser dieser Zeilen in diesem Zusammenhang nicht, ob mit „Mutterwitz“ vielleicht die dümmliche und mit eindeutigen Zweideutigkeiten durchsetzte Anmache gemeint ist, die Gottschalk oft an den Tag legt, wenn ein weiblicher Gast das Studio betritt. Daß er Frauen häufig über deren Brustumfang definiert und dies gerne mit entsprechenden Handbewegungen verdeutlicht, soll hier nicht näher behandelt werden, da es der nonverbalen Kommunikation zuzurechnen ist.

Doch auch das Streben nach Niveau schützt nicht vor sexistischen Sprachtorheiten, weshalb dann auch in der Berliner „taz“ ein Karl Wegmann von „Madonnas Möpsen“ sprach. „Als Möpse bezeichnet man eine bestimmte Hunderasse“, schrieb eine Leserin, „sonst nichts“.

Die Sprache und die Art unseres täglichen Umgangs mit ihr

legt Zwänge auf, denen sich Mann nur schwer entziehen kann, auch Frauen kommen oft nicht dagegen an. Die Klischees und ihre sprachliche Umsetzung sind so geläufig, daß sie motorisch und unreflektiert wiederholt werden. Dies ist eine der möglichen Erklärungen, warum eine Reporterin einen Artikel über eine Politikerin folgendermaßen beginnt:

„Sie beherrscht es perfekt, im fahrenden Auto präzise Kajalstriche unter die Augen zu ziehen. Schnell trippelnd hat Renate Schmidt den Weg von der Haustür in Nürnberg-Zerzabelshof zum 735er BMW, der weinroten Dienstlimousine, zurückgelegt. Mit einer einzigen Handbewegung die Wagentür zu und die Sonnenblende nach unten. Ihre silberblonden Löckchen versprühen bei jeder Bewegung noch feine Wassertropfen, sie sieht gern in den Spiegel."

Daß dann im weiteren Text auch über die politische Arbeit der SPD-Landesvorsitzenden berichtet wird, stört kaum noch. Der Kajalstrich hat gesessen, und die silberblonden Löckchen wollen einem nicht mehr aus dem Kopf. Sollten sie doch einmal in Vergessenheit geraten, bringen Adjektive und Adverbien die Erinnerung zurück. „Debütantinnenhaft lächelnd" – „attraktiv" – „nett" – „naiv", derartige Begriffe scheinen unverzichtbar zu sein, wenn eine Frau beschrieben werden soll. Solche sprachlichen Assoziationen stellen sich offensichtlich automatisch ein, und zwar bei fast allen Menschen.

Das nimmt seinen Anfang bereits im Vorschulalter, wenn der 5jährige zwar noch nicht so richtig weiß, was sich hinter dem Wort „Lamberdini" (übersetzt: Lamborghini, ital. Automarke/der Autor) versteckt, dafür aber felsenfest überzeugt ist, daß Mädchen „doof" sind.

Andere Bereiche des gesellschaftlichen Lebens haben durch die Jahrtausende hinweg zur Genüge gezeigt: Die Macht des Wortes kann sich bereits durch einfaches Wiederholen voll entfalten, so daß irgendwann „der Jude" ein Wucherer und „der Zigeuner" ein Dieb ist. Es wäre allerdings den Männern gegenüber unfair, zu unterschlagen, daß Mann sich während seines weiteren Lebens durchaus zu entwickeln weiß, sprachlich zumindest. Er bleibt nicht auf der Erkenntnisstufe von „doof" stehen, nein, im Laufe der Jahre und Jahrzehnte eignet er sich ein ganzes Vokabular an, um Frauen zu charakterisieren, was dann auch nachhaltig die Akzente in seiner Sichtweise verschiebt.

Besonders deutlich wird dieser Prozeß in den verschiedenen Ausdrucksformen, die Männer für den Begriff der „Ehefrau" in der deutschen Sprache gefunden haben und die Ernest Borneman in „Sex im Volksmund" zusammgetragen hat. Um das ganze Ausmaß männlichen Sprachreichtums zu dokumentieren, soll diese Passage aus dem „obszönen Sprachschatz der Deutschen" ungekürzt wiedergegeben werden:

„Dame des Hauses, Ehebolzen, Ehebosten, Ehehur, Ehekrücke, Ehekübel, Ehematratze, Ehemöbel, Ehemühle, Hausbesen, Hausehre, Hauskrone, Haussegen, Hauszierde, Henne, Koje, Milange, Musch, Rippe, Zimmerlinde, Bartkrätze, Bartwisch, Besen, Frau vom Dienst, Dienstfrau, Keibe, Klotz am Bein, Müllkute, seelische Mülltonne, Orakel, Pensionärin, Putzteufel, Rechen, Rindfleisch, Schlinge, Anhang, Anhängsel, Begleiterin, Beiwagen, Eskorte, Geleitzug, Satellit, Schatten, Trabant, Umhang mit Loch, Vademeca, Privatdroschke, Privatetui, Privatfeger, Privatfutteral, Privatkalle, Privatkutsche, Privatloch, Privatverkehrsmittel, die eigene Kuh, die eigene Scholle, meine Alte, meine bessere Hälfte, meine besseren fünfzig Prozent, mein bestes Stück, meine Bewachung, meine Bundeskanzlei, mein Feldwebel, mein Finanzminister, mein Präsident, meine Regierung, die Meinige, Sie, Blitzableiter, Trostfibel, Leib- und Seelenwärmer, Bettwärmer, Bettwärmer mit Busen, Bettwärmer mit Loch, lebenslängliche Wärmflasche, Heizbatterie, Hitzableiter, Abgeilerin, Anstandsnutte, legitimer Zahn, offizielle Entsafterin, Unzuchtsverhinderungsgerät, Unzuchtsverhinderungsmaschine, Vitamin E, Mehrzweckkörper, Amüsierfleisch, Amüsiermatratze, Ausziehpuppe, Bademulde, E-Loch, Puhlloch, Bügelbrett, Plättbrett, Schießscheibe, Steckdose, Stoßdämpfer, Wetzstein."

Geht Frau einmal von der Annahme aus, daß in unseren Tagen die meisten Ehen aufgrund einer gewissen Zuneigung geschlossen werden, läßt sich kaum noch ausdenken, wie die Bezeichnungen lauten könnten, wenn diese einmal gänzlich entfiele.

Es gibt eine andere Männerdomäne, in der die Umsetzung männlicher Sichtweisen ebenfalls auf einer sprachlichen Ebene erfolgt, aber ohne jeglichen linguistischen Hintergrund. Es handelt sich hierbei um den Witz, präziser ausgedrückt um den Männerwitz schlechthin. Hier wird in komprimierter Form gesagt, was Männern zu Frauen so alles einfällt, und gleichzeitig der Absicht nachgegangen, die alltäglichen Mißlichkeiten durch einen Schuß Heiterkeit erträglicher zu gestalten.

Es soll gleich vorweggenommen werden, der Schuß trifft Frauen höchstens mitten ins Selbstwertgefühl, denn richtig darüber lachen können eigentlich nur Männer, wie anhand einiger Beispiele sehr leicht zu belegen ist.

Als wahre Fundgrube dafür zeigt sich ein „preiswerter Sammelband", den der Wilhelm Heyne Verlag als „Dank an seine Leser" verstanden wissen will. Daß Leserinnen kein Dank damit gezollt werden soll, macht nicht erst der Inhalt deutlich, das wird bereits beim Lesen des Umschlagtextes offenkundig.

„Da bleibt kein Auge trocken! Ein Buch voll deftiger Witze", verspricht der Verlag, „die man nicht für sich behalten kann, und die Männer nur Männern erzählen (und manchmal auch gestandenen Frauen)".

Das Versprechen wird gehalten, auch wenn es bei einem Teil der Leserschaft keine Lachtränen sein dürften, die das Auge feucht werden lassen, sondern eher Tränen der Wut und Verzweiflung ob der seitenweisen Diskriminierungen, Sexismen, Unverschämtheiten und nicht zuletzt wegen des gänzlichen Fehlens von Humor in diesen „Männerwitzen".

Diese traurigen Lachnummern sind zu aussagekräftig, um sie unter den Tisch fallen zu lassen, sie verdeutlichen die geistige Befindlichkeit von Männern besser als manche seitenlange wissenschaftliche Abhandlung.

Zum Thema Ehe:

„Aus gutem Grund werden Junggesellen mager und Ehemänner dick. Denn jeden Abend schaut der Junggeselle in den Kühlschrank, findet nichts Besonderes und geht ins Bett. Der

Ehemann dagegen schaut jeden Abend ins Bett, findet nichts Besonderes und geht an den Kühlschrank."

Auch Vergewaltigungen sind keine Tabuzone:

„Der Streifenwagen stoppt neben einer nackten Frau, die zitternd an der Autobahn steht. ‚Ich bin im Auto vergewaltigt und anschließend rausgeworfen worden', sagt die Frau leise. ‚Was war das für ein Wagen?' fragt einer der Polizisten. ‚Ein blaues Coupé, die Marke weiß ich nicht.' ‚Und wie war die Nummer?' Meint sie achselzuckend: ‚So schlecht nun auch wieder nicht.'"

Oder:

„‚Warum haben Sie sich denn nicht gewehrt, Zeugin, als der Angeklagte in Ihr Zimmer stürmte und Sie vergewaltigte?' 'Es ging nicht, Herr Richter, der Nagellack war noch nicht trokken!'"

Zum Thema Männerträume:

„Wie stellt sich ein Mann eine Traumfrau vor? Ganz einfach: Eine Frau, die bis Mitternacht bläst und bumst und sich dann schlagartig in eine ofenfrische Pizza und in ein eisgekühltes Sechser-Pack Bier verwandelt …"

Sie haben immer noch nicht gelacht? Versuchen Sie es einmal mit diesem Witz:

„Spricht ein Mann das rothaarige Modell an: ‚Na, wohin gehen denn diese beiden hübschen Beine?' ‚Ins Kino, wenn nichts dazwischenkommt …'"

Wenn Sie sich immer noch nicht auf die Schenkel geklopft haben vor überbordender Heiterkeit, dann müssen Sie eine Frau sein. Aber vielleicht haben Sie Sinn für diese Art von Humor:

„‚Das tut doch weh', röchelt Rita, als sie von hinten rangenommen wird. ‚Spinnst du?' röchelt Rudolf. ‚Gut tut das.'"

Auch nicht. Dann versuchen wir es einmal damit:

„Wie viele Männer sind nötig, um eine normale Drei-Zimmer-Wohnung sauberzumachen? Nicht ein einziger. Ist ja wohl Frauensache, oder?"

Die letzte Gelegenheit:

„Woran erkennt ein wirklicher Mann, ob seine Freundin einen Orgasmus hat? Einem wirklichen Mann ist das egal!"

Wer glaubt, daß solche Zoten nur in den unteren Schichten des sogenannten einfachen Volkes verbreitet würden, an bierschwadenumwaberten Stammtischen, sollte sich einmal der Mühe unterziehen, in gehobener Männergesellschaft zu verweilen, bis Pilsfaß oder Champagnerflaschen zur Neige gehen. Auch an der Bar einer x-beliebigen Kneipe kann, insbesondere kurz vor der Sperrstunde, aufschlußreiches Material gesammelt werden. Derartige „Männerwitze" sind einkommensunabhängig und stehen in keinerlei Verbindung zum Bildungsniveau eines Mannes, sie sind Bestandteil männlichen „Kulturgutes", und was schlimmer ist, sie entsprechen nur zu oft dem Bild, daß diese Männer von Frauen haben.

Frau sollte sich nicht von einem ersten Schein täuschen lassen. Männersprache ist flexibel. Das „Mäusezähnchen" oder „Schatzilein" wird im Nu zur „Nutte" oder „Fotze", spätestens wenn sich das „Schatzilein" einem anderen Mann zuwendet.

Oder das derart gekränkte Wesen greift wieder zu einem erprobten Mittel, das weit verbreitet ist und von Männern besonders gekonnt praktiziert wird: Er läßt Frau aus seinem Leben verschwinden. Nicht ganz, aber so weit, daß sie nur noch einen sehr begrenzten Raum hat, außerhalb der schönen alten Männerwelt. Die Sprache erleichtert ihm dieses Unterfangen ungemein, ist geradezu prädestiniert dazu.

Die Anzeige einer Automobilfirma gibt Aufschluß über diese Art von verbaler Manipulation. Stolz wird hier verkündet, daß bereits „50 000 Fahrer" das Auto XY gekauft hätten. Daß dieses Automobil überwiegend von Frauen gefahren wird, glaubte man vielleicht durch das an die Motorhaube drapierte Model ausreichend dokumentiert zu haben.

In der Sprache sind eben die Rollen wie im Leben verteilt. Autos sind Männersache, und dem Fakt, daß in der Bundesrepublik bald so viele Frauen wie Männer den Führerschein haben werden, begegnet Mann mit der Annahme, daß die Wagen entweder trotzdem vom Mann gekauft würden oder Männer zumindest beratende Funktion beim Kauf hätten. Alles andere würde nicht ins männliche Weltbild passen.

Es gibt auch nur Krankenschwestern und keine Krankenbrüder, denn soziale Berufe sind eben Frauensache. Strichmännchen sind allen Kindern geläufig, das weibliche Pendant einfach nicht existent. Verräterisch sind immer wieder Formulierungen, mit denen der Realität entsprechend Frauen wie Männer gemeint sein müßten. Da ist zum Beispiel von 51,25 Prozent der *Wähler* die Rede, die einer bestimmten Partei ihre Stimme gegeben haben, unbeeindruckt von der Tatsache, daß es hierzulande mehr Wählerinnen als Wähler gibt.

Zum Grübeln veranlaßt ein „Spiegel"-Artikel zum Thema Aids, wonach „83 Prozent der *Bundesbürger*" kein Kondom benutzen würden, wenn sie Aids-infiziert wären, und „nur zwei von drei Infizierten würden in dieser Situation ihrem *Partner* reinen Wein einschenken". Zuerst einmal sei der Hinweis gestattet, daß wohl grundsätzlich mehr als 50 Prozent der Menschen in diesem unserem „Freizeitpark" (O-Ton Bundeskanzler Helmut Kohl) kein Kondom benutzen, und dies nicht aus Fahrlässigkeit, ganz im Gegenteil. Schließlich hätte bei Frauen die Anwendung dieser Methode mit Sicherheit nicht den gewünschten Effekt. Was die zweite Aussage betrifft, gibt es unterschiedliche Interpretationsmöglichkeiten. Es könnte damit nämlich gemeint sein, daß nur Frauen zu den Infizierten gehörten, weshalb es etwa 75 Prozent ihrem Partner beichten würden. Oder in dem Beitrag wird unterstellt, daß nur Männer infiziert wären, die mit anderen Männern zusammenlebten, und deshalb einen Partner hätten, dem sie sich offenbaren würden oder nicht.

Wie man es auch dreht und wendet, die Wortwahl wird in keiner Weise der Realität gerecht, es sei denn, Mann nähme das Kommunistische Manifest eben zu wörtlich, wo es heißt: „Alle Menschen werden Brüder!"

Die Sprachwissenschaftlerin Luise F. Puch verwendet für diese Verfahrensweise den Begriff „vaporisieren", und es mutet wirklich an, als würden Frauen in den manngeprägten Sprachen „verdampfen", sich in Luft auflösen. Wenn konstatiert wird, daß der Durchschnittslohn eines Industriearbeiters 16 Mark pro Stunde betrage, dann wird schlicht die Existenz aller Industriearbeiterinnen geleugnet, denn deren durchschnittlicher Stundenlohn beträgt um einiges weniger. Papst Johannes XXIII., der behauptet, „jeder" könne Papst werden, kann Frau wohlwollend unterstellen, er habe kurzzeitig vergessen, daß das menschliche Geschlecht ohne das weibliche nicht existieren würde.

Da differenzierte Helmut Kohl als Bundeskanzler schon sehr viel subtiler: „Wer ja sagt zur Familie, muß auch ja sagen zur Frau".

Die Professorin der Sprachwissenschaft hat sich auch den sprachlichen Hermaphroditen gewidmet, denen man begegnete, als Frauen begannen, ihre zugewiesenen Reservate zu verlassen. So zitierte sie aus der Wochenzeitung „Die Zeit": „(...) eine andere Bonner *Frau*, eine herbe *Hamburgerin*, gelernte *Juristin*. Helmut Schmidt entdeckte in ihr (Anke Huber) ‚das Zeug zum *Bundeskanzler*'."

Der „Spiegel" steuerte folgende verbale Geschlechtsumwandlungen bei: „(...) im Feldheer halfen 12 500 Stabs- und 8000 *Nachrichtenfrauen* siegen (...). Sie betrieben Funk- und Fernsprechnetze (...), fuhren als *Melder* im Kübelwagen, übernahmen Funkmeß- und Luftwarndienste."

Es scheint zu ungeheuerlich zu sein, von einer Bundeskanzlerin zu sprechen oder von Melderinnen, schließlich sind beides traditionelle Männerberufe, und wenn Frauen in einem solchen Zusammenhang erwähnt werden müssen, dann gilt es ein Zeichen zu setzen, das den Eindruck etwas abmildert.

Die Maxime lautet „im Zweifel für den Mann", die Münchner „Abendzeitung" belegt dies mit einer Meldung über die Verleihung eines Preises: „Heide Simonis (SPD) und Edmund Stoiber (CSU) bekommen heuer einen Bambi. Die Burda-Jury würdigt damit, daß die *Ministerpräsidenten* von Schleswig Holstein und Bayern durch rigoroses Sparen der Politikverdrossenheit entgegengewirkt hätten."

Zu welch feinen Unterscheidungen die Sprache fähig ist und wie sehr sie von männlicher Sichtweise geprägt ist, zeigt auch das folgende Beispiel: „Ich bin (...) nicht in der Lage, auch nur ein Blatt zu zeichnen, obwohl meine direkten weiblichen Vorfahren gute Malerinnen gewesen sind, keine *Sonntagsmalerinnen*, sondern studierte, anspruchsvolle *Maler* (...)."

Luise F. Puch schreibt in „Alle Menschen werden Schwestern": „Als ich klein war, wollte ich Schuster werden, nicht Schusterin. Schusterinnen gab es nicht. Ich hatte nur die Wahl, entweder etwas zu werden, was ich als Mädchen nicht werden konnte (Schuster), oder etwas, was es nicht gab (Schusterin). Alles Essig – so oder so. Diese Lektion lernen Mädchen sehr früh."

Es gibt zwar einen „Frauenanteil" an der Bevölkerung, den „Männeranteil" kennt nicht einmal der Duden in der Ausgabe von 1993. Auf der Autobahn haben wir den „Vordermann" vor uns, wird das Auto also „fahrerlos", wenn eine Frau darin sitzt? Warum sind Bäume „mannshoch", existieren sie erst ab dieser Größe, überspringen sie die „Kindshöhe" und werden sie nie „frauhoch"?

Fragen über Fragen, auf die es nur eine Antwort gibt. Sprache wurde und wird von Männern als Instrument benutzt, um das Instrumentarium zur Unterdrückung der Frauen zu komplettieren. Durch Sprache erhält die Gewalt gegen Frauen quasi ihre „geistige" Basis, denn bereits die Sprache übt Gewalt gegen Frauen aus. Daß sich Männer dieser Funktion durchaus bewußt sind, zeigt nicht zuletzt der erbitterte Grabenkrieg, den sie gegen jede Änderung zugunsten der gesellschaftlichen Realitäten führen.

Als erstaunlicherweise im November 1993 ein Gesetz den Bundesrat passierte, demzufolge Frauen trotz Heirat und unbeschadet der diesbezüglichen Intentionen des Gatten ihren Namen weiterführen konnten, heulten nicht wenige männliche Mandatsträger auf und sahen bereits das Ende der Institution Ehe und unserer Gesellschaft gekommen.

Einen Erfolg konnte die Männerwelt allerdings zur gleichen Zeit dank der Unerschrockenheit der Gralshüter der deutschen Sprache, der Dudenredaktion, verbuchen. Unerbittlich zeigte sich der Leiter des Dudens, Günther Drosdowski, überall dort, „wo das Deutsch von Feministinnen für spektakuläre Aktionen mißbraucht wird". Es ging um das große „I", das RedakteurInnen von „Emma", „Freitag" und „taz" eingeführt hatten, um wenigstens auf diese Weise der Existenz von Frauen in der Sprache Rechnung zu tragen. Da konnte das feministische Blatt „Emma" nicht sprachlos bleiben. Der Kommentar zur männlichen Verweigerungshaltung: „Wäre ja auch noch schöner, wenn die Sprache, die der Stoff unseres Denkens ist, plötzlich den weiblichen Menschen mitmeinen würde. Nein, so weit möchte Herr Drosdrowski es nicht kommen lassen. Da bleibt er lieber bei der ‚Fotze'. Wie bitte? Ja, richtig gehört: Fotze. Die hat Eingang gefunden. Mit seiner Billigung."

Im Namen der Liebe

Erfreulicherweise gibt es Situationen, wo Wörter im Ohr einer Frau durchaus angenehm klingen können, sich nicht diskriminierend oder sexistisch anhören, sondern einfach nur aufregend anregende Gefühle erzeugen. Es ist hier von der Liebe die Rede, jenem Sujet, das Menschengenerationen beschäftigte, über das auf unzählbaren Seiten Papier geschrieben und gedichtet wurde, dieses Gefühl, das den Himmel auf die Erde holen kann – und dem mitunter die Hölle folgt. Vor allem für Frauen.

Wer hat die ach so romantische, gefühlsumrankte Liebe „erfunden“ – der Verdacht liegt nahe, daß es ein Mann war.

Platon ist eine Mittäterschaft anzulasten, hat er doch „Eros“, das erotische Begehren auf eine „höhere“ Ebene gehoben. Giulia Sissa schreibt dazu in der „Geschichte der Frauen“:

„Sich abwendend von den vielen, potentiell unzähligen Körpern, gelingt es dem liebenden Blick zuweilen, sich auf die Idee der Schönheit selbst zu richten, an der die anziehenden Individuen nur teilhaben ... Nunmehr fähig, die Schönheit der Seelen zu schätzen, kann das immer noch ganz und gar erotische Begehren sein ideales Opfer erfassen: die Schönheit an und für sich, unabhängig von jeder sinnlich ästhetischen Figuration und selbst jeder geistigen Aktualisierung in einer besonderen Person. Das, wovon das Subjekt schließlich ergriffen wird, ist das ursprüngliche Prinzip des Schönen – das, was bewirkt, daß die Dinge oder die Gedanken schön sind.“

Wenn auch nicht gerade mit einfachen Worten wird hier gesagt: Platon propagierte den Sieg gedanklicher Vorstellung über „primitive“ Körperregungen und öffnete damit Irrtümern zwischen Kopf und Gliedern Tür und Tor. Die „neue“ Kunst der Liebe gestaltete sich dadurch ausgesprochen schwierig.

Schließlich wurde es zu einem wesentlichen Element der

„Krone des Lebens" (J.W. Goethe über die Liebe), daß das damit häufig verbundene Leid besonders Frauen vorbehalten ist. Schon Euripides schrieb in „Andromache": „Liebe bleibt die Krone für ein jedes Weib" und vergaß zu erwähnen, daß es meist eine Dornenkrone ist.

Liebe ist zu einem künstlichen Gebilde geworden, das verschiedene Epochen mit schmückendem Beiwerk versehen haben, so daß es für die Liebenden mitunter selbst nicht mehr nachvollziehbar ist, ob ihre Gefühle „echt" oder nur noch Ausdruck dessen sind, was als Liebe in Wort und Bild bisher propagiert worden ist. Erhärtet wird dieser Verdacht durch den Umstand, daß die Rollenverteilung in der Liebe für Frau und Mann fast immer den herrschenden Machtverhältnissen entspricht.

Prosa und Lyrik, in unseren Tagen zusätzlich noch Presse, Fernsehen und Schlager liefern unzählbare Beispiele, daß „Liebe" zumeist Synonym für die Lust der Männer und eine Last für Frauen ist. Liebe ist nur zu oft ein anderes Instrument, um Macht auszuüben und zu erhalten, die Macht von Männern über Frauen.

Für frühgeschichtliche matrifokale Kulturen kann unterstellt werden, daß das Beziehungsgeflecht zwischen Frauen und Männern wohl eher von Eros bestimmt war, also einer quasi „naturgegebenen" sexuellen Anziehungskraft. Seit dem antiken Griechenland haben sich in unserem Kulturkreis Gefühle an einem philosophischen Überbau auszurichten.

Julia Kristeva, französische Psychoanalytikerin, hat sich mit den Auswirkungen von Platons Werken „Phaidon" und „Gastmahl" bzw. des Mythos des Narziß beschäftigt. In den „Histoires d'amour", den Geschichten der Liebe, schreibt sie:

„Der gerupften platonischen Seele folgte jene Plotins im Spiegel des Narziß. Und diese Mini-Revolution wird uns eine neue Konzeption der Liebe hinterlassen: Liebe, auf sich selbst konzentriert, wenn auch nach dem idealen Anderen trachtend. Es wird eine Liebe sein, die das Individuum verherrlicht als Abglanz des unerreichbaren Anderen, den ich liebe und der mich existieren läßt."

Spätestens durch christliche Elemente bekam die Liebe der

Hellenen eine neue Richtung und entfernte sich noch weiter von ihren körperbetonten Ursprüngen. Die Liebe zu einem himmlischen Vater, das Gebot der Nächstenliebe waren die Vorboten einer mehr und mehr enterotisierten Liebe, die die Gefühle weitgehend über Ver- und Gebote regelte. Heterosexualität ist angesagt, Geschlechtsverkehr der Vermehrung vorbehalten, im Fall der Jungfrau Maria findet er gar nicht erst statt.

So stark glaubensgesteuerte und gestaute Sexualität suchte offensichtlich ein Ventil und verlagerte sich deshalb auf die idealisierte, poetische Liebe. Ganz besonders deutlich zeigte sich dies in den Anfängen des 12. Jahrhunderts bei den Katharern. Ursprünglich als Botschafter für den Glauben eingesetzt, verpackten die „Troubadoure" der Katharer im Laufe der Zeit die Kunde in mittelalterliche Schlager und priesen so das Hohelied der Liebe, ohne dabei jedoch ihre ursprünglichen Ziele aus dem Auge zu verlieren. Manches Burgfräulein erwärmte sich gerne auf zugiger Zinne für die gefühlvollen Gesänge, doch die Herren zogen zumeist weiter und ließen die Damen verunsichert zurück.

Von den „grand chant courtois", den höfischen Gesängen, existieren heute nur noch 264 Melodien und ein knappes Dutzend Liedtexte, doch diese sind aussagekräftig genug. So sang der Troubadour Arnaud Daniel:

„Je ne veux ni l'empire de Rome ni qu'on me fasse pape, si je ne dois pas revenir à celle par qui mon coeur brûle et me ronge. Car si elle ne me guérit pas de ce malheur, par un baiser, avant l'année nouvelle, elle me tuera et ira elle-même en enfer."

Diese Zeilen charakterisieren präzise das eigentliche Wesen dieser mitteralterlichen Liebe. Zuerst wird der angesungenen Dame erzählt, daß der Mann für sie locker das Römische Reich oder den Papststuhl wegschmeißen würde (darin ist die politische Botschaft der Katharer verpackt), und dann wird ihr klar gemacht, daß diese großzügige Geste natürlich ihren Preis hat. Denn schließlich, so hat es sich der Sängerknabe zurechtgelegt, war es ja die Dame, die ihn entflammt hat, und wenn nicht mindestens eine Knutscherei drin ist, dann wird sie ihn damit umbringen und selber in der Hölle schmoren.

Im Mittelalter wurden die erpresserische Liebe hoffähig gemacht und die hehren Gefühle zu einem Instrument, das einerseits Frauen zu Treue und Gefolgsam verpflichtete, andererseits aber dem Mann mit dem Satz „Ich liebe Dich" den Zugang zu leiblicher Lust verschaffen sollte.

Das Spiel funktioniert noch heute: Frauen unterliegen dem gestrengen Gesetz der Moral, das nur dann eine Ausnahme zuläßt, wenn die Liebe es erlaubt. Nachdem die moralischen Grundsätze von Männern aufgestellt wurden (und werden) und vor allem dazu dienen, den „Besitz Frau" vor Beschädigungen zu schützen, lassen Männer gerne die Gefühle wallen – wenn es zu ihrem eigenen Vorteil ist.

Heiße Liebesschwüre, ins Ohr der Auserkorenen geflüstert, setzen vorübergehend bestehende Regelungen außer Kraft. Schließlich darf Liebe alles verlangen, und eigentlich sollte ihr auch nichts verwehrt werden, Hauptsache, es stillt die eher handfesten Sehnsüchte des Mannes. Das sieht bereits ganz anders aus, wenn sich bei dem Geliebten ein gewisser Grad der Befriedigung eingestellt hat. Ist er nämlich an seinem Ziel angelangt, tritt prompt wieder das alte Gesetz in Kraft. Erliegt die Frau also dem Liebesschwur eines anderen, wird sie zur Hure gestempelt, sucht der Mann eine neue Empfängerin für sein Liebesvokabular, so bezeichnet er dies als sein gutes Recht und begründet es mit dem Naturgesetz männlicher Triebhaftigkeit.

Liebe, wie sie in unserer Hemisphäre propagiert wird, ist ein künstliches Produkt, zu dem die Medien die Ingredienzen liefern.

Der 1936 und seitdem millionenfach gedruckt und gelesene Roman „Vom Winde verweht" hat Sturzbäche von Tränen ausgelöst und die Herzen mehrerer Generationen schneller schlagen lassen. Auf mehr als 1000 Seiten schrieb Margaret Mitchell eine Geschichte der Liebe und ließ ihre Protagonistin zum Schluß zu der Einsicht kommen: „Von den beiden Männern, die sie geliebt hatte, hatte sie keinen verstanden und darum beide verloren."

Es hat sich also seit dem 12. Jahrhundert nichts geändert. Wenn es nicht klappt mit den Gefühlen, dann ist eben die Frau daran schuld. Wie unterschiedlich die Reaktionen von Frau und

Mann im Dschungel der Gefühle zu sein haben, hat die Autorin in der folgenden Szene besonders prägnant herausgearbeitet. Wenn Rhett Butler in „Vom Winde verweht" Scarlett O'Hara einen Heiratsantrag macht, werden der starken Frau, die allen Wirren des Sezessionskrieges getrotzt hat, die Knie weich: „Es war sein Ernst. Daran war kein Zweifel. Ihr war der Mund ganz trocken, als ihr diese Erkenntnis aufging. Sie schluckte und schaute ihm in die Augen, um darin einen Aufschluß zu finden ... Bequem und nachlässig saß er da, aber sie spürte, daß er sie so scharf beobachtete wie die Katze das Mauseloch."

Obwohl Scarlett O'Hara von Rhett Butler wieder verlassen wird, sind Millionen von Frauen überzeugt, daß dies wahre Liebe ist, weil es vor ihnen auch viele andere Schriftstellerinnen glaubten und es ihnen Millionen von Männern immer wieder eingeredet haben.

Es hat also eine gewisse Zwangsläufigkeit, daß sich nicht wenige Frauen zu Erfüllungsgehilfen der Männer machten. Namen wie Hedwig Courths-Mahler, Georgette Heyer oder Marlitt sind Synonyme für eine Welt der Liebe, in der Frau schmachtet und Mann gewährt, Frauen die Sehnsucht und Männern ein aktives Liebesleben vorbehalten ist.

Mit den Auswirkungen solcher Bilder hat sich Anne Wilson Schaef, amerikanische Psychotherapeutin und Mitbegründerin des „Woman's Institute of Alternative Psychotherapy", in „Die Flucht vor der Nähe" beschäftigt. Sie hat festgestellt, daß es Menschen gibt, die „ihren Rausch, ‚Kick', nicht aus Sex und nicht aus Beziehungen, sondern aus ‚Liebe' und Romanzen" beziehen. „Meiner Ansicht nach hat nämlich keine zwischenmenschliche oder Pseudo-Beziehungssucht irgend etwas mit Liebe zu tun. Diese Suchtformen mögen etwas mit der Illusion von Liebe zu tun haben, aber bestimmt nicht mit wahrer Liebe. In Wirklichkeit verhindern sie jegliche Liebe und Nähe", schreibt die Therapeutin und führt weiter aus: „Romanzensüchtige sind in ihre Vorstellungen von Romantik verliebt. Die andere Person interessiert sie eigentlich gar nicht. Romanzensüchtige sind Experten auf dem Gebiet der Illusion, ja, eigentlich leben sie sogar in der Illusion. Für sie ist der Glaube, daß ‚eines

Tages der Märchenprinz (oder die Märchenprinzessin) kommt', beileibe keine Phantasie, sondern reale Erwartung."

Romanzensucht, wie sie Anne Wilson Schaef beschreibt, ist vor allem bei Frauen zu diagnostizieren, und viele Männer haben das erkannt und nutzen es aus. Mittlerweile hat es die Mehrzahl der Herren im Repertoire: Das Abendessen bei Kerzenlicht, den Schmuserock von der CD, die solitäre Rose oder seltene Orchidee, das sind die Zutaten zu einem Menü der Gefühle, das Frauen an Liebe glauben läßt. Und es hat sie veranlaßt, sich „hinzugeben", wie es ihnen die männlich protegierte Propaganda seit langem befiehlt und wie es Männer dann auch gerne „hinnehmen". Schließlich müssen sich die Investitionen rechnen, wir leben in der freien Marktwirtschaft, die Kerzen sind irgendwann runtergebrannt und umsonst ist der Tod.

Und so bleibt einmal mehr ratlos eine Frau zurück, wenn der Mann sein „Geschäft" als erledigt betrachtet und eine neue Zuhörerin für seine Schmuserock-CD sucht.

Daß fast ausschließlich Frauen für die Sucht nach Romantik anfällig sind, ist kein Tribut an DNS und Gene, sondern eher Resultat einer Schulung. Anne Wilson Schaef sieht die Ursachen häufig in einer dysfunktionalen Familie. Romanzensucht einmal als Suche nach einem Ausweg aus einer „perfekten" und deshalb „langweiligen" Familiensituation oder als Flucht vor einem feindseligen oder gewalttätigen Elternhaus. Eine Puppe eignet sich eben besser, um eine phantastische, behagliche, kleine Kuschelwelt einzurichten als dröhnende Motoren oder Killer-Turtles. Abgerundet wird die Palette durch „Schein-Familien" in den Medien, in denen eine Welt vorgelebt wird, die nur wenig Bezug zur Realität hat. Auch hierbei ist die Zielrichtung schon vorgegeben, denn selbst in Scheinwelten sind die Rollen nach Geschlechtern getrennt, die kleine Prinzessin hat einen anderen Part zu sprechen als der kleine Prinz.

Es kann allerdings nicht von den Ursachen in der Familie gesprochen werden, ohne einen Blick auf die äußeren Einflüsse zu werfen, denen diese Keimzelle unserer Gesellschaft unterliegt.

Nicht nur aus Gründen der Höflichkeit wären hier zuerst die

Kirchen zu erwähnen. Das Angebot eines besseren Lebens nach dem Tod animiert nicht gerade, sich um das irdische Dasein zu kümmern, vielmehr fördert es den Hang zur Illusion und zur Flucht aus der Realität. Auch das Bild, das in Religionen von Frauen gezeichnet wird, ist bestens geeignet, diesbezügliche Konfusion zu stiften. Es wird der Frau eine Keuschheit und Reinheit abverlangt, eine Makellosigkeit, deren Realisierung für die Mehrzahl mit dem Leben einfach nicht vereinbar ist. In anderen gesellschaftlichen Bereichen ist es ebenso ein alter Brauch, mit Verklärungen die Realität zu schönen, der Effekt ist zumeist der gleiche. Geschichtsschreibung ist zum Beispiel ein Feld, auf dem Mann lieber die Blume des Heldentums pflanzt als die realen Verstümmelungen, Wunden und zerschmetterten Knochen der Kriegsopfer zu zeigen.

Insbesondere um Frauen kümmern sich auf diesem Gebiet der Scheinwelten mittlerweile verschiedenste Industriezweige wie die Unterhaltungsbranche, Kosmetikfirmen und die Schönheitschirurgie. Anne Wilson Schaef schreibt:

„Filme, Videos und kitschige Serien führen uns in die Techniken und Fertigkeiten der Romanzensucht ein. Songs über Liebe dienen als Mantras für unmittelbare Nähe, Liebe auf den ersten Blick und heroische Beziehungen – und selbstverständlich alles in einer Atmosphäre von Kerzenschein und Rosenstrauß. Durch all dies wird uns beigebracht, daß Liebe und Beziehungen eben tragisch sind und Tragödien nichts anderes als Romantik bedeuten.“

Die Rollenverteilung ist allerdings höchst simpel und unterliegt kaum der Variation: Männer gehen ihren „heldenhaften“ Weg, streifen mit stahlhartem Blick das Antlitz einer zumeist jungen und schönen Frau, worauf diese dem Mann und der Liebe verfällt. Verlangt das Drehbuch, daß der Mann diese Gefühle erwidert, so tut er dies nur zwischen den Abenteuern, sozusagen als Pausenfüller, während der Weiblichkeit meist durchgehend das Liebesleid überlassen bleibt. Liebe, so lautet nämlich das Gesetz des Klischees, ist eine überirdische, ewige Macht, der vor allem Frauen nicht entkommen und von der sie zumeist seelisch eher zerrüttet werden. Während sie den Mann zwar auch nicht immer glücklich macht, erlaubt sie ihm zumindest die Befriedigung seiner leiblichen Bedürfnisse.

Der französische Neurophysiologe Jean-Didier Vincent sieht da allerdings noch andere Aspekte. „Die Liebe ist ein Zustand, der eine Stunde oder eine Ewigkeit dauern kann – ein Eisberg aus Chemie und Phantasie, bei dem das Sexualverhalten nur die sichtbare Spitze ist“, schreibt er in „Biologie des Begehrens“ und präzisiert an anderer Stelle: „In der Liebe verwandeln sich die Körper beider Partner; das sind gelegentlich spektakuläre Vorgänge, meist jedoch innere Modifikationen, die in erster Linie die Hormonsekretion und die Funktion des Zentralnervensystems betreffen. Dabei spielen die Geschlechtsdrüsen natürlich eine entscheidende Rolle, wie die Auswirkungen der Kastration zeigen. Die Geschlechtshormone können direkt auf das Gehirn einwirken, weil die Neuronen über entsprechende Rezeptoren verfügen. Doch auch andere Hormone wie Prolaktin und Luliberin sind an der Entstehung der Liebe beteiligt.“

Vincent unternimmt nicht den Versuch, Liebe auf eine hormonelle Kettenreaktion zu reduzieren, aber er macht deutlich, daß ohne die „Biologie“ Liebe ein reines Kunstprodukt bleiben würde. Wurde Helena noch mit Menelaos verheiratet, weil er reich war und außerdem Helenas Schwester Klytämnestra bereits dessen Bruder Agamemnon geehelicht hatte, so mußten zu Zeiten von Rousseaus „Bekenntnissen“ Frauen und Männer ihre Herzen befragen, bevor sie sich mehr oder minder ewig banden, vorausgesetzt, sie gehörten der entsprechenden gesellschaftlichen Schicht an. Bei den armen Leuten konnte bis ins 19. Jahrhundert hinein weniger nach dem Gleichklang der Gefühle als vielmehr nach Nutzen und Zweck einer Heirat gefragt werden, was aber auch sie nicht hinderte, nach den vorgesetzten und vorgeführten Traumwelten aus dem Reich der Liebe zu schmachten.

Roland Barthes, bedeutender Kulturkritiker des französischen Strukturalismus, schrieb 1977 in „Fragments d'un discours amoureux“:

„Durch neuzeitliche Ansichten in Verruf gekommen, muß die Sentimentalität in der Liebe vom liebenden Subjekt auf sich genommen werden wie eine schwerwiegende Überschreitung, die es allein und bloßgestellt zurückläßt; durch eine Umkehrung der Werte ist es also diese Sentimentalität, die heute das Obszöne der Liebe verkörpert."

Liebe, das haben weise Männer schon frühzeitig erkannt und gerne auch in Tragödien festgehalten, das ist vor allem Frauensache. Auf diesem Gebiet können Frauen ihre hervorragendsten Eigenschaften einsetzen, auch ihre tiefen Gefühle und ihre Zärtlichkeit, und weil Männer schon immer hilfsbereit waren, stellen sie sich heroisch und freiwillig als Objekt für diese Liebe zur Verfügung. Der Franzose Jean-Jacques Rousseau bemerkte unübertrefflich eindeutig: „Die Frau ist dafür geschaffen, sich dem Manne zu beugen und seine Ungerechtigkeiten zu ertragen. Ihre gesamte Erziehung muß sich auf den Mann beziehen: Ihm soll sie gefallen, ihm dienen; sie soll ihn aufziehen und versorgen, wenn er ein Kind ist, als Erwachsenen soll sie ihn beraten, ihn trösten und ihm ein angenehmes Leben bereiten."

Das Schlüsselwort in diesem Postulat ist „gefallen". Wollten Frauen geliebt werden, hatten sie zumeist männlichen Schönheitsidealen nachzueifern. Daß dieses Instrument der Manipulation und Unterdrückung als solches von Männern erkannt worden ist, sah auch die Suffragette Lucy Stone Mitte des 19. Jahrhunderts: „Was habe ich davon, wählen zu dürfen, Eigentum zu besitzen usw., wenn ich über meinen eigenen Körper und seine Funktionen nicht absolut frei verfügen kann."

Hatte Mann noch weitgehend tatenlos zugesehen, als mehr und mehr Frauen in den 60er Jahren in Jeans und schlapprigen Pullovern herumliefen, nach Belieben Bein zeigten oder Knöchel bedeckten, so nahm er im kräftigen Wind der restaurativen 80er und 90er wieder mehr die Fäden in die Hand und formulierte das Schönheitsdiktat neu und präziser. Frauen hatten nun sportlich zu sein, jugendliches Aussehen bis ins hohe Alter war angesagt, Busen wurde offiziell erlaubt, der Cellulitis hingegen der Kampf angesagt. Einmal mehr war „Der Mythos Schönheit" neu definiert, bezog sich aber immer noch nur auf Frauen. Darüber schreibt Naomi Wolf, amerikanische Publizistin, im gleichnamigen Buch:

„Der Schönheitsmythos erzählt uns, daß es eine Qualität ‚Schönheit' gibt, die objektiv und universell ist. Frauen müssen danach streben, sie zu besitzen. Dieser Imperativ, der nur für die Frau gilt, nicht aber für den Mann selbst, ist notwendig und natürlich, weil die weibliche ‚Schönheit' eine wichtige biologische, sexuelle und evolutionäre Funktion erfüllt: Starke Männer kämpfen um schöne Frauen, schöne Frauen sind erfolgreicher, was die Fortpflanzung anbelangt.. Weibliche Schönheit muß mit Fruchtbarkeit korrelieren, und da das ganze System auf sexueller Selektion basiert, ist es unabänderlich und ewig.

Nichts davon ist wahr. ‚Schönheit' ist ein Währungssystem wie die Goldwährung." Naomi Wolfs Angaben, wonach 90 Prozent der Männer mit ihrem Körper und Aussehen im großen und ganzen zufrieden sind und nur ein Drittel der Frauen dies von sich sagen, beruhen zwar auf Studien in den USA, lassen sich aber durchaus auf europäische Verhältnisse übertragen. Auch was den Schönheitskult betrifft, sind nordamerikanische Konzerne weltweit Marktführer. Auf dem europäischen Kontinent wurde noch nicht der hohe Standard und vor allem nicht die Quantität in der plastisches Chirurgie erreicht, doch in diesem Bereich nähern sich Neue und Alte Welt ebenfalls an. In den USA wurden anfang der 90er pro Jahr mehr als 150 000 Eingriffe an der Brust und fast 70 000 Faceliftings vorgenommen, natürlich nur an Frauen.

„Während viktorianische Ärzte eine Kultur unterstützten, die es nötig hatte, Frauen durch ihre Eierstöcke determiniert zu sehen", so Naomi Wolf, „leisten moderne Schönheitschirurgen für die Gesellschaft das gleiche, indem sie ein System des Schönheitsdeterminismus erschaffen." Das System ist also alles andere als neu und keinesfalls auf die jetzigen Industrienationen der westlichen Hemisphäre beschränkt. Schätzungen zufolge sind etwa 25 Millionen Afrikanerinnen sexuell verstümmelt: Ihre Klitoris wurde beschnitten, die Öffnung der Vagina enger zugenäht und dergleichen. Noch im 20. Jahrhundert war es in China normal, Frauen die Füße einzubinden, schließlich versprachen sich die Männer des asiatischen Reiches davon mehr Genuß beim Sex.

Doch die Folterwerkzeuge der Schönheitsapostel sind nicht nur Skalpell und Binden, auch der zum Kultobjekt stilisierte schlanke weibliche Körper verspricht uneingeschränktes Leiden für Frauen. Während Männer bedenkenlos Bäuche über Gürtel hängen lassen und körperliche Fitness eher als Grundkapital für berufliches Weiterkommen ansehen, wird Frauen die mehrfache Vergrößerung eines von sogenannter Orangenhaut befallenen weiblichen Schenkels so lange vor Augen gehalten, bis sie mit Null-, Eier-, Trink- und anderen Diäten endlich versuchen, dem Schönheitsideal der Männer näher zu kommen.

Weg mit den Polstern an Bauch und Po, glatt muß die Haut überall sein, am besten gebräunt, aber bitte nicht lederartig. Lieber ganz samten und ohne Falten Und weil Männer ein großes Herz haben, übersehen sie galanterweise die Lachfalten um die Augen. Da noch nicht einmal die propagierten Vorbilder wie Cindy Crawford oder Linda Evangelista in Wirklichkeit so aussehen wie die Hochglanzfotos glauben machen wollen, sind Frauen damit beschäftigt, mit Cremes und Wässerchen einem Ideal nachzujagen, das ihnen vorgesetzt wird, aber nicht existiert. Die Liebe an sich und die Vorliebe des männlichen Geschlechts für eine imaginäre weibliche Schönheit sind alles andere als folgenlos im Unterdrückungskampf der Männer. Beides bedeutet Leistungsdruck, der aufgrund der besonderen Zuweisung der Gefühlswelt an Frauen und des männlichen Postulats der Treue in erster Linie auf diesen lastet. Wie andere Frauen hat dies auch die dänische Journalistin Suzanne Brøgger erkannt und ein Gebet, das „Vaterunser", entsprechend umgeschrieben. „... sondern erlöse uns von der Liebe", lauten Buchtitel und Forderung, und sie äußert nachvollziehbare Zweifel, ob die „Königin der Seelen" (Schiller) überhaupt Balsam für selbige sein könnte:

„Als ob man überhaupt zwischen Menschen wählen kann, die ja alle gleich gut sein können, jeder auf seine Weise. Zwischen Menschen zu wählen ist jedoch die schlimmste Wahl eines Menschen in seinem ganzen Leben, und wenn er einen Menschen gewählt hat, hat er meist alle anderen verraten. Dies nennt man Liebe."

Die Tatsache, daß Teilaspekte der Liebe in bezug auf die Erhaltung der menschlichen Rasse nicht ganz bedeutungslos sind, übersieht Suzanne Brøgger zwar nicht, aber „deswegen das ganze Universum, den ganzen Planeten und das ganze Dasein nach dem Geschlechtsleben einzurichten“, hält sie berechtigterweise für übertrieben.

Sie schreibt weiter: „Gleichzeitig sind wir bei der rätselhaften Entdeckung, daß zwei Personen manchmal zu einer Person werden, auf die Nase gefallen. Wir sind nie darüber hinweggekommen. Deswegen haben wir das kultiviert, was man Liebe nennt. Die Konsequenz: Die zwei Personen, die manchmal zu einer werden, werden auch sehr schnell zur Null, wenn sie die Liebe zum exklusiven Programm machen.“

Warum gerade Männer weniger an der Liebe leiden, dafür gibt es verschiedene Erklärungsansätze. Überraschenderweise kommt hierzu aus Hollywood ein durchaus brauchbarer Hinweis, nämlich in dem Film „Der letzte Seitensprung“ aus dem Jahr 1986. Hier faßt eine Darstellerin das Spektrum der zwischengeschlechtlichen Beziehungen in folgendem Satz zusammen: „Männer benutzen die Liebe, um Sex zu kriegen, Frauen benutzen Sex, um Liebe zu bekommen.“

Das läßt sich nachvollziehen, entspricht den Erfahrungen, macht aber noch nicht plausibel, warum Frauen dieses Spiel mitspielen. Robin Norwoods Buch „Wenn Frauen zu sehr lieben“ gibt darüber mehr Aufschluß. Die amerikanische Therapeutin sieht die Gründe für die „Sucht“ nach Liebe in einer frauentypischen Vorgeschichte. Zum einen bekamen die an ihrer Studie beteiligten Frauen in ihrer Kindheit vergleichsweise weniger Beachtung, weniger Zuspruch, gleichzeitig wurden sie aber sozial gefordert, das heißt, sie mußten Verantwortungen und Aufgaben übernehmen, die eigentlich in den Bereich der Erwachsenen gehören.

Das äußerte sich mitunter dadurch, daß Konflikte der Eltern auf dem Rücken des Kindes ausgetragen wurden, wobei Mädchen durch die zumeist größere Einbindung in familiäre Aufgaben auch eher dazu mißbraucht wurden, als „Blitzableiter“ zu dienen.

Ein anderes Moment ist die geschlechtsspezifische Ungleichbehandlung, die Frauen schon in der Kindheit zu spüren bekommen, eine Benachteiligung, die das kindliche Gemüt dazu veranlaßt, mit verstärkten Anstrengungen zu reagieren, um doch noch die ersehnte Beachtung zu erfahren. Dabei lernen vor allem Mädchen, daß es sich „lohnt", sich um die anderen und insbesondere um Vater und Mutter zu kümmern, sich um sie zu sorgen, etwas für sie zu tun. Der kleine Junge hingegen erfährt Lob und Anerkennung eher über andere Leistungen: Wenn er auf einen Baum geklettert ist, mit dem Fahrrad ohne Stützen fahren oder ähnlich weltbewegende und wichtige Dinge tun kann.

Die Folgen konnte Robin Norwood anhand zahlreicher Therapiegespräche mit Frauen studieren, eben Frauen, die zu sehr liebten. Ihr Resumée daraus: „Wenn Liebe für uns gleichbedeutend ist mit Schmerz und Leiden, dann lieben wir zu sehr ... Wenn er sich uns gegenüber launisch, gereizt oder gleichgültig verhält, wenn er uns vielleicht sogar demütigt und wir dieses Verhalten mit seiner unglücklichen Kindheit entschuldigen, wenn wir uns sozusagen zu seiner Therapeutin machen, dann lieben wir zu sehr ... Wenn wir viele seiner Charakterzüge, Einstellungen und Verhaltensweisen eigentlich ablehnen, sie aber in dem Glauben hinnehmen, daß er sich uns zuliebe ändern wird, wenn wir nur attraktiv und verständnisvoll genug sind, dann lieben wir zu sehr."

Wird das Norwoodsche Denkmodell auf den Alltag übertragen, ergibt sich selbst ohne besondere pessimistische Grundeinstellung, daß derartige Kriterien für die meisten Beziehungen in unterschiedlicher Intensität Gültigkeit haben, daß eigentlich das „Prinzip Liebe" darauf basiert. Von Ovid (Liebe bringt zuerst Lust, doch am Schluß nur Schmerzen dem Herzen) bis Hebbel (Wohl bringt die Liebe uns zuletzt auch Leid. Denn eines muß ja vor dem andern sterben) wird stets dasselbe gepredigt: Es ist immer nur eine Frage von Zeit, bis die Liebe leiden läßt, und für ganz Eilige beginnt sie gleich mit Leiden. Doch das darf Frauen keinesfalls erschüttern. Im Gegenteil, sie sollten froh darüber sein, entspricht es doch ihrer Natur, auch im Leid das Glück zu finden. Sagen zumindest Männer. Und lachen sich ins Fäustchen.

Die Liebe stammt nur bedingt vom Zigeuner (Bizets „Carmen"), sie kommt eher direkt aus der Waffenkammer der Herren-Menschen, Abteilung psychologische Kriegsführung. Das findet insbesondere seinen Ausdruck und häufigen Niederschlag in Gewaltbeziehungen, wenn der zerknirschte Mann zärtlich über die Blutergüsse der Frau streicht und ihr versichert, daß er sie ja eigentlich liebe und das Ganze nur gekommen wäre, weil sie gesagt habe, daß er ... usw. usf.

„Liebe heilt alle Wunden" lautet die Propaganda, in der Realität schlägt sie sie oft erst.

Liebe, wie sie in unserem Kulturkreis „praktiziert" wird, ist ein künstlich geschaffenes Gebilde, das weniger den Bedürfnissen von Menschen entspricht, als vielmehr Möglichkeiten schafft, andere Menschen zu erpressen, zu unterdrücken und zu demütigen. Die Rollen sind dabei zumeist schematisch verteilt. „Männer lassen lieben", hat der Psychologe Wielfried Wieck erkannt, Frauen „flechten der Liebe beglückendes Band", wußte schon Friedrich Schiller.

Allgemeiner formuliert, heißt dies, daß die Liebe der Männer vielleicht verbal noch ganz gut rüberkommt, die eigentlichen Inhalte aber vor allem in die Hose gerutscht sind. Für die meisten Männer ist die Liebe Mittel zum Zweck und kein Grund, etwas anderes zu machen als all die anderen Vertreter des Patriarchats vor ihnen. So sind Rosensträuße mit ihren Dornen aus liebender Männerhand mehr ein Angebot zum Training für die Zukunft als Ausdruck von Wertschätzung. Es kann eben schmerzhaft werden, wenn das erste männliche Interesse an der Frau befriedigt ist und trotz der vielen Küsse dann doch kein Prinz zum Vorschein kommt, sondern nur ein schlecht gelaunter Pascha mit Hängebauch oberhalb der Pantoffeln.

Die Liebe macht alleine schon zum Leidensweg, daß die Protagonisten unterschiedliche Ziele verfolgen, die Erwartungen also enttäuscht werden müssen, wenn nicht Einsicht über die Liebe siegt. Männer haben es dabei einfacher. Taugen sie für die Liebe nicht, können sie immer noch Pilot, Rennfahrer oder Fernsehzuschauer werden.

Frauen nimmt Mann es hingegen ausgesprochen übel, wenn

sie Liebesleid gegen Lebensfreude eintauschen wollen. Die großen Gefühle sind nach ihrer Meinung vor allem Frauensache, zu lieben ist vorrangigste Aufgabe von Frauen. Erst dann und nur dadurch ist schließlich die Erfüllung der anderen weiblichen Aufgaben gewährleistet, also das Hemdenbügeln, das Kochen, und last but never least, der Liebesdienst am Männerleib.

Wie schrieb Julia Kristeva in „Die Chinesin“: „Aber im Grunde – was ist unser westlicher Liebeskodex anderes als narzistische Wahnvorstellung oder – im subtilsten Falle – symbolisches Fusionieren zu einem EINEM, wobei jene, die es Gott nennen, nicht die Betrogensten sind?“

Betrogen werden allerdings zumeist die Frauen. Dabei ist nicht vornehmlich an die Paradedisziplin von Männern gedacht, den Seitensprung. Vielmehr sind zahlreiche Frauen die Betrogenen, weil sie Kraft und Zeit und manchmal ein ganzes Leben aufwenden, um die Liebe eines Mannes zu gewinnen. Und das alles nur, weil Mann ihnen die große Lüge aufgetischt hat, daß dies der wahre Lebenszweck sei.

Einen Propagandisten, der seit fast zwei Jahrtausenden mit Begeisterung Überzeugungsarbeit leistet, hat die Männerriege in den Kirchen gefunden. Hier wird Seelenheil verkauft, und die Währung ist die Liebe. Der Kurs ist abhängig von der Bereitschaft zu gehorchen. Und es ist kein Zufall, daß es ein Gottvater ist, der die höchste und letzte Instanz bei diesem Deal repräsentiert.

Mittlerweile hat sich die Angelegenheit in Sachen Liebe so weit verselbständigt, daß als wesentlichster Bestandteil unseres Lebens gilt, was höchstwahrscheinlich einer Reihe von Mißverständnissen und der Erkenntnis der Männerwelt entsprang: hieraus ist Kapital zu schlagen.

Es ist schließlich nicht die Macht der Liebe, die alle Ketten sprengt. Die Liebe selber, das ist eine Kette, mit der Frauen gefesselt werden können. Die Liebe ist eine Droge, die gefügig machen kann und deshalb von Männern gerne und gut portioniert an Frauen verabreicht wird. Wenn Religion Opium fürs Volk ist, dann ist die Liebe das Kokain der Massen. Der Unterschied für die Geschlechter liegt darin, daß die Voraussetzungen für eine spätere Sucht bei Frauen schon in der Kindheit geschaffen werden. Und wie manche andere Droge auch, engt die Liebe ein, macht unfrei und gibt jenem Macht, der damit dealt und für sein Verhalten auch schon eine Absolution parat hat. Schließlich wußte schon Nietzsche: „Was aus Liebe getan wird, geschieht immer jenseits von Gut und Böse."

Männer können lieben wie Frauen, doch wenn es darauf ankommt, dann können sie oft die Liebe ablegen wie ein schmutziges Hemd und widmen sich wieder den wichtigeren Dingen in ihren Leben.

„Nachdem **er** mit seinen Liebesschwüren und Komplimenten **sie** so weit gebracht hatte, daß sie fest entschlossen war, ihren Mann und das Kind zu verlassen, um mit **ihm** ein ganz neues und anderes Leben zu beginnen, und **sie** also mit ihm auch körperlich **eins** geworden war, da rief er nicht mehr an. **Er** ließ sich verleugnen, verschwand aus **ihrem** Leben. Als **sie** ihn dann doch zu einer Aussprache bewegen konnte, sagte **er** auf die Frage nach dem Grund für die Liebesschwüre, die Blumen und das Kerzenlicht: ‚Du hast einen schönen Körper, deshalb wollte ich dich haben.'"

(Aus der Biographie einer 34jährigen Frau)

Küß mich, ich bin ein verwunschener Gewalttäter

Sie flüstern also Worte der Liebe, schaukeln auch Kinder auf ihren Knien, machen mitunter den Abwasch, bringen Sträuße von roten Rosen zu einem Rendezvous mit und streicheln zärtlich über die Wangen von Frauen. Doch selbst wenn ein besonders seltenes Exemplar seine Umgebung mit all diesen Annehmlichkeiten verwöhnt, heißt das noch lange nicht, daß einer Frau – oder auch einem Kind – mit diesem Mann nur Gutes widerfährt.

Die Fälle, in denen Mann den Flirt mit einem Faustschlag ins Gesicht der Frau beginnt, sind schließlich nicht nur in unserer Hemisphäre ausgesprochen selten. Die Herren bemühen sich vielmehr zuerst einmal und nicht selten nach allen Regeln der Kunst, den besten Eindruck zu hinterlassen, beziehungsweise das Bild zu vermitteln, von dem sie annehmen, daß sie damit den größten Erfolg haben. Diese „Arbeitsweise" ist zwar durchaus bei beiden Geschlechtern ähnlich, nur die weitere Entwicklung, die divergiert oft, basierend auf gravierenden Mißverständnissen.

Christiane Tramitz, Verhaltensforscherin am Max-Planck-Institut in Andechs, hat 1993 die für diesen Zusammenhang interessanten Ergebnisse eines Forschungsprojekts über „weibliche Körpersprache und ihre Wirkung auf Männer" in dem Buch „Irren ist männlich" zusammengefaßt. Eine sehr wesentliche Erkenntnis bestand dabei für sie darin, daß Frauen die Körpersprache besser als Männer beherrschen: „Bereits im Vorschulalter erweist sich das männliche Geschlecht in dieser Hinsicht dem weiblichen gegenüber als unterlegen. Daran ändert sich später nichts mehr. Frauen sind die besseren ‚Dekodierer'." Doch leider hilft ihnen das im Umgang mit Männern nicht allzuviel. Der Schwachpunkt liegt im Unvermögen dieser Herren einer mißratenen Schöpfung und in den unterschiedlichen Zielen. Der bereits zitierte Dialog in einem Hollywood-Film bekommt hier eine weitere Bestätigung für die Richtigkeit der Aussage: „Männer suchen in erster Linie sexuelle Beziehungen, Frauen zunächst seelische. Die Geschlechter geraten unweigerlich in Konflikt!"

Das Fazit daraus: „Streben die Ziele auseinander, dann tragen Strategien dafür Sorge, daß wenigstens die eigenen Absichten verwirklicht werden können. Deswegen wird manipuliert und getäuscht – auf beiden Seiten."

Der große Unterschied wird jedoch spätestens dann deutlich, wenn der kleine Unterschied mit ins Spiel kommt. Männer sind so hypersensibilisiert beim Erfassen erotischer Signale, daß sie nicht nur zu Fehlinterpretationen neigen, sondern auch versehentlich bis geflissentlich über Rückzugsaktionen einer Frau, ihr eigentlich klares „Nein" hinwegsehen. Und auf einmal ist aus dem Märchenprinz wieder ein ganz normaler Mann geworden, mit seiner tiefen Überzeugung, daß Frauen eigentlich „ja" meinen, wenn sie „nein" sagen, daß Frauen eine starke Hand brauchen und sie ja selber schuld sind: schließlich müßten sie doch wissen, daß Männer nicht nur Händchenhalten wollen. Das eine oder andere Händchen kann ausrutschen, und wieder hat der Alltag eine Beziehung eingeholt.

Doch die Verwandlung des Mannes geht nicht immer so schnell vonstatten. Oft bedarf es besonderer äußerer Umstände, um aus dem Prinzen einen gewöhnlichen Schläger werden zu lassen.

„Als ich ihn dann kennenlernte, hatte ich das Gefühl, daß er meine große Liebe sei. Der oder keiner, dachte ich mir ... Am Anfang war alles eitel Sonnenschein, neue Besen kehren gut. Daß etwas nicht stimmte, hat sich abgezeichnet, als ich im sechsten, siebten Monat schwanger war; und das, obwohl es von ihm ausging ... Es war alles in Ordnung, bis zu dem Zeitpunkt, als die Schwangerschaft deutlich sichtbar und ich als Sexualobjekt für ihn uninteressant wurde."

So oder ähnlich klingen viele der Aussagen, die Ruth Eder in „Die geschlagenen Frauen" zusammengetragen hat. Andere und überraschende Gewaltauslöser waren Arbeitslosigkeit oder

Eifersucht, das „Vorspiel" hingegen in den meisten Fällen eher vielversprechend.

Wenn eine Frau nicht grundsätzlich davon ausgeht, daß jeder Mann ein potentieller Schläger ist, lassen sich im Vorfeld der Gewalttaten kaum Anzeichen für das ausmachen, was oft folgt. Das gilt nicht nur für feste Beziehungen, sondern auch für lokkere Bekanntschaften. Christiane Tramitz schreibt:

„Ein bestimmendes Merkmal jener Männer, die an kurzfristigen Bekanntschaften interessiert sind, ist ihre stets knappe Zeit. Möglichst schnell und ohne viel Aufwand zum Ziel kommen, so lautet ihre Devise. Schnell ist das Opfer ausgespäht – es gibt sich durch freizügige Kleidung und ausdrucksstarke Körpersprache zu erkennen –, schnell ist das Gespräch in die einschlägige Richtung gebracht, und schnell versucht der Draufgänger sich mit deutlichen ‚Handgreiflichkeiten'. Nicht jede Frau aber, die Spaß am offenherzigen Outfit hat und deren Körpersprache lebhaft ist, befindet sich unbedingt auf der Suche nach einem Partner für kurzzeitige Abenteuer ... Psychoaffektionalen, restriktiven und langfristigen Bindungswünschen stehen psychobiologische, unrestriktive und kurzfristige Ziele gegenüber, kurz: Männliches sexuelles Interesse ist konfrontiert mit weiblicher Zurückhaltung. Die alten, gängigen Klischees können wissenschaftlich nicht entkräftet werden!"

So müssen dann die Bilder mitunter schnell revidiert werden. Der galante Herr, der eben noch die Wagentür aufgehalten hat, beim Essen erschüttert und mit Verachtung von den Greueltaten seiner Geschlechtsgenossen im ehemaligen Jugoslawien sprach, dieser Herr ist bei der Verfolgung seiner psychobiologischen Ziele gar nicht mehr zu erschüttern und nicht selten endet es damit, was in den USA als „date rape" bezeichnet wird: eine Vergewaltigung als makabrer Höhepunkt eines romantischen Abends, etwa nach Restaurant- oder Kinobesuch.

Hierzulande hat zwar die Verabredung nicht die Bedeutung wie das „date" in den Vereinigten Staaten, doch es gibt Gemeinsamkeiten. Auf beiden Seiten des Atlantiks glauben Männer, daß sie eine „Gegenleistung" für ihre „Investitionen" verlangen können. Schließlich hat er ja das Kino bezahlt, die Gummibärchen und das Essen und auch noch eine Rose gekauft, dunkelrot natürlich. Da kann sie doch etwas nett zu ihm sein. Er verlangt ja gar nichts Besonderes, eigentlich würde es schon ausreichen, wenn sie sich ausziehen und hinlegen würde, vielleicht noch ein bißchen stöhnen, damit er die Bestätigung hat, daß es ihr auch Spaß macht.

Frauen sollten allerdings eine gewisse geistige Flexibilität von Männern miteinkalkulieren. Es genügt sicher nicht, die Kosten für das romantische tête à tête zu übernehmen, um dem Mann die Überzeugung zu rauben, daß ein Abend mit interessanten Gesprächen, flüchtigen Berührungen und kleinen oder großen Komplimenten nicht im Geschlechtsverkehr seinen Höhepunkt haben muß.

Nicht zuletzt diverse Lehrbücher für das „Aufreißen" von Frauen („Frauen aufreißen – schnell und erfolgreich": „Lesen Sie dieses Buch, und Sie gehören ganz schnell zu den Männern, die leicht Kontakt zu Frauen finden und sie auch erfolgreich erobern."/‚So! reißt man auf': „Nur Opfer, die man aufgibt, sind verloren!") belegen, daß Mann für sein Aufgebot an Charme und Witz belohnt werden will, und schlimmer noch, er glaubt, ein Recht auf die „Belohnung" zu haben.

Das hat allerdings bereits für kleine Mädchen seine Gültigkeit, wie aus der Geschichte einer Frau ersichtlich wird, die in der Zeitschrift „Freundin" veröffentlicht wurde: „Er war der Bruder meiner Mutter und mein absoluter Lieblingsonkel. Alle freuten sich, wenn er kam, weil er immer so gut gelaunt und gemütlich war und so tolle Witze wußte. Ich vergötterte ihn, weil er auch für mich viel Zeit hatte, stets ein Geschenk und eine lustige Geschichte mitbrachte. Er nannte mich nur Prinzessin.

Ich war etwa sieben, als er tagsüber vorbeikam, mich auf den Schoß nahm und so komisch an mir rumstreichelte. Er hatte wohl viel getrunken, denn er schnaufte so schnell und stank total nach Bier. Mir wurde ganz mulmig, denn wenn ich herunterwollte, hielt er mich ganz fest, tat mir richtig weh. Und immer wieder sagte er: ‚Hab keine Angst, Prinzessin, der Onkel tut dir nichts, er ist ganz lieb zu dir.'"

Der Onkel zwang das Kind noch zu weiteren sexuellen Handlungen und erpresste sich sein Schweigen mit der Drohung, daß die Eltern böse wären, wenn sie das erfahren würden und sie sicher in ein Heim schickten.

Nicht immer könnten Mädchen und Frauen sich einen Märchenprinzen erhalten, wenn sie Drohungen berücksichtigten oder männlichen Balzeinsatz in der erwarteten Form „belohnen" würden. Das Regelwerk von Männern ist sehr viel komplizierter, und mitunter ist es sogar weiblicher Gehorsam, der Männer strafend die Hand erheben läßt.

Andrea A. (der Name wurde geändert) hatte in der neuen Beziehung endlich das Gefühl, mit dem, was sie tat, akzeptiert zu werden, und dieses Gefühl wurde auch verbal und ganz konkret von ihrem Partner bestätigt. Es beschränkte sich nicht nur auf den privaten Bereich, die beiden lebten und arbeiteten zusammen.

„Er besaß jungenhaften Charme, er war sehr zärtlich, er war in der Sexualität nicht fordernd, was für mich zu dem Zeitpunkt wichtig war, und ich habe durch ihn so einen ganz neuen Lebensbereich kennengelernt, eine Verlagswelt, Buchwelt, wie ich sie überhaupt noch nicht kannte. Es war für mich auch ein wichtiger Grund, diese Beziehung zu wollen, daß sie in dieser Welt dann auch verankert war, daß wir das gemeinsam gemacht haben und daß sich dieses gemeinsame Arbeiten sehr partnerschaftlich anließ. Er hat mir auch darüber Wertschätzung vermittelt, indem er sagte, ‚wenn Du das nicht mit mir machen würdest, meine Agentur nicht mitvertreten würdest, dann hätte ich damit gar nicht so viele Chancen'. Im privaten Bereich waren wir uns eher fremd, und er hat sich auf meinen Bereich nicht eingelassen, sondern das war das, was am schnellsten schwierig wurde, weil seine Forderung eigentlich war, daß ich in seinen Bereich völlig einsteige. Es gab keine besondere Wertschätzung für das, was ich privat so tat. Er ging zum Beispiel dazu über, daß er wünschte, daß ich seine Wohnung gestalte, mit einer ‚weiblichen' Hand, und so habe ich mich nicht gesehen, und das gab die ersten Reibungspunkte. Es ging dabei darum, das, was ich machen wollte und wo ich mich von ihm vielleicht abgegrenzt hätte, zuerst einmal gar nicht wahrzunehmen und später dann auch schlechtzumachen. Das fing damit an, alles, wo ich mich nicht wirklich völlig in seinem Rahmen bewegt habe oder unterstützt habe, hart zu kritisieren oder zu sanktionieren. Also dafür, daß ich zum Beispiel die Blumenbank nicht bestellt habe, gab es dann richtig Krach. Das habe ich am Anfang nicht so mitgekriegt, und vor allem hatte er über meine Vorgängerin immer geschimpft, daß die nur in der Küchenschürze dagestanden wäre und nur den Haushalt im Kopf hatte, also habe ich das auch nicht so erwartet. Eine Zeitlang habe ich noch einen Seiltanz zwischen meinen und seinen Vorstellungen versucht, habe widerwillig irgendwelche Blumen gepflanzt, die auch prompt eingegangen sind, je deutlicher das aber wurde, je weniger ich meine Sachen machen sollte, um so schwieriger wurde es auch."

Das Prozedere bedarf fast keiner besonderen Erwähnung mehr, dem Ungehorsam folgte die Strafe auf dem Fuß, zuerst in Worten, dann mit Taten, und der Mann entpuppte sich als steigerungsfähig. Was mit Partnerschaft und großer Wertschätzung begonnen hatte, endete mit Faustschlägen und Vergewaltigung.

Was sich für Frauen immer wieder als besonders gefährlich herausstellt, das ist die Unmöglichkeit, fortgesetzt männlicher Sichtweise zu entsprechen. Ausschlaggebend hierfür ist allerdings nicht nur die begrenzte Fähigkeit von Männern, verbale und körperliche Signale von Frauen annähernd korrekt zu interpretieren. Besonders negativ wirkt sich dabei aus, daß die gesellschaftliche Stellung der Frau Männer geradezu auffordert, das andere Geschlecht für die eigene Unfähigkeit zu bestrafen.

Natürlich unterlaufen auch Frauen Irrtümer bei der Einschätzung eines Mannes; natürlich haben auch Frauen Strategien, die für Verwicklungen und Verwirrungen sorgen; natürlich mischen auch Frauen mitunter kräftig mit im Gerangel um Machtpositionen und Territorialansprüche im Land der Gefühle. Aber es gibt einen eklatanten Unterschied: die Gewalt, die Form der Gewalt, die Qualität der Gewalt.

Für Beate B. (auch dieser Name ist geändert) war er der Traummann schlechthin. Er sah gut aus, zeigte männliche Stärke und Einfühlungsvermögen zugleich, und vor allem repräsentierte er einen „ausgeflippten" Lebensstil, der so ganz anders war, als jener in der Familie zu Hause. Daran änderte vorläufig auch die Heirat nichts, die eigene Wohnung.

„Die besondere Faszination dieser Beziehung war zu Anfang, daß er derjenige war, der alles wußte, alles kannte. Das gab mir eine gewisse Geborgenheit, ich mußte nichts machen, konnte ihn machen lassen, in jeder Beziehung. Ich habe es dabei am Anfang nicht als Bevormundung oder so empfunden, ich fand das ganz schön, daß ich mich um nichts kümmern mußte. Wenn einer einem sagt, wo es langgeht, das kann ja angenehm sein. Nur in dem Maße, in dem ich selbstbewußter, selbständiger wurde oder eigene Ideen eingebracht habe oder verwirklichen wollte, in dem Maße wurde es schwieriger und gewalttätiger. Solange ich das war, was ich am Anfang war, nämlich das kleine unbedarfte Mädchen, das ihn bewunderte und toll fand, so lange war es gut. Er hatte das bewußt auch so gemacht und auch genossen. Zum Beispiel in der Sexualität hat er es genossen, daß ich das kleine Mädchen war, das war eine seiner Vorlieben, das ging ganz bewußt von ihm aus. In der Sexualität war er am Anfang auch sensibel, ich hatte ja kaum Erfahrung, aber mit der wenigen Erfahrung, die ich hatte, fand ich, daß er ein sensibler, einfühlsamer Liebhaber war.

Für mich war es wirklich romantisch verklärt: Mit dem gehe ich bis ans Ende der Welt, mit dem kann mir nichts böses passieren, kann mir die Welt nichts antun, dachte ich.

Er war für mich eine beschützende, nach außen mächtige Person. In dem Maße, in dem ich jedoch zum Beispiel gesagt habe, ich will jetzt studieren und nicht nur zum Geldverdienen arbeiten, wenn ich ausgeschert bin, da wurde es halt schwierig.

Es war irgendwie ein Abhängigkeitsverhältnis, das von ihm mit Sicherheit auch gefördert worden ist und das sich daraus ergeben hat, daß ich wenig wußte und er zumindest in manchen Dingen mehr wußte als ich. Die Sexualität spielte auch eine große Rolle. Als dann später andere Männer in den Bereich unserer Beziehung kamen, gab es die ersten Gewalttätigkeiten, weil so eine extreme Eifersucht von seiner Seite her existierte. Das fand er zwar ganz schön, wenn mich jemand angeguckt hat, aber es war nie nachzuvollziehen, warum er dann auch ausgerastet ist. Zu dem Zeitpunkt hatte ich ihm überhaupt keine Veranlassung gegeben, mich hätte auch kein anderer interessiert. Ich wäre auch gar nicht in der Lage gewesen, mit einem anderen etwas anzufangen, weil ich total auf ihn fixiert war."

Nachdem die Polizei eingreifen mußte, um den einfühlsamen Gatten zu mäßigen, verließ Beate B. den ehemaligen Traummann nach vier Jahren und ließ sich scheiden.

In den Gesprächen mit betroffenen Frauen war stets herauszuhören, der edle Prinz vernachlässige immer dann seine Imagepflege, wenn die Bewunderung etwas nachließ oder sich bei den Frauen der Drang zu etwas mehr Eigenständigkeit zeigte. Auch das erste christliche Gebot scheinen viele Männer auf sich zu übertragen und reagieren ausgesprochen unwirsch, wenn sich auf einmal andere „Götter" im Revier zeigen. Dabei scheint es unerheblich, ob effektiv Anlaß zu Befürchtungen besteht, entscheidend ist eher die momentane Gemütsverfassung des Platzhirsches.

In ihrem „Revier" sind Männer mit ihrer Selbstdarstellung oft nicht weit vom Balzverhalten der Geschlechtsgenossen aus der Tierwelt entfernt, im Gegensatz zu ihnen verzichten Bulle und Eber, Auerhahn oder Orang-Utang jedoch weitgehend darauf, falsche Versprechungen zu machen.

Bei der Spezies Mann können aus Beschützern Schläger werden, aus Romantikern Vergewaltiger, aus guten Kumpeln ausgesprochen miese Kerle – mit und ohne Zutun der Frauen.

Über Aufstände, Widerstand und Gegenoffensiven

Frauenbewegung, Feminismus und männliche Strategien

Männer sollten nicht darauf vertrauen, daß ihre Mutationen unwidersprochen und stets ohne Konsequenzen bleiben. Frauen wehren sich. Aber nicht erst dann, wenn ihnen physische Gewalt von Männern droht, und nicht erst seit der neofeministischen Bewegung der 60er und 70er Jahre. Zu allen Zeiten und in allen Jahrhunderten gab es Frauen, die den Fesseln des Patriarchats Widerstand entgegensetzten und damit Erfolge erzielten.

Sogar in der Mythenwelt des alten Griechenland gibt es beispielsweise eine Hera, Schwester und Gattin des Zeus, die als ausgesprochen aufmüpfiges Wesen geschildert wird, das den Eskapaden des Göttervaters nicht ergeben zusah, sondern gegen das Gebot des Gatten im Kampf um Troja den Griechen beistand oder an König Pelias Rache nahm, der einen Altar Heras entweiht hatte. Sie nahm damit als eine der wenigen Frauengestalten der griechischen Mythologie eine herausragende Position im männlich ausgerichteten Göttergefüge ein.

Eine Frau aus der realeren Welt war Xanthippe, Gattin des Sokrates, heute Synonym für ein keifendes, schimpfendes Weib und in der Männerwelt natürlich als Negativfigur geführt. Aber eigentlich ist Xanthippes Renitenz gegenüber dem Mann eher erfrischender und erfreulicher Gegensatz zu den herkömmlichen Schilderungen über Frauen der griechischen Antike. Die mußten in der Berichterstattung, wenn sie überhaupt vorkamen, weitestgehend als „Hausfrau“ oder Konkubine fungieren.

Als erste Aktion mit politischem Hintergrund kann Frau den Liebesstreik ansehen, den laut Aristophanes Lysistrata initiiert haben soll. Die Athenerin rief demnach vor etwa 2400 Jahren ihre Mitschwestern auf, den Männern solange jeglichen Sex zu verweigern, bis diese den Peleponnesischen Krieg beendet hätten. Eine Praktik, die vielleicht auch in unseren Tagen angewendet werden sollte.

Zumindest das Sexualleben betreffend, entsprachen die Frauen im alten Rom zum Teil den männlichen Idealen nicht mehr. So sollen sich nicht wenige Damen der sogenannten besseren Gesellschaft als Prostituierte registrieren lassen haben, um nicht den üblichen drastischen Strafen zu unterliegen, die Mann im Falle eines Seitensprungs der Frau verhängen konnte. Fast überflüssig, in diesem Zusammenhang zu erwähnen, daß es für untreue Männer natürlich keine Strafandrohung gab.

Mehr als tausend Jahre später hat Hadwig von Schwaben schon als Kind den Aufstand geprobt, als sie ihr Vater mit einem byzantinischen Prinzen verheiraten wollte. Um 956 n.u.Z. heiratete sie als 16jährige und widmete sich nach dem Tod des Mannes unter anderem dem Studium der lateinischen Sprache, Griechisch beherrschte sie schon. Sie führte die Geschäfte des Mannes als Verwalterin weiter, organisierte im Hunnenkrieg die Logistik für die Kämpfer und machte Burg und Benediktinerkloster Hohentwied zu einem geistigen Mittelpunkt. Am Ende des 1. Jahrtausends eine beispiellose Karriere für eine Frau.

In Armut und Not war Anne-Josèphe Théroigne in der Nähe von Lüttich aufgewachsen. Um 1776 verließ sie als 16jährige das Elternhaus und arbeitete als Magd und Kindermädchen. Als sie von den sich anbahnenden politischen Umwälzungen hörte, ging sie im Mai 1789 nach Paris. Sie war bald auf der Tribüne der Nationalversammlung zu finden, ihre Worte hatten so viel Gewicht in der Öffentlichkeit, daß sie von den Royalisten zur Erzfeindin stilisiert wurde. Die Grenzen des revolutionären Gedankens bekam Anne-Josèphe Théroigne aufgezeigt, als sie die revolutionären Vereinigungen „Amis de la loi/Freunde des Gesetzes“ und „Club des droits de l’homme/Klub der Menschenrechte“ gegründet hatte, ihr aber von den männlichen Mitgliedern einer Distriktversammlung jegliches Stimmrecht zu Anträgen versagt wurde. Sie kehrte der Revolution den Rücken, wurde trotzdem weiter verfolgt und in Österreich verhaftet. 1791 schrieb sie in den Aufzeichnungen aus der Gefangenschaft: „Ich fühlte mich immer äußerst gedemütigt durch die Knechtschaft und die Vorurteile, mit denen der Hochmut der Männer die Unterdrückung meines Geschlechts aufrechterhält."

Man konnte Théroignes Mitwirkung an Mordplänen gegen Marie-Antoinette im Oktober 1789 jedoch nicht nachweisen, und sie konnte 1792 nach Paris zurückkehren, wo sie ihre politische Arbeit wieder aufnahm. Da sie besonders für die Rechte der Frauen eintrat, schauten die neuen Herren nicht allzu lange zu. Sie wurde 1794 verhaftet, ihr Bruder ließ sie entmündigen und für verrückt erklären, wobei es nicht nachvollziehbar war, ob er dies wegen erhoffter finanzieller Vorteile tat oder um sie vor der Guillotine zu retten. Später erreichte er, daß Anne-Josèphe Théroigne seiner Obhut unterstellt wurde und lieferte sie in eine Irrenanstalt ein. In einem Tagebuch hatte sie 1791 notiert: „Das Haus soll eine Fassade aus Erz haben, und wenn meine Mittel es erlauben, wird das Souterrain ganz in Schwarz sein. In der Mitte wird eine Frau stehen, die die Tyrannei zu ihren Füßen niederwirft. Diese Tyrannei ist in der Gestalt eines Mannes dargestellt. Die Frau wird mir zurufen, indem sie die Hand nach mir ausstreckt: Helfen Sie mir, oder ich werde unterliegen. Da werde ich einen Dolch nehmen, der daneben liegt, und den Mann niederstechen."

1821 hatte Flora Tristan in Bordeau den Graveur André Chazal geheiratet. Es schien ihr der einzige Weg für sie und ihre Mutter aus der Armut zu sein, ein Weg der „Heuchelei und Schmach", den sie nach vier Jahren wieder verließ. Doch der Gatte pochte weiterhin auf seine Verfügungsgewalt über Frau und Kinder, wie es ihm durch den Code Napoleon, der eine Scheidung nicht zuließ, verbürgt wurde. Flora Tristan wurde von ihrem Exmann verfolgt, die Tochter entführte er. Doch die Justiz sah deswegen ebensowenig Grund einzuschreiten, wie sie es anläßlich einer Anklage wegen Inzucht tat. Höhepunkt der Tragödie war ein Mordanschlag des verlassenen Gatten, den Flora Tristan fast nicht überlebt hätte. Mit diesen Erfahrungen ausgerüstet, verfaßte sie verschiedene Texte und Reportagen, die sozialpolitische und feministische Themen aufgriffen. Die Polizei hat sie argwöhnisch beobachtet, als sie 1844 zu einer Propagandatour durch Frankreich aufbrach, um Arbeiterinnen und Arbeiter zum gemeinsamen Kampf um das Recht auf Arbeit und Ausbildung aufzurufen.

Vier Jahre später sollte die Revolution in Deutschland das ausschlaggebende Ereignis für Louise Otto-Peters zu ungewohnten Aktivitäten werden. Die Frau aus bürgerlichen Verhältnissen gründete 1865 den „Allgemeinen Deutschen Frauenverein", einen der Ursprünge der Frauenbewegung in Deutschland. Furore machte sie zudem mit der „Frauen-Zeitung", die für damalige Zeiten bahnbrechend in ihrer politischen Zielsetzung war. In ihrer journalistischen Arbeit widmete sich Louise Otto-Peters vor allem den Belangen der Arbeiterinnen und der Forderung nach besserer Ausbildung. 1847 schrieb sie in dem Aufsatz „Die Teilnahme der weiblichen Welt am Staatsleben": „Die Erziehung und Bildung der Frauen steht mit unseren staatlichen und sozialen Verhältnissen im Widerspruch", und später in der„Frauen-Zeitung" über den Status der Frauen: „Sie werden zu ‚Puppen der Männer' erzogen und ‚zu einer Puppe ausgeputzt' – und als solche hinausgeschickt ‚auf den Markt des Lebens, sich einen Käufer zu suchen'."

Schreibend kämpfte auch die Finnin Minna Canth um Rechte für Frauen und den Abbau sozialer Unterschiede. Mit ihren Theaterstücken und als verantwortliche Redakteurin der Zeitschrift „Vapaita aatteita/Freie Gedanken" leistete sie den wesentlichen Beitrag für die Einführung des Stimmrechts für Frauen. 1906, nach anderer Quelle 1907, war Finnland das erste europäische Land, in dem Frauen wählen konnten, weltweit war es der zweite Staat nach den Bahamas, wo bereits vier Jahre zuvor Frauen das Wahlrecht bekommen hatten.

Mitte des 19. Jahrhunderts und mit Louise Otto-Peters oder Hedwig Dohm, die 1874 die „völlige Gleichberechtigung der Geschlechter auf dem Gebiete der Wissenschaft, in bezug auf die Bildungsmittel und die Verwertung der erworbenen Kenntnisse" forderte, hatten Frauen in Deutschland mehr und mehr begonnen, sich zu organisieren. Es entstanden zahlreiche Frauenverbände, die 1871 im „Verband der deutschen vaterländischen Frauenvereine" zusammengefaßt wurden. Der Name deutet allerdings schon die Problematik an. Dieser Verband sah sich in der und durch die Nation zu Aufgaben verpflichtet, bei denen die caritative Arbeit, in Kriegszeiten zum Beispiel die medizinische Versorgung von Soldaten, im Vordergrund stand und weniger die Befreiung der Frauen vom männlichen Joch.

Die alten Patriarchen bemühten sich, zu retten, was zu retten war. Der Versuch, die Ansätze der Frauenbewegung durch die Restaurierung des romantischen Frauenbildes zu behindern, zeitigte partiell Erfolge, die sich besonders in der Literatur widerspiegelten. Die agitatorische Einengung auf ein soziales Arbeitsfeld war wohl ein Teil dieser Strategie, eine gänzlich andere war es, die Suche der Frauen nach beruflichen Möglichkeiten in den Fabriken der aufstrebenden Industrien auszubeuten. Männer verteidigten also bereits in den Anfängen der Frauenbewegung hartnäckig ihre Machtpositionen, und das erstreckte sich natürlich auf die Frauenverbände. So waren zum Beispiel im „Lette-Verein zur Förderung höherer Frauenbildung und Erwerbsfähigkeit des weiblichen Geschlechts" kurioserweise erst einmal keine Frauen im Vorstand vertreten. Negativ wirkte sich sicher auch aus, daß diese Frauenverbände vor allem bürgerlich orientiert waren und ihre Entwicklung nicht mit, sondern divergierend zur proletarischen Bewegung verlief. So war zwar gewährleistet, daß das Schreckgespenst einer proletarischen Revolution nicht die Bürgerinnen verprellte, andererseits sah Clara Zetkin schon damals darin die Gefahr, daß „die gegenrevolutionäre Macht der organisierten Frauenrechtlerinnen (...) nicht auf der Sammlung der Bourgeoisie-Damen, sondern auf dem täuschenden, lähmenden Einfluß auf große werktätige Frauenmassen" basiere.

Wie tief der Graben zwischen den beiden Bewegungen war, zeigte sich spätestens, als 1895 die proletarischen Frauenorganisationen zunehmender Verfolgung ausgesetzt waren. Die bürgerlichen Frauenverbände ließen keinerlei Zeichen von Solidarität erkennen, jegliche Unterstützung blieb aus. Doch auch die Progressivität der proletarischen Bewegung hatte ihre Grenzen, und diese wurden von den Männern festgelegt.

Lasalle und seine Anhänger forderten unverblümt die Rückkehr der Frauen an den heimischen Herd, da ihrer ökonomischen Theorie zufolge eine Gesellschaft nur eine begrenzte Quantität an umzuverteilendem Lohn zur Verfügung habe. Wenn also Frauen vermehrt in den Arbeitsprozeß eingegliedert würden, hätte dies weniger Lohn für die Arbeit der Männer zur Folge. Schlußfolgerung der Lasalle-Fraktion: „Dem Manne den vollen Ertrag seiner Arbeit gewähren, heißt für uns auch die Lage der Frauen verbessern", und ganz im Ton der bekämpften Bourgeoisie zeigte sie sich überzeugt, daß die Frau nur mit einem Mann als Beschützer und zu dessen Wohl am Herd zu arbeiten habe.

Diese Auffassung macht bewußt, daß es vom frauenspezifischen Denkansatz der Theoretiker Marx, Engels oder Bebel bis zur Umsetzung in der proletarischen Bewegung ein weiter Weg war, auf dem der größte Teil der propagierten Emanzipation der Frau auf der Strecke blieb. August Bebel umriß Ende des 19. Jahrhunderts in „Die Frau und der Sozialismus" seine Zukunftsvision, welche Auswirkung die „sozialistische Umgestaltung der Gesellschaft" auf das Leben der Frau haben werde: „Die Frau der neuen Gesellschaft ist sozial und ökonomisch vollkommen unabhängig, sie ist keinem Schein von Herrschaft und Ausbeutung mehr unterworfen, sie steht dem Manne als Freie, Gleiche gegenüber und ist Herrin ihrer Geschicke." Bebels Fazit und Zukunftsprognose aus der damaligen politischen Entwicklung: „Die Klassenherrschaft hat für immer ihr Ende erreicht, aber mit ihr auch die Herrschaft des Mannes über die Frau."

Diese Prognose drängt die Frage auf, ob beide anvisierten Ziele nicht einfach daran gescheitert sind, daß die Klassenherrschaft im wesentlichen auf der Existenz des Patriarchats basierte, also die Aufhebung der Männerherrschaft die vorrangige Voraussetzung gewesen wäre. Bereits die theoretischen Ansätze der Sozialisten und Kommunisten zeigten, daß eine effektive und rigorose Abschaffung des Patriarchats immer noch und absolut tabu war, für Männer jedenfalls.

So wurde dann auch in einer Resolution der SPD anläßlich eines Parteitages in Gotha 1896 fein differenziert: „Der Emanzipationskampf der Proletarierinnen ist deshalb nicht ein Kampf gegen die Männer der eigenen Klasse, sondern ein Kampf im

Verein mit den Männern ihrer Klasse gegen die Kapitalistenklasse."

Als die Suffragetten mit Emmelyne Pankhurst an der Spitze mit ihren radikalen und spektakulären Aktionen 1918 ein teilweises und 1928 endgültig das Wahlrecht für Frauen in Großbritannien durchgesetzt hatten, war doch ein Wandel für Frauen erkennbar geworden. Aber es war nur für einige Frauen ein Wandel und nur in speziellen Bereichen.

Die Chemikerin Marie Curie hatte 1903 den Nobelpreis für Physik und 1911 den für Chemie erhalten. Die Astronomin Henrietta Swan Leavitt hatte eine Methode zur Messung galaktischer Entfernungen gefunden, die Chemikerin Maud Menten hatte mit Leonor Michaelis die Funktionsweise von Katalysatoren entschlüsselt, und die Sozialreformerin Margaret Louise Sanger machte Geburtenkontrolle auch semantisch zum Thema. Die Physikerin Lise Meitner hatte einen wesentlichen Beitrag zur Entdekkung des Elements Proactinium geleistet, die Chemikerin Ida Eva Tacke war an der Entdeckung des Atoms Rhenium beteiligt.

Doch die Erfolge der Wissenschaftlerinnen können ebensowenig wie die Tatsache, daß Frauen in Deutschland seit 1918 das politische Wahlrecht hatten, darüber hinwegtäuschen, daß sich für das Gros der Frauen nichts Wesentliches änderte.

Sie blieben dem Diktat der Männer unterworfen, die es verstanden hatten, in dem von ihnen initiierten Krieg und durch reformerische Zugeständnisse der Frauenbewegung revolutionären Wind aus den Segeln zu nehmen bzw. das „Schiff" auf einen männlich-konformen Kurs zu bringen. Das hatte sich 1914 gezeigt, als Arbeit und Zielsetzung der Frauenbewegung den nationalen Belangen geopfert werden mußten.

Die Novemberrevolution und die Weimarer Republik brachten in Deutschland zwar erneute Impulse für die emanzipatorische Bewegung der Frauen, doch diese sollten sich nur für kurze Dauer auswirken können. Mit der Machtergreifung der Nationalsozialisten wurden Frauen erneut „zurechtgestutzt" auf ihre Funktionen in der Familie, seit Kriegseintritt erhielten sie allerdings zusätzliche Aufgaben: sie hatten für den Nachschub von Menschenmaterial für die Armeen zu sorgen und ihre Arbeitskraft war in den Munitionsfabriken und an der Heimatfront mehr und mehr gefragt.

Nach dem Zweiten Weltkrieg sorgten Besatzungsmächte und der Kampf der Frauen ums Überleben dafür, daß die Abwesenheit deutscher Männer nicht dazu mißbraucht werden konnte, um Einfluß und Rechte von Frauen geltend zu machen und zu institutionalisieren. Einmal mehr hatte das Patriarchat seine mentale und nachhaltige Tiefenwirkung gezeigt. Schweigend hatte der Großteil der Frauen die Konsequenzen aus dem Krieg der Männer mitgetragen und sich dann an die Beseitigung der dadurch entstandenen Zerstörungen gemacht. Aber die Männer dankten es ihnen.

Erst durften sich Frauen für den Wiederaufbau schinden, dann wurden sie in den Jahren der Bundeskanzler Adenauer und Erhard wieder zurück in die Küchen geschickt. Ausgang war allerdings erlaubt, vor allem, wenn es darum ging, durch Arbeit einen Beitrag zu leisten für die anstehenden Ratenzahlungen. Schließlich mußten Eigenheime, Autos und Wohnungseinrichtungen bezahlt werden, außerdem entdeckten die Deutschen den Urlaub als Wohlstandsobjekt und Vati die Modelleisenbahn als teures Hobby.

In anderen Ländern konnten sich die Frauenbewegungen schneller und intensiver wieder formieren. In den USA trug dazu vor allem die Bürgerrechtsbewegung der Schwarzen bei. 1966 wurde die „National Organisation of Women/NOW" gegründet. In ihrer Zielsetzung war NOW den bürgerlichen Frauenrechtlerinnen Ende des 19. Jahrhunderts näher als der damaligen proletarischen Frauenbewegung. „NOW" wollte die „in der Verfassung verankerte Gleichberechtigung", die „Beseitigung von Frauendiskriminierung im Erwerbsleben" oder „gleiche Ausbildung für Mann und Frau". Eine grundsätzliche Veränderung der Gesellschaftsstrukturen stand nicht zur Debatte. Die politisch eindeutiger orientierte Dimension erhielt die Frauenbewegung in den USA jedoch schon ein Jahr später, als eine „Jeanette Rankin Brigade" einen Marsch nach Washington organisierte. Obwohl damit gegen den Vietnamkrieg demonstriert werden sollte, sahen die Veranstalterinnen darin gleichzeitig eine Demonstration für die Befreiung der Frauen, da ein Krieg in Vietnam nicht mehr möglich wäre, wenn sich alle Frauen vom männlichen Diktat befreiten. „Women's lib(eration)" konnte zumindest in den Medien einen Durchbruch erzielen, als sie anläßlich der Miss-Amerika-Wahl 1968 in Atlantic City die Frauen aufrief, „Folterinstrumente" wie BH, Stöckelschuhe oder Lockenwickler zu verbrennen.

Es entstanden zahlreiche autonome Frauengruppen, die sich von der verbalen Überzeugungsarbeit als Instrument der Befreiung trennten und nun verstärkt auf die Basisarbeit in Kinderläden, Frauenkommunen, Handwerkskursen für Frauen und ähnlichen Einrichtungen setzten.

Für Jutta Menschik, die in dem Buch „Feminismus" die „Geschichte, Theorie, Praxis" der Frauenbewegung schildert, liegen die Anfänge der neuen Frauenbewegung in der Bundesrepublik Deutschland in der Kampagne „Ich habe abgetrieben" im Jahr 1971. Alice Schwarzer hatte diese Idee der Selbstanklage von Frauen der französischen Feministinnen aufgegriffen und mit der Illustrierten „Stern", dem Sozialistischen Frauenbund und den Unterschriften von Tausenden Frauen die Öffentlichkeit aufgerüttelt. Die Frauen setzten sich mit diesem Bekenntnis der Möglichkeit einer Strafverfolgung aus, da der Schwangerschaftsabbruch, wie übrigens auch im Dritten Reich, immer noch illegal war. Im Dezember 1971 schrieb die Münchner „Abendzeitung": „‚Ich habe abgetrieben', dieser Satz, den Tausende von Frauen in diesem vergangenen Jahr in aller Öffentlichkeit bekannten, wird in die Geschichtsschreibung eingehen. Nicht nur, weil er das Thema Abtreibung oder Reform des § 218 bundesweit zu einem der meist diskutiertesten Gesprächsstoffe machte, sondern weil sich Frauen zum ersten Mal in der deutschen Nachkriegsgeschichte auf überwältigende Weise solidarisierten und demonstrativ für ein Problem engagierten."

In der Folge entstand eine Vielzahl von Frauengruppen, denen es aber nicht mehr nur um den Paragraphen 218 ging, sondern vielmehr um die ganze Palette der Probleme, die sich für Frauen aus ihrer gesellschaftlichen Situation ergaben.

In Frankfurt am Main manifestierte sich die Stärke der Bewegung durch einen Frauenkongreß mit mehr als 400 Teilnehmerinnen. Pressekonferenzen wurden gegeben, Mitteilungen an Gewerkschaften und Parteien formuliert, Forderungen aufgestellt und diskutiert.

Der westdeutsche „Neo-Feminismus" (Jutta Menschik) war in seinen Anfängen auch Teil der 68er Studentenbewegung und Außerparlamentarischen Opposition mit ihren marxistisch-leninistischen Ansätzen, und die Teufels und Langhans unter den revoltierenden Männern arbeiteten durchaus an neuen Standortbestimmungen für Männer in den Geschlechterbeziehungen. Aber die Frauen mußten bald erkennen, daß diese neuen Männer immer noch die alten waren.

Deren Steckenpferd war vor allem die sexuelle Revolution, das Propagieren der „freien" Liebe. „Wer einmal mit derselben pennt, gehört schon zum Establishment", war der Schlachtruf, mit dem die Revolution ihre Kinder zeugte, die dann in der Kommune antiautoritär und mit viel Liebe zum nackten Körper aufgezogen wurden. Was allerdings vom Ansatz her für verklemmte bundesrepublikanische Männer sicher ein sinnvolles Novum war, hatte wie zu allen anderen Zeiten auch sein Ende dort, wo es die Machtstrukturen und herkömmlichen Aufgabenverteilungen tangierte.

Der Ruf nach dem längst überfälligen Aufbrechen alter Strukturen, dem Ende der Männerherrschaft, blieb wieder Frauen vorbehalten, ebenso die kleinen Aufgaben, die Kinder und Alltag mit sich bringen.

Aufgrund dieser Erfahrung und unter dem Eifluß von amerikanischen Feministinnen wie Betty Friedan oder Kate Millett verlagerte sich die Zielrichtung der Frauengruppen. Nicht sosehr die Sensibilisierung der Männer für die Probleme von Frauen stand nun zur Debatte, als vielmehr die Einsicht, daß das männliche Feingefühl ausgesprochen beschränkt war.

Ende 1972 erschien eine feministische Publikation, die die Dinge beim Namen nannte. Während in den revolutionären Gruppen Frauen noch Appelle an die „Genossen" richteten, endlich die Notwendigkeit der Emanzipation der Frauen zu registrieren, hieß es unter Federführung von Gunhild Feigenwinter in der „Hexenpresse“:

„Es würde genügen, sich von den Genossen zu emanzipieren, um die Genossen hinreichend zu informieren.“ Und an anderer Stelle: „Es genügt vollauf, daß die Unterdrückten ihre Probleme, das heißt, das Problem ihrer Unterdrückung, erkennen, möchten wir meinen. Denn Befreiung ist kein Gnadenakt der Unterdrükker.“

Quintessenz war deshalb für die „Hexenpresse“:

„Eine Rebellion von Frauen, die sich vor dem männlichen Revolutionsmonopol als ‚berechtigt‘ ausweist, ist keine Rebellion, sondern eine Rechtfertigung.“

Für manche der radikaleren Frauen wurde das Manifest der Amerikanerin Valerie Solanas zum „Handbuch“ der Rebellion. Die Feministin hatte schon 1968 unter dem Titel „S.C.U.M. – Manifest der Gesellschaft zur Vernichtung der Männer“ unter anderem geschrieben:

„Das Leben in dieser Gesellschaft ist ein einziger Stumpfsinn, kein Aspekt der Gesellschaft vermag die Frau zu interessieren, daher bleibt den aufgeklärten, verantwortungsbewußten und sensationsgierigen Frauen nichts anderes übrig, als die Regierung zu stürzen, das Geldsystem abzuschaffen, die umfassende Automation einzuführen und das männliche Geschlecht zu vernichten …

SCUM wird mit Zerstörung, Plünderei, Sabotage und Mord weitermachen, bis das Geld-Arbeit-System nicht mehr existiert und die vollkommene Automation eingeführt ist oder bis so viele Frauen mit SCUM zusammenarbeiten, daß es unnötig sein wird, unsere Ziele mit Gewalt zu verfolgen, das heißt, bis genügend Frauen entweder nicht arbeiten oder ihre Jobs aufgeben, bis sie anfangen zu klauen und zu plündern, bis sie ihre Männer verlassen und sich weigern, all den Gesetzen, die einer zivilisierten Gesellschaft unwürdig sind, zu gehorchen.“

Nachdem Valerie Solanas einmal an dem Pop-Künstler Andy Warhol vorbeigeschossen hatte, wurde ihr Manifest in den bundesrepublikanischen Machtinstrumenten der Männer, den Medien, begeistert aufgenommen, war es doch eine gute Gelegenheit, einmal mehr zum Angriff auf Feministinnen zu blasen.

Im Laufe der Zeit und mehr oder minder subtil wurde so der feministischen Bewegung ein Image verpaßt, das bereits durch das Wort bei jedem anständigen Menschen Gruseleffekte hervorrief.

Weitere Zutaten erhielt das „Mediengericht" durch die Rückbesinnung von Frauen auf das eigene Geschlecht. Sie erkannten in den neu gegründeten Frauenzentren und in Selbsterfahrunsgruppen, daß eine Frau auf den Mann gut verzichten kann und mitunter sehr viel besser mit einer Frau lebt. Heißhungrig stürzte sich nicht nur die reaktionäre Presse auf einen Prozeß, in dem 1974 gegen ein lesbisches Paar verhandelt wurde. Daß eine der beiden Frauen ihren Mann hatte umbringen lassen, räumte bei vielen Männern letzte Zweifel aus, daß die gleichgeschlechtliche Liebe von Frauen ein Werk des Teufels und der Feminismus aus Pest und Schwefel entstanden sei und beide eigentlich durch Verbrennen auf dem Scheiterhaufen ausgerottet werden müßten. Doch zum Leidwesen der männlichen Eiferer erlaubten dies die gültigen Gesetze nicht, noch nicht einmal die Kirchengebote sanktionierten derartige Maßnahmen.

Die Männerwelt mußte sich also eine andere Strategie einfallen lassen, und so rief die UNO für 1975 das „Jahr der Frau" aus. Damit war es leichter möglich, die feministischen Aktivitäten zu kanalisieren und staatlicherseits kontrollierbar zu machen. Gleichzeitig zeichnete sich ausgehend von den USA eine konzertierte Aktion der Medien ab. Mit großer Hartnäckigkeit wurden über das Ende der Frauenbewegung geschrieben und geredet, die neue „Weiblichkeit" propagiert und der Muttergestalt neue Denkmäler errichtet.

Da wurde natürlich die amerikanische Publizistin Esther Vilar besonders bejubelt, die die These von der Ausbeutung des Mannes durch die Frau aufgestellt und Frauen als Wesen mit „zwei Brüsten und ein paar Lochkarten mit dummen stereotypen Redensarten" bezeichnet hatte.

Doch durch diese Gegenoffensiven der Männer konnte die Frauenbewegung zwar behindert, aber nicht gestoppt werden. Der von der Politik mitgetragene Versuch der Männerwelt, Feministinnen zu diskriminieren und Frauen wieder den „angestammten" Platz zuzuweisen, verhinderte möglicherweise, daß die Bewegung noch mehr Zulauf hatte. Er konnte allerdings nicht verhindern, daß sich Frauen 1976 in Brüssel zu einem Tribunal über „Gewalt gegen Frauen" versammelten und damit eines der Grundelemente männlicher Macht thematisierten. Im „Frauenjahrbuch 1976" hieß es dazu: „Unser Körper ist permanentes Freiwild für Blicke, zum Betatschen, für Bemerkungen. Die Straße ist für uns Feindesland. Wir trauen uns nachts nicht alleine auf die Straße. Für uns ist immer ‚Ausgangssperre'. Die Gewalt, die uns trifft, hat nicht einmal das Privileg, als ‚Gewalt' angesehen zu werden."

Wie im Zusammenhang mit dem Paragraphen 218 gingen Frauen wieder auf die Straßen, nun richteten sich die Demonstrationen aber gezielt gegen die Gewalt von Männern. Der erste „Notruf für vergewaltigte Frauen" wurde Anfang 1977 in Berlin eingerichtet, Forderungen nach „Häusern für geschlagene Frauen" wurden so massiv erhoben, daß Politiker nicht mehr darüber hinweggehen konnten, vor allem, wenn sie an die nächste Wahl dachten. Aus diesem Grund wurde dann wohl vom Berliner Senat der Einrichtung eines ersten Frauenhauses zugestimmt, allerdings wurde die Finanzierung aus öffentlichen Mitteln auch dazu benutzt, gegebenenfalls Einfluß auf diese Einrichtungen zu nehmen.

Erfolg verzeichnete die bundesrepublikanische Frauenbewegung zudem an Universitäten und bei der Ausbildung allgemein. In den 70er Jahren wurden Lehrstühle für Frauenfragen und Frauenseminare eingerichtet, die Zahl der Studentinnen, die 1971 gerade ein Viertel aller Studierenden ausmachten, stieg beständig, und Frauen „wagten" sich in neue Studienbereiche.

In der Folgezeit richteten Staat und Kommunen Stellen für Frauenbeauftragte ein, die „Quotenfrau" wurde kreiert, die „Gleichstellungsbeauftragte" fand Eingang in Sprachschatz und Alltag. Es entstand dadurch aber eine neue „Zwei-Klassen-Gesellschaft": die der emanzipierten Frauen und jener, die sich immer noch nicht zu dem Weg durchringen durften oder konnten, wo „Frauen sich von ihrer ‚Natur' befreien und beginnen, eine andere Geschichte zu schaffen und zu leben" (Susan Sontag).

Die Entwicklung respektive Existenz einer Frauenbewegung in der DDR der Nachkriegsjahre scheint ein Begriff, den Tatjana Böhm in der Ausgabe „Umbruch in Europa, Aufbruch der Frauen" der „Feministischen Studien" 2/1992 prägte, besonders zutreffend zu charakterisieren. Die Tatsache, daß die staatliche Frauenpolitik zu „Gleichberechtigung ohne Emanzipation" geführt habe, sei Folge eines staatlichen „Gleichheitsdiktats" gewesen, das Frauen gleichzeitig der patriarchalen „Fürsorge" des Staates unterzogen habe. Der Status der Frau in der DDR war in seiner positiven Auswirkung systembedingt, daß damit kein emanzipatorisches Element verbunden war, entsprach der patriarchalischen Struktur, der auch die „sozialistische deutsche Nation" unterworfen war.

Die vermehrte Erwerbstätigkeit bescherte Frauen zwar einen Zuwachs an Qualifikations- und Bildungsmöglichkeiten, doch ein Status- und Lohngefälle belegte, daß trotzdem die geschlechtsspezifischen Strukturen beibehalten wurden. In Spitzenfunktionen waren auch in der DDR kaum Frauen zu finden, in der „kleinsten Zelle des sozialistischen Staates" waren sie zusätzlich als Mütter und Hausfrauen gefordert, trotz aller Kinderhorte und Haushaltstage eine Belastung, wie sie Männer kaum tangierte. In Ina Merkels Buch „... und Du, Frau an der Werkbank" heißt es zu diesem Thema: „Die Geschlechterproblematik wurde in den damaligen gesellschaftsstrategischen Vorstellungen stets als ein Randproblem behandelt und auf die ‚Frauenfrage' reduziert, d.h. es wurde auf abstrakt-humanistische Weise nur danach gefragt, auf welche Weise den Frauen gleichartige Lebensbedingungen und Entwicklungsmöglichkeiten wie Männern gesichert werden könnten. Das am männlichen Lebenszusammenhang – d.h. an Arbeit und Leistung – orientierte Maß dieser Gleichheit oder Emanzipation schlug sich vor allem in der formal-juristischen Gleichstellung der Frauen vor dem Gesetz nieder. Frauen sollten wie Männer am gesellschaftlichen Prozeß teilnehmen, ohne daß auf ihre sozialen Besonderheiten Rücksicht genommen worden wäre."

Eine Frauenbewegung im feministischen Sinne war vor allem den letzten Tagen der DDR vorbehalten. Im Dezember 1989 wurde ein „Unabhängiger Frauenverband" gegründet, der versuchte, auf einer breiten Basis Politik für Frauen zu machen. Dieser Versuch wurde durch die sogenannte „Wiedervereinigung" der beiden deutschen Staaten im Oktober des folgenden Jahres jedoch eher beeinträchtigt, da alles andere als eine belebende Wirkung von den westdeutschen Töchtern der Bewegung ausging. Ansätze und vor allem Entwicklung und Geschichte der vergangenen vierzig Jahre waren zu unterschiedlich, um übergangslos Basis für eine gemeinsame Arbeit sein zu können.

Als im März 1991 der 2. Mitgliederkongreß in Leipzig stattfand, zeigte sich dies besonders deutlich. Die Bundestagsabgeordnete Christina Schenk bezeichnete die alten Bundesländer als „ein frauenpolitisches Entwicklungsland" und sah durch den Anschluß an die Bundesrepublik für Frauen in den neuen Bundesländern „die Installation patriarchalischer Verhältnisse ganz anderer Dimensionen", während eine andere Teilnehmerin ergänzte: „Die DDR war ein feministisches Paradies im Vergleich zu dem, was wir jetzt in der BRD erleben."

Diese Einschätzung hatte sicher nicht nur im direkten Vergleich mit Bedingungen in der DDR ihre Berechtigung. Waren die 70er Jahre eine Phase des Aufbruchs und des Fortschritts für die Frauenbewegung dieser Bundesrepublik gewesen, so konnte man die Zeit seit der politischen Wende in Bonn getrost als restaurativ bzw. reaktionär bezeichnen. Unter der Regierung Helmut Kohls hielten Frauen wie Angela Merkel oder Rita Süssmuth Einzug ins Parlament, und 1993 wurde sogar und zum ersten Mal eine Frau, Heide Simonis, Ministerpräsidentin in einem SPD-regierten Bundesland, aber diese und andere Veränderungen in der gesellschaftlichen Landschaft können nicht darüber hinwegtäuschen, daß die Entwicklung eher gegenläufig war.

Kommunen prozessierten gegen die Einrichtung von Stellen für Gleichstellungsbeauftragte, der Paragraph 218 wurde erneut und restriktiv „überarbeitet", und dem Gebot der Ökonomen folgend, wurden Frauen – vor allem in den neuen Bundesländern – wieder aus dem Arbeitsprozeß „ausgegliedert" und damit dem heimischen Herd und dem Arbeitsamt „zugeführt".

„Die Männer schlagen zurück" betitelte Susan Faludi ihr Buch, das im März 1993 in deutscher Sprache erschien, wobei ihre Erkenntnisse, basierend auf den Verhältnissen in den USA, durchaus auch auf Europa und die Bundesrepublik übertragbar sind.

Die Zeiten der wirtschaftlichen Rezession zeigten, daß die Macht- und Manipulationsinstrumente immer noch fest in Männerhand waren und selbstverständlich auch benutzt wurden.

Mit schöner Regelmäßigkeit tauchten aus den unterschiedlichsten Quellen immer wieder Meldungen auf, die die Errungenschaften der Frauenbewegungen in den höchsten Tönen priesen. Daß diese Darstellung auch die Realität für Frauen wiederspiegelt, wurde nicht nachgewiesen. Zugleich wurden Quotenregelungen als überflüssig deklariert und dies mit dem Hinweis auf eine imaginäre „Vielzahl" von Frauen in politischen Ämtern und in Führungspositionen der Industrie begründet. Mann zeigte sich erstaunt, aber gleichzeitig beglückt über die neue Generation selbstbewußter Frauen und sah im gleichen Atemzug keinen weiteren Handlungsbedarf mehr, zumindest die papiermäßige Gleichberechtigung von Frauen umzusetzen.

Insbesondere in den USA und mit Rückwirkung auf den europäischen Kontinent setzten sich die Medien mit Karrierefrauen auseinander, um zumeist entsetzt und von Fürsorge getragen festzustellen, daß diese Frauen mehr unter dem beruflichen Streß litten, als daß ihnen der Erfolg Befriedigung verschaffen könne. Das sogenannte weibliche „Burnout-Syndrom", das „Ausgebranntsein" von Frauen wurde zum Schlagwort, und Heilung schien ausgesprochen oder unausgesprochen nur ein Rückzug in die Familie zu verheißen.

Die verschiedenen Männerstrategien ähnelten sich zumeist: Nicht der offene Widerstand gegen Frauen und ihre emanzipatorischen Bestrebungen waren angesagt, vielmehr schien sich eine neue Männergeneration verständnisvoll und unter Gesichtspunkten der Gleichberechtigung der Geschlechter mit den Problemen der Frauen auseinanderzusetzen.

Doch wenn es nicht anders geht, dann ziehen die feinen Herren auch die Samthandschuhe aus und die härteren Bandagen an.

Susan Faludi konstatierte in dem erwähnten Buch: „Wir haben erlebt, wie die Politiker der Neuen Rechten die Emanzipation verdammten, wie Abtreibungsgegner Brandbomben in Frauenkliniken warfen, wie Fundamentalistenprediger Feministinnen als ‚Huren' und ‚Hexen' beschimpften. Auch andere Beweise für die Wut des Gegenschlags drängen sich bisweilen durch ihre schiere Brutalität eine Zeitlang ins öffentliche Bewußtsein – zum Beispiel die drastische Zunahme der Vergewaltigungen oder die steigende Zahl pornographischer Erzeugnisse, in denen extreme Gewalt gegen Frauen dargestellt wird."

Aber langfristig ebenso gefährlich wie der Einsatz der Faust können die Folgen einer psychologischen Kriegsführung werden. So zum Beispiel, wenn sich Männer ein Image als Opfer verpassen und als Schuldige eindeutig die Frauen identifiziert werden. „Tribunal gegen die Väter" überschrieb das Magazin „Focus" einen Beitrag, in dem larmoyant nachgefragt wurde, ob „Väter neuerdings die Sündenböcke in der Diskussion über Familie und Erziehung" wären. Doch zum Glück hatte „Focus" einen leibhaftigen Politikprofessor ausgemacht, einen anerkannten Experten für Rechtsextremismus. Claus Leggewie hatte nämlich herausgefunden, daß die brandschatzenden „Nazikids" in Wirklichkeit „Erziehungswaisen, Angehörige einer neuen vaterlosen und fatal auf die (hilflosen) Mütter fixierten Generation" wären: „Es ist auffällig, wie viele junge Täter Söhne alleinerziehender Mütter sind."

Um das Bild abzurunden, sollte mit Sigmund Freud belegt werden, daß „der Vermittlung von gesellschaftlichen Normen bei der moralischen Entwicklung des Kindes besondere Bedeutung" zukommt, und die Psychiaterin Agathe Israel durfte für diesen Zusammenhang über „die Neigung der Mütter, ihre Männer vom Kind fernzuhalten", laut nachdenken.

Mit derartigen Beiträgen läßt sich nicht nur Stimmung machen, oft werden so Trends gesetzt, die eine erwünschte Meinung gesellschaftlich etablieren. Das hat Mann auch längst in der Werbung erkannt und erkor die emanzipierte Frau zu einem seiner Lieblingsobjekte.

„Aus dem feministischen Aufruf an die Frauen, ihren eigenen

Instinkten zu folgen, wurde ein Merchandising-Appell, den Lockungen des Marktes nachzugeben – ein Appell, der das Streben der Frauen nach wirklicher Selbstbestimmung verwässerte und degradierte", schreibt Susan Faludi. So bezeichnete ein Industriemanager die Kritik an einer Zigarettenreklame, die sich an junge Frauen gewandt hatte, als „sexistisch", weil dies impliziere, „erwachsene Frauen seien außerstande, selbst zu entscheiden, ob sie rauchen wollten oder nicht".

Ob nun der Feminismus einfach und wieder einmal für tot erklärt wird oder Mann mit Unschuldsmiene und Verwunderung feststellt, daß Frauen in den letzten Jahrzehnten so viel erreicht hätten, doch seltsamerweise immer noch so unzufrieden seien, es geht darum, Frauen zu verunsichern und Männerklischees zu festigen.

Aber es werden aus berufenem Männermund gleich Alternativen angeboten. So war der Ex-Bundespräsidentenkandidat Steffen Heitmann im September '93 dafür, „die Mutterschaft wieder mehr ins Zentrum der Gesellschaft zu rücken", und zwei Monate später erreichte den europäischen Kontinent aus den USA die Nachricht, daß junge Frauen wieder in großer Zahl als Jungfrauen in die Ehe gehen wollten.

Während mitleidvoll die Müdigkeit von Frauen beklagt wurde, hervorgerufen durch die Doppelbelastung von Karriere und Familie, zeigte Hollywood in dem Film „Eine verhängnisvolle Affäre" eindrucksvoll, was passiert, wenn eine sexbessene Frau den Mann einer anderen verführt und die Institution Ehe nicht respektiert. Und damit Frauen der letzte Zweifel genommen wurde, daß wieder mehr Weiblichkeit angesagt war, bescherten ihnen die 90er Jahre die Wiederauferstehung von Scarlett O'Hara, verbunden mit dem Wunsch, daß damit endlich auch die letzten feministischen Tendenzen „Vom Winde verweht" würden.

Dieser Traum wird sich wohl kaum erfüllen. Der Blick auf 5 Jahrtausende Patriarchat zeigt, daß sich Frauen nicht alles bieten ließen, was Männer ihnen aufoktroyierten, und er zeigt vor allem, daß Frauen immer weniger gewillt sind, das männliche Diktat zu ertragen. Einige Fesseln des Patriarchats haben sich dadurch gelockert, aber es sind andere hinzugekommen. Die feministische Bewegung des 19. und 20. Jahrhunderts ist deshalb in die Einsicht gemündet, daß nicht mehr Gleichberechtigung von Frau und Mann die Lösung ist, sondern nur die Auflösung der Männerherrschaft ein Ende der Unterdrückung bedeuten kann.

Bis dahin dürfte es allerdings noch ein sehr weiter Weg sein, da mit den 80er und 90er Jahren eine neue Epoche der Reaktion begonnen zu haben scheint. Konservative, Rechte und Fundamentalisten sind in den westlichen Industrienationen ebenso auf dem Vormarsch wie im ehemaligen Ostblock, Asien oder Afrika. Diese Entwicklung ist alles andere als förderlich für die Befreiung der Frauen. Ebenso selbstverständlich ist, daß ihr nicht mit mehr Verständnis Paroli geboten werden kann.

Es war von Anbeginn an Teil der männlichen Gegenstrategien, den Feminismus zu diffamieren, zu diskreditieren, ihn lächerlich zu machen, um damit für einen großen Teil der Frauen bereits den gedanklichen Zugang zu verwehren oder zu erschweren. Diesem von Männern propagiertem Image müssen die Worte von Rebecca West gegenübergestellt werden, die 1913 schrieb:

„Ich selber habe nie genau herausgefunden, was der Feminismus eigentlich ist: Ich weiß nur, daß man mich als Feministin bezeichnet, wann immer ich Gedanken äußere, die mich von einem Fußabtreter unterscheiden."

Susan Faludi zitierte ergänzend die Zeitschrift „Athenäum" vom 27. April 1895, wo mit dem Wort „Feministin" eine Frau beschrieben wurde, die die „Fähigkeit besitzt, sich ihre Unabhängigkeit zurückzuerobern".

Diese Interpretation des Begriffs werden sich Männer mit Bestimmtheit nicht zu eigen machen. Sie wird also Frauen vorbehalten sein, und sie müssen diesen gedanklichen Ansatz in Realität umsetzen, wenn sie nicht „nigger" bleiben wollen. Der Kampf der Schwarzen um Anerkennung und Freiheit könnte dafür vielleicht Erkenntnisse liefern.

Wo Frauen sich selber und anderen helfen können

Es ist vielleicht ein Freitag abend, zu allem Unglück auch noch der dritte oder vierte des Monats. Die Kinder liegen also schon im Bett, und ihre Mutter sieht sich im Fernsehen einen Film an, strickt vielleicht noch dabei oder stopft einen Strumpf. Der Ehegatte hat nach dem Abendbrot die Wohnung verlassen, wollte sich noch wie jeden Freitag „auf einen Sprung" mit einem Arbeitskollegen und Freund im „Grünen Eck" treffen, zwei Straßen weiter.

Der Film ist längst zu Ende, alle Strümpfe gestopft, aber der Mann ist noch nicht wieder zu Hause. Die Frau geht also ins Bett, aber sie kann nicht einschlafen. Sie hat Angst, was passieren wird, wenn er endlich da ist. Im günstigsten Falle wird er so betrunken sein, daß er vielleicht schon im Wohnzimmer auf der Couch einschläft. Doch meistens glaubt er, daß nun der Zeitpunkt gekommen sei, wo seine Frau „ihren ehelichen Pflichten" nachkommen muß. So nennt er es dann wirklich, und wenn sie sich wehrt, dann schlägt er sie, und wenn sie Glück hat, wird er vom Schlagen so müde, daß er einschläft.

Ein deutscher Alltag, vielleicht etwas klischeehaft dargestellt, aber in seiner schrecklichen Konsequenz doch Realität, der die wenigsten Frauen entfliehen können, nicht einmal, wenn sie das Verlassen des trauten Heimes als Möglichkeit ins Auge gefaßt haben.

Anfang 1993 gab es zwar 324 Frauenhäuser in Deutschland – 92 davon in den neuen Bundesländern – mit circa 4400 Plätzen, aber die können auch nicht annähernd ausreichend Zuflucht für alle Frauen bieten, die in einer Gewaltbeziehung leben. Doch Frauenhäuser haben eine Funktion über das „Platzangebot" hinaus. Allein ihre Existenz kann für Frauen Zeichen sein, daß eine Beziehung mit einem gewalttätigen Mann nicht unabänderlich ist, daß eine Frau nicht bleiben muß, wie es die Ehe oder die Liebe zu gebieten scheint.

Häufig sind es allerdings einfach die beschränkten finanziellen Möglichkeiten, die Frauen bei ihren Männern bleiben lassen. Von einem Gehalt als Verkäuferin lassen sich eben keine Wohnung und die für die Kinder notwendige Tagesmutter oder Kinderkrippe bezahlen. Verlassene Männer denken aber nur selten daran, freiwillig eine gemeinsame Wohnung zu räumen oder vielleicht sogar von sich aus eine Beihilfe zum Unterhalt der Frau und der Kinder zu zahlen. Diese finanziellen Abhängigkeiten sind auch ein Grund dafür, warum in Frauenhäusern und insbesondere in größeren Städten überproportional viele ausländische Frauen zu finden sind. Ihre finanziellen Möglichkeiten sind zumeist noch miserabler, ihre Chancen, auf dem deutschen Wohnungsmarkt eine Bleibe zu finden, sind gering. Daß andererseits relativ wenige Frauen aus der sogenannten gehobenen Gesellschaft Zuflucht in einem Frauenhaus suchen, liegt nicht daran, daß Männer in solchen Kreisen nicht prügeln würden. Für diese Frauen ist der Weg ins Frauenhaus seltener notwendig, weil ihnen zum Beispiel ein Freundeskreis aufgrund von Zweitappartements oder Ferienhäusern ein Ausweichdomizil bieten kann. Finanzielle Unabhängigkeit vom schlagenden Gatten oder psychologische Betreuung erleichtern diesen Frauen einen ersten Schritt ebenfalls.

Gleichgültig, welche Situation zugrunde liegt, der Weg in ein Frauenhaus ist für jede Frau alles andere als einfach. Eine Mutter mit zwei Kindern, die in einem Münchner Frauenhaus untergekommen war, schrieb rückblickend:

„Trotz großer Verzweiflung war mir die Idee, in solch einem großen Haus mit zwei Kindern leben zu müssen, unsympathisch, obwohl ich mir vor einigen Jahren eine Fernsehreportage über Frauenhäuser sehr interessiert angeschaut hatte ... Krampfhaft versuchte ich, meine Ängste wegzustecken. Ich spürte, daß denken und fühlen etwas ganz anderes war als handeln.“

Mit Ausnahme von seiten der Frauenhäuser selber gab und gibt es allerdings auch keine besonderen Bestrebungen, solche Ängste abzubauen. Vielmehr wurde von Anfang an, also seit

1976, und von verschiedenen Seiten an einem Negativimage für diese Institutionen gebastelt, und der Trend hielt an. So wurden ganz in diesem Sinne in einem Textverarbeitungsprogramm, das unter anderem noch Anfang 1992 im Bundestag verwendet worden war, für Frauenhaus weitere Bezeichnungen wie „Freudenhaus, Etablissement, Freudencenter, Bordell" aufgeführt. Eine andere Variante der Demagogie lieferte dann einige Monate später der Bayerische Landkreistag in einer Stellungnahme zum Thema Frauenhäuser. In diesem Papier hieß es: „Frauenhausinitiativen schießen wie Pilze aus dem Boden. Rasch wird aus der Angebotsstruktur eine Anspruchsstruktur. Bedarf wird künstlich geweckt und führt zu steigenden Belastungen."

Für viele Politiker, ob in Kommunen, auf Landes- oder Bundesebene, waren und sind Frauenhäuser eine potentielle Keimzelle der Anarchie. Schließlich waren sie quasi im Gefolge der weiblichen Variante der Studentenrevolte entstanden, und dann hatte auch noch gut die Hälfte dieser Einrichtungen Autonomie in allen Belangen für sich in Anspruch genommen. Zusätzlich wurden Frauenhäuser weitestgehend zum männerfreien Areal erklärt, selbst als engagierter Mitarbeiter wird Mann nur selten geduldet.

Daß sich Frauenhäuser diesen Status bis heute bewahren konnten, ist wohl in erster Linie der Tatsache zu verdanken, daß in der ersten Stunde Frauengruppen die Sache in die Hand nahmen und Ämter und Behörden nicht oder nur indirekt am Aufbau der Einrichtungen beteiligt waren.

Wesentliches Merkmal in dieser Aufbauphase war der prinzipielle Ansatz für die Arbeit in den Frauenhäusern, der sich ganz wesentlich von früheren Sichtweisen unterschied. Männliche Gewalt gegen Frauen wurde hier nicht mehr als individuelles, pathologisches Problem oder als Frage gesellschaftlicher Strukturen angesehen, vielmehr wurde diese Gewalt uneingeschränkt als „Ausdruck eines grundlegenden Machtverhältnisses zwischen den Geschlechtern" bezeichnet, also als eine Folge des Patriarchats. Die Frauenhäuser sahen sich dabei nicht als caritative Einrichtung. Identifikation mit den geschlagenen Frauen und Solidarität mit ihnen standen im Vordergrund, ausgehend von der These, daß jede Frau ein potentielles Opfer von Männergewalt ist.

Anfang der 80er Jahr wurde diese These jedoch mehr und mehr in Frage gestellt. Diskutiert wurde insbesondere ein Konzept der „Mittäterschaft“, das allerdings nicht die Opfer, die Frauen, zu Tätern machen wollte. Vielmehr sollte dieser Begriff für die Notwendigkeit stehen, daß sich auch Frauen fragen müßten, inwieweit sie an der Aufrechterhaltung patriarchalischer Verhältnisse beteiligt wären. Außerdem wurde die Forderung damit verbunden, daß Frauen ihr „Mitwirken“ an diesem Zustand einstellen.

Parallel dazu wurde die Frage diskutiert, inwieweit nicht nur wirtschaftliche Kriterien dazu führten, daß Frauen in Gewaltbeziehungen verblieben, sondern auch Rollenmuster von Frauen beteiligt sein könnten.

Margrit Brückner schrieb zu diesem Aspekt 1983:

„Meine Betrachtungen beruhen auf der Annahme zweier miteinander verwobener Kräfte, die Frauen an ihrem ‚Platz‘ festhalten und ihre Identität und ihre Selbstbilder bestimmen: eine patriarchalische Gesellschaftsstruktur und eine korrespondierende Struktur der weiblichen Psyche und weiblicher Lebensentwürfe. Die patriarchalischen Strukturen, von denen die Frauen durchdrungen sind, halten sie so lange in jahrhundertealten weiblichen Traditionen fest, solange sie nicht um diese Bande wissen.“

Aber gerade dies war ein wesentlicher Nebeneffekt der Arbeit der Frauenhäuser. Durch die Diskussion solcher Fragen wurde Öffentlichkeit hergestellt, und Frauen wurden für das Thema Männergewalt in Beziehungen sensibilisiert. Den autonomen Frauenhäusern, deren Trägerschaft vor allem von „Frauen helfen Frauen e.V.“ übernommen wurde, stehen Einrichtungen gegenüber, deren Träger beispielsweise das „Diakonische Werk“ der evangelischen Kirche, der „Sozialdienst Katholischer Frauen“ oder die gewerkschaftlich ausgerichtete „Arbeiterwohlfahrt“ sind. Während die autonomen Frauen versuchen, sich gängigen Hierarchien durch Aufteilung der Arbeitsbereiche, Miteinbeziehung der direkt betroffenen Frauen und Rotation der Mitarbeiterinnen zu entziehen, ist in den anderen Häusern zumeist eine Leiterin eingesetzt, die die Arbeit im Haus wesentlich prägt. Lautet das Konzept der autonomen Häuser „Hilfe zur Selbsthilfe“, so ließe sich die Arbeit der nichtautonomen Einrichtungen vielleicht mit dem Terminus „Hilfe für Frau und Familie“ umschreiben. Während autonome Frauen die Miteinbeziehung der gewalttätigen Männer in die Hilfsangebote strikt ablehnen, wird in nichtautonomen Häusern der Institution Familie große Bedeutung beigemessen. Für eine ihrer Dachorganisationen, der „Arbeitsgemeinschaft Deutscher Frauen- und Kinderschutzhäuser“, ist daher die Zusammenarbeit mit den Männern ein wesentlicher Grundsatz, davon ausgehend, daß nur die Emanzipation von Frau und Mann eine gesellschaftliche Veränderung herbeiführen könnte.

Die geistige und politische Wende in Bonn ging natürlich auch an den Frauenhäusern nicht spurlos vorüber. Da es weder auf Bundes- noch auf Länderebene einheitliche Richtlinien zur Finanzierung der Frauenhäuser gibt und sich die Parlamentarier bis dato erfolgreich gewehrt haben, ein Recht auf staatliche Gelder festzuschreiben, wurden den Frauenhäusern über den Geldzufluß die Daumenschrauben angesetzt. Von Kürzungen im Sozialbereich, Anfang der 90er dem Volk als Obulus für die sogenannte „Wiedervereinigung“ verkauft, sind Frauenhäuser deshalb stets besonders betroffen gewesen. Da bedeutete es auch keine Hilfe, daß im Dezember 1992 Bundesfrauenministerin Angela Merkel den „Schwarzen Peter“ den Ländern zuschob. Laut Frau Merkel/CDU hätten die Bundesländer ihren Entwurf für ein einheitliches Bundesgesetz abgelehnt. Was sie dabei verschwieg, war die Tatsache, daß dieser Gesetzesentwurf lediglich aus „Eckpunkten“ bestand, so jedenfalls die Gleichstellungsministerin in Nordrhein-Westfalen, Ilse Ridder-Melchers. Ungesagt blieb auch, daß ein derartiges Gesetz im Kabinett Kohl weder zu diesem noch zu einem späteren Zeitpunkt eine Mehrheit gefunden hätte. Mit einer Anschubfinanzierung von sage und schreibe 1,2 Millionen – in Worten: einskommazwei Millionen – für Frauenhäuser in Deutschlands neuem Osten im Jahr 1991 glaubte der Bund, sich ausreichend engagiert zu haben.

Ein Entschließungsantrag von Bündnis 90/Die Grünen, die Finanzierung der Frauenhäuser zusammen mit den Ländern außerhalb des Bundessozialhilfegesetzes zu sichern, lehnte die CDU/CSU/FDP-Mehrheit im Bundestag im Dezember 1993 ab.

Doch auch die Länder schienen nicht so recht an die dringende Notwendigkeit von Frauenhäusern zu glauben. Unterstützte Nordrhein-Westfalen derartige Einrichtungen 1992 mit 8,4 Millionen Mark, Hessen immerhin noch mit 6,1 Millionen, beteiligte sich Bayern mit stattlichen 1,15 Millionen Mark am Finanzbedarf der Frauenhäuser. Das sind immerhin 1,6197 Prozent der Steuerschuld, die der Freistaat 1990 dem „Bäderkönig" Eduard Zwick unter dem damaligen bayerischen Finanzminister Gerold Tandler erlassen hatte. CSU-Freund Zwick hatte nämlich unter dubiosen Umständen und auf Umwegen die Anteile am Bad Füssinger Johannesbad an seinen Sohn verkauft, und in diesem Zusammenhang waren ihm Zeitungsberichten zufolge circa 71 Millionen Mark Steuern „geschenkt" worden.

Frauenhäuser verfügen eben nicht über die erforderlichen Verbindungen zu Politikern, die es dann doch lieber mit dem James-Bond-Darsteller Sean Connery halten, der in einem Interview die Auffassung vertrat, daß alle Frauen ab und zu eins auf den Hintern oder „hinter die Löffel" bekommen müßten.

Es gibt unzählige Connerys, und deshalb sind Frauenhäuser mehr denn je eine Notwendigkeit.

Der Staat neigt dazu, durchaus den Autofahrer direkt für Folgeschäden des Automobils verantwortlich zu machen und ihm dementsprechend tief in die Tasche zu greifen, eine ähnliche und sinnvolle Denkungsweise über die Folgen männlicher Gewalt hat offensichtlich noch keinen der Herren in Bonn überfallen. So müssen die Projekte weiterhin von Jahr zu Jahr um ihre Existenz bangen, wird ihre Arbeit permanent erschwert und das Notwendige bereits zur Ausnahme. Um so höher muß das Engagement der Frauen und Einrichtungen bewertet werden, die seit 1976 die Existenz von Zufluchtsstätten für mißhandelte Frauen und Kinder ermöglicht haben. Für viele Frauen sind sie im wahrsten Sinne des Wortes die letzte Rettung, bevor sie unter Umständen in den Statistiken für Mord und Totschlag auftauchen.

An jenem Freitag abend, der zu Beginn dieses Abschnitts skizziert wurde, geht der Wunsch der Frau nicht in Erfüllung. Der Mann ist zwar betrunken, aber nicht müde. So vergewaltigt er die Frau, und als sie sich seinen Praktiken widersetzt, beginnt er sie zu schlagen. Da wird eines der Kinder wach, Stefan der 5jährige, und beginnt zu weinen. Der Mann läßt von der Frau ab, stürmt ins Kinderzimmer und beginnt, auf den Jungen einzuschlagen. Als die Frau versucht, seine Arme festzuhalten, dreht er sich um und versetzt ihr einen Faustschlag ins Gesicht. Die Frau stürzt zu Boden. Der Mann geht in das Schlafzimmer und schmeißt sich auf das Bett. Er schläft ein.

Die Frau hat sich mühsam erhoben. Vorsichtig weckt sie das zweite Kind, die 3jährige Sonja. Die Kinder scheinen irgendwie zu verstehen, daß es jetzt auf sie ankommt. Ohne jedes Geräusch lassen sie sich anziehen. Dann gehen alle drei aus der Wohnung, runter auf die Straße. Von einer Telefonzelle aus ruft die Frau ein Taxi. In dieser Stadt gibt es ein Frauenhaus, und der Fahrer kennt den Weg. Es dauert eine Weile, bis die vergitterte Tür geöffnet wird, die ehrenamtliche Mitarbeiterin hat schon geschlafen, es ist fast drei Uhr nachts. Das kleine Zimmer für Notaufnahmen ist frei, zwei Kinderbetten werden hineingestellt. Stefan und Sonja sind schnell eingeschlafen.

Dann kocht die Mitarbeiterin des Frauenhauses noch eine Kanne Tee, und die beiden Frauen sitzen einen Moment schweigend nebeneinander.

Leider gab es kein Verzeichnis von Frauenhäusern in Deutschland, das alle Einrichtungen erfaßt hätte, die bei Drucklegung dieses Buches existierten. So wurde versucht, aus den unterschiedlichsten Quellen einen Überblick über die Frauenhäuser – autonome und nichtautonome – zu schaffen. Da die einzelnen Quellen auch einen unterschiedlichen zeitlichen Stand wiedergaben, ist es durchaus möglich, daß eine der angegebenen Telefonnummer nicht mehr stimmt. In solchen Fällen kann die Telefonauskunft, ein anderes nahegelegenes Frauenhaus oder eine der übergeordneten Organisationen, die ebenfalls hier aufgeführt werden, mit der richtigen Telefonnummer aushelfen.

Auf Angabe von Straßen wurde in allen Fällen verzichtet, da

Frauenhäuser und ihre Bewohnerinnen schon zu oft Ziel männlicher Attacken waren. Wenn Sie die Straße telefonisch erfragen, erfahren Sie auch gleich, ob im betreffenden Frauenhaus ein Platz frei ist oder ob Sie sich an eine andere Einrichtung wenden müssen. Da es im Fall des Falles sicher nicht ausschlaggebend ist, wer der Träger eines Hauses ist, wurde auch auf diese Angabe verzichtet.

Zur leichteren Handhabung des Adressenverzeichnisses ist die Aufstellung nach Bundesländern geordnet, innerhalb der Länder sind die einzelnen Städte natürlich in alphabetischer Reihenfolge aufgeführt.

Baden-Württemberg

Balingen-Engstlatt
Frauenhaus Zollernhalbkreis
07433/8406

Esslingen
Autonomes Frauenhaus Esslingen
0711/371041

Freiburg
Frauen- und Kinderschutzhaus Freiburg
0761/82414

Göppingen
Frauen- und Kinderhilfe Göppingen
07161/72769

Heidelberg
Autonomes Frauenhaus Heidelberg
06221/833088 und 81282

Heilbronn
Frauen helfen Frauen
07131/84028
Frauenschutzhaus-Zufluchtstätte
07131/81497

Karlsruhe
Frauenhaus
0721/592624
Frauen- und Kinderschutzhaus
0721/551081
Frauenhaus Karlsruhe
0721/592624

Lörrach
Frauen helfen Frauen
07621/49325

Ludwigsburg
Frauen helfen Frauen
07141/901170

Mannheim
Mannheimer Frauenhaus
0621/744242
Frauen- und Kinderschutzhaus
0621/411068/69

Offenburg
Frauenhaus Offenburg
0781/34311

Peine
Frauenhaus Peine
05171/15586

Pforzheim
Frauenschutzhaus des Diakonischen Werkes
07231/3787-0

Rastatt
Notruf- und Frauenhausinitiative
07222/69166

Remchingen
Frauenhaus Pforzheim-Enzkreis
07231/52211

Reutlingen
Frauenhaus Reutlingen
07121/300778

Schwäbisch-Hall
Frauen- und Kinderschutzhaus der Diakonischen Bezirksstelle
0791/72002

Sindelfingen
Frauen helfen Frauen
07031/804199

Stuttgart
Frauenhaus Stuttgart
0711/542021

Tübingen
Autonomes Frauenhaus
07071/66604
Frauenhaus Tübingen
07071/43870

Ulm
Frauenhaus Ulm
0731/619906

Villingen
Frauenhaus
07721/4476

Bayern

Aschaffenburg
Frauenhaus Aschaffenburg
06021/24455

Augsburg
Frauenhaus
0821/793450

Bamberg
Frauenhaus Bamberg
0951/58280

Bayreuth
Frauenhaus Bayreuth
0921/21116

Coburg
Frauenhaus Coburg
09561/90155

Dorfen
Frauenhaus Erding
08081/1738

Fürth
Wohnheim Frühlingstraße
0911/796063

Geretsried
Frauenhaus
08171/18680

Ingolstadt
Frauenhaus
0841/309136

Landshut
Frauenhausinitiative
0871/24879

München
Frauen helfen Frauen
089/645169
Frauenhaus München
089/3543977

Neuburg
Schutzeinrichtung für Frauen
08431/8366

Neu-Ulm
Frauenhaus Neu-Ulm
0731/73737

Nürnberg
Frauenhaus Nürnberg
0911/333915

Regensburg
Frauen- und Kinderschutzhaus
0941/562400
Autonomes Frauenhaus
0941/24000
Frauenhaus St. Rita
0941/5021112

Schweinfurt
Autonomes Frauenhaus Schweinfurt
09721/16598

Würzburg
Frauenhaus der Arbeiterwohlfahrt
0931/14238

Berlin

Zufluchtswohnungen für Frauen in Not
030/653608

Zufluchtswohnungen
030/6126030 oder 6124896

Wilhelm-Friedrich-Stift
030/8027035 oder 8028084

Frauennotdienst
030/8511018

Mütterhaus
030/3764410

Frauenhaus Bora
030/9764322

3. Autonomes Frauenhaus
030/5593531

Geschütztes Frauenhaus Marzahn
030/5410423

1. Autonomes Frauenhaus
030/8263018

2. Autonomes Frauenhaus
030/3733008

4. Autonomes Frauenhaus
030/93630702

Brandenburg

Brandenburg
Autonomes Frauenhaus
03381/301327

Bernau
Mütter- und Frauenhaus Waldfrieden
03338/65136

Cottbus
Frauenhaus Cottbus
0355/712150

Eberswalde
Krisenwohnung
03334/33408

Eisenhüttenstadt
Frauenhaus Jeanne d'Arc
03364/43786

Forst
Frauenhaus Forst
03562/99606

Frankfurt/Oder
Frauen- und Kinderschutzhaus
0335/62137 oder 326468

Herzberg
Notunterbringung Herzberger Fraueninitiative
033926/5183

Königs Wusterhausen
Frauenhaus Köngis Wusterhausen
03375/501692

Potsdam
Autonomes Frauenzentrum Potsdam
0331/21475

Prenzlau
Frauenhaus Prenzlau
03984/6894

Senftenberg
Frauenhaus Senftenberg
03573/86491

Bremen

Frauenhaus der Arbeiterwohlfahrt
0421/239611

Frauenhaus
0421/171383

Frauenhaus Bremerhaven
0471/83001 oder 83004

Hamburg

Hamburger Frauenhaus 1
040/19702

Hamburger Frauenhaus 2
040/19710

Hamburger Frauenhaus 3
040/19714

Hamburger Frauenhaus 4
040/19704

Hessen

Bad Nauheim
Frauenhaus Wetterau
06032/4784

Bad Schwalbach
Haus für Frauen in Not
06124/1847

Bensheim
Frauenhaus Bergstraße
06251/78388

Darmstadt
Haus für Frauen und Kinder
06151/376814
Frauenhaus Darmstadt
06071/33033

Erbach
Frauenhaus Erbach
06062/5646

Frankfurt/Main
Autonomes Frauenhaus Frankfurt
069/439541 oder 490054
Frauenwohnheim Haus Zuflucht
069/439322
Frauenhaus Die Kanne
069/6312614 und 6311845

Fulda
Frauenhaus Fulda
0661/56722

Gießen
Frauen in Not-Frauenhaus
0641/74055 oder 79480
Frauen helfen Frauen
0641/31441

Groß-Gerau
06152/39977

Hanau
Autonomes Frauenhaus Hanau
06181/26867

Homberg
Autonomes Frauenhaus Homberg
05681/6170

Limburg
Frauenhaus Limburg
06431/23200

Marburg
Autonomes Frauenhaus Marburg
06421/14830

Münster
Frauenhaus Münster
06071/33033

Oberursel
Frauenhaus Hochtaunuskreis
06171/51600

Raunheim
Frauenhaus Raunheim/Rüsselsheim
06142/46389

Wetzlar
Frauenhaus Wetzlar
06441/22240

Wiesbaden
Haus für Frauen in Not
06121/599449
Verein zum Schutz mißhandelter Frauen
06121/51212

Mecklenburg-Vorpommern

Greifswald
Frauenhaus Greifswald
03834/899273

Güstrow
Frauenhaus Güstrow
03843/63186

Kröpelin
Frauenhaus
038292/656

Neubrandenburg
Frauenhaus Haus Sonne
0395/2019

Rostock
Autonomes Frauenhaus
0381/454406 oder 454407

Schwerin
Autonomes Frauenhaus
0385/321033

Stralsund
Frauenhaus Stralsund
03831/253515

Wismar
Frauenhaus Wismar
03841/2992

Niedersachsen

Aurich
Frauenhaus Aurich
04941/62847

Celle
Frauenhaus Celle
05141/25788
Haus der Familie-Hilfen für Frauen und Kinder in Not
05141/214444 oder 6633

Diepholz
Frauen- und Kinderschutzhaus
05441/1373

Emden
Frauenhaus Emden
04921/43900

Hameln
Frauenhaus Hameln
05151/25299

Hannover
Frauen- und Kinderschutzhaus
0511/698646 oder 6963220
Frauenunterkunft
0511/341173

Hanstedt
Frauenhaus für den Landkreis Harburg
04184/8285

Hildesheim
Frauenhaus Hildesheim
05121/515546

Leer
Frauenfluchtwohnung
0491/65898

Lingen/Ems
SKF-Frauen- und Kinderschutzhaus
0591/4129

Lüneburg
Frauenhaus Lüneburg
04131/31810

Meppen
Frauen- und Kinderschutzhaus des SKF
05931/14956

Nienburg
Nienburger Frauenhaus-Hilfe für Frauen in Not
05021/2424

Nordhorn
Frauen- und Kinderschutzhaus
05921/14667

Oldenburg
Frauenhaus Oldenburg
0441/47981

Otterndorf
Frauen helfen Frauen
04751/3920

Papenburg
Frauenschutzstube
04961/82239

Salzgitter
Frauenhaus Salzgitter
05341/13033

Schwanewede
Autonomes Frauenhaus Schwanewede
04209/1275

Stade
Zufluchtsstätte für mißhandelte Frauen und Kinder
04141/12329

Stadthagen
Frauenhaus Schaumburg
05721/3212

Vechta
Frauen- und Kinderschutzwohnung Vechta
04441/83838

Verden/Aller
Frauenhaus Verden
04231/83508

Walsrode
Frauenschutzhaus Walsrode
05161/73300

Wilhelmshaven
Frauenhaus Wilhelmshaven
04421/22234

Wolfsburg
Wolfsburger Frauenhaus
05361/23860

Nordrhein-Westfalen

Aachen
Frauenhaus Aachen
0241/28591 oder 28592 oder 28593

Bergisch-Gladbach
Schutzwohnung Bergisch-Gladbach
02204/57330

Bielefeld
Frauenhaus der Arbeiterwohlfahrt
0521/5208936

Bochum
Frauenhaus der Caritas
0234/501034

Bonn
Frauenhaus Bonn
0228/635369
Hilfe für Frauen in Not
0228/232434

Dorsten
Frauen helfen Frauen
02369/41055

Dortmund
Frauen helfen Frauen
0231/800081 oder 800082
Bodelschwingh-Heim
0231/830201

Düsseldorf
Frauenhaus Düsseldorf
0211/7103488
Internationales Frauenhaus der Arbeiterwohlfahrt
0211/6588484

Duisburg
Frauenhaus
0203/62213
Frauenhaus Duisburg
0203/370073

Espelkamp
Frauenhaus Espelkamp
05772/6555

Essen
Aufnahmeheim für Jugendliche, Frauen und Frauen mit Kindern
0201/2664-150

Gelsenkirchen
Frauenhaus Gelsenkirchen
0209/201100

Hagen
Frauenhaus Hagen
02334/4845

Hamm
Frauenhaus des Diakonischen Werkes
02381/53061

Herford
Frauenhaus Herford – autonom
05221/23883

Herne
Frauenhaus Herne
02325/49875

Herten
Frauenhaus Herten
02366/81891 oder 31099

Kamen
Frauenhaus des Frauenforums im Kreis Unna
02307/71388

Kleve
Frauenhaus
02821/12201

Köln
Frauenhaus Köln
02203/81091

Krefeld
Frauenhaus Krefeld
02151/20200

Lemgo
Frauenhaus Lippe
05261/2900

Leverkusen
Frauenhaus Leverkusen
0214/49408

Minden
Frauenhaus Minden
0571/20702

Mönchengladbach
Frauenhaus des SKF
02161/33131
Frauenhaus Rheydt
02166/16041

Moers
Frauenhaus Moers
02841/504531

Münster
Frauen- und Kinderschutzhaus des SKF
0251/374488

Oberberg
Frauenhaus Oberberg
02264/1355

Paderborn
Frauenhaus Paderborn – autonom
05251/21967

Recklinghausen
Christliche Wohngruppe Frauen am Lohtor
02361/23004

Remscheid
Frauenhaus Remscheid
02191/64989

Rheine
Frauenhaus Rheine
05971/12793

Salzkotten-Scharmede
Frauen in Not – Zufluchtstätte
05258/6238 und 7238

Siegen
Frauenhaus
0271/20463 und 57700

Soest
Frauenhaus Soest
02921/17585

Solingen
Frauen helfen Frauen
0212/54500

Warendorf
Frauen helfen Frauen
02581/78018

Wuppertal
Frauenhaus Wuppertal
0202/711426

Rheinland-Pfalz

Idar-Oberstein
Frauenhaus Idar-Oberstein
06781/31144

Landau
Frauenhaus Landau
06341/89626

Ludwigshafen
Frauenhaus Ludwigshafen
0621/521969

Pirmasens
Frauenzufluchtsstätte
06331/92626

Speyer
Frauenhaus Speyer
06232/28835

Trier
Frauenhausinitiative Trier
0651/40119

Worms
Frauenhaus
06241/43591

Saarland

Neunkirchen
Förderverein Frauenhaus
06821/202444

Saarbrücken
Haus für Frauen und Kinder
0681/71044 oder 71045
Elisabeth-Zillken-Haus
0681/37025 oder 37026

Saarlouis
Frauenhaus Saarlouis
06831/2200

Sachsen

Aue
Frauen- und Kinderschutzhaus
03771/22302

Auerbach
Frauenschutzwohnung
03744/2218

Chemnitz
Frauenhilfe Chemnitz
0371/44075

Bautzen
Frauenhaus Bautzen
03591/45120

Dresden
Krisenwohnung
0351/332233

Freiberg
Frauenhaus Freiberg
03731/22651

Leipzig
Frauenhaus Leipzig
0341/4512171

Radebeul
Frauenhaus Radebeul
0351/74743

Sachsen-Anhalt

Dessau
Frauenhaus Dessau
0340/213926

Halberstadt
Frauenhaus Halberstadt
03941/52315

Halle
Frauenhaus Halle
0345/24805

Havelberg
Frauenhaus Havelberg
039387/97239

Magdeburg
Frauenhaus Magdeburg
0391/603485

Merseburg
Frauenhaus Merseburg
03461/211005

Möser
Kinder- und Mutterheim Berta von Suttner
039222/254

Salzwedel
Frauenhaus Salzwedel
03901/24859

Stendal
Frauenhaus Stendal
03931/216137

Wittenberg-Piesteriz
Frauenhaus der AWO Wittenberg
03877/682492

Schleswig-Holstein

Elmshorn
Frauenhausinitiative
04121/1229

Kiel
Frauenhaus Kiel
0431/681825

Lübeck
Frauenhaus Lübeck
0451/705185
Autonomes Frauenhaus
0451/73100

Neumünster
Autonomes Frauenhaus Neumünster
04321/46733 oder 46873

Norderstedt
Norderstedter Frauenhaus
040/5278877

Wedel
Frauenhaus Wedel
04103/14553

Thüringen

Erfurt
Frauenhaus Erfurt
0361/26068

Gera
Frauenhaus Gera
0365/51390

Jena
Jenaer Frauenhaus
03641/24388

Mühlhausen
Frauen- und Kinderschutzhaus
03601/3950

Suhl
Notwohnung
03681/21070

Weimar
Frauen helfen Frauen
03643/62955

Die folgenden Telefonnummern bieten die Möglichkeit, erste Informationen über und zum Thema Frauenhäuser einzuholen. Autonome Frauenhäuser haben nämlich in verschiedenen Bundesländern Koordinationsstellen bzw. Landesarbeitsgemeinschaften, deren Hauptstelle sich in Hamburg befindet:

Zentrale Informationsstelle für autonome Frauenhäuser ZIF in Hamburg:
Telefon 040/4393762

Außerdem gibt es länderbezogen folgende Koordinationsstellen und Landesarbeitsgemeinschaften:

Baden-Württemberg
Stuttgart
0711/542021

Bayern
Schweinfurt
09721/16598

Berlin
Hamburg
040/19702

Bremen
Hamburg
040/19702

Hamburg
Hamburg
040/19702

Hessen
Limburg
06431/23200

Niedersachsen
Göttingen
0551/48320

Nordrhein-Westfalen
Telgte
02504/5155

Rheinland-Pfalz
Frankenthal
06233/9695

Schleswig-Holstein
Flensburg
0461/46363

Über nichtautonome Frauenhäuser können Träger wie „Arbeiterwohlfahrt“, „Diakonisches Werk“, „Deutscher Paritätischer Wohlfahrtsverband“ oder der „Sozialdienst Katholischer Frauen“ informieren.

Es gibt vor allem in den alten Bundesländern auch eine ganze Anzahl von „Notrufen für mißhandelte und vergewaltigte Frauen und Kinder“ oder allgemeine Beratungsstellen für Frauen. Diese sind natürlich nicht in der Lage, eine Unterkunft anzubieten, aber sie können vielleicht weiterhelfen, und, was ebenso wichtig sein kann, sie bieten zumindest schon einmal die Möglichkeit eines Kontaktes, eines Gesprächs.

Aachen
Notruf für vergewaltigte Frauen
und Mädchen
0241/34411

Ansbach
Notruf 0981/17377

Augsburg
Wildwasser 0821/151399

Bad Oldesloe
Notruf 04531/2277

Berlin
Notruf 030/2512828
Wildwasser 030/7865019
oder 7865017

Biberach
Notruf 07351/8151

Bielefeld
Notruf 0521/124248
Wildwasser 0521/173016

Bochum
Wildwasser 0234/7002332

Bonn
Notruf 0228/635524

Frauenberatungsstelle
0228/653222

Braunschweig
Notruf 0531/43302
Verein gegen sexuelle Gewalt
an Mädchen und Frauen
0531/43302

Bremen
Notruf
0421/701717
Mädchenhaus 0421/77656
Beratung für sexuell mißbrauchte
Mädchen und Frauen 0421/74577

Coburg
Notruf 09561/90155

Coesfeld
Zartbitter 02541/83252

Darmstadt
Notruf 06151/293206
Wildwasser 06151/28871

Detmold
Alraune 05231/20177

Dortmund
Wildwasser
0231/148877
Frauenberatungsstelle
0231/521008

Düsseldorf
Notruf 0211/686854

Erlangen
Notruf 09131/209720

Essen
Notruf 0201/235469
Distel/Treffpunkt, Beratung und Hilfe für Frauen und Kinder 0201/776777

Flensburg
Notruf 0461/2900I

Frankfurt am Main
Notruf 069/709494

Freiburg
Beratung und Information für Frauen 0761/77478
Wildwasser 0761/33645

Friedrichshafen
Notruf 07541/21800

Fürstenfeldbruck
Notruf 08141/42277

Fürth
Notruf 0911/773377

Fulda
Notruf 0661/22121

Gelsenkirchen
Notruf 0209/136166

Gießen
Notruf 0641/31348
Wildwasser 0641/36514

Göppingen
Notruf 07161/76969

Göttingen
Frauennotruf 0551/44684

Grafenau
Notruf 08552/1730

Gütersloh
Notruf 02421/17355

Hagen
Wildwasser 02331/15888

Hamburg
Notruf 040/435082
Zündfunke 040/8901215

Hamm
Notruf 02381/63396
Frauenberatungs- und Therapiezentrum 02381/13104

Hannover
Notruf für vergewaltigte Frauen und Mädchen 0511/332112

Heide
Notruf 0481/88612

Heidenheim
Notrufgruppe 07321/22252

Heidelberg
Notruf 06221/13643

Heilbronn
Notruf 07131/89375

Herford
Notruf 05221/4777

Herne
Notruf 02325/49875

Hildesheim
Wildwasser 05121/37787

Ingolstadt
Notruf 0841/33377

Itzehoe
Notruf 04821/61712

Karlsruhe
Wildwasser 0721/25375

Kassel
Notruf 0561/772244

Kempten
Notruf 0831/14744

Kiel
Notruf 0431/91144

Köln
Notruf 0221/562035
Wildwasser 0221/527081

Krefeld
Notruf 02151/800571

Lauenburg
Notruf 04151/81306

Leverkusen
Notruf 02171/32118
Notruf und Beratung 02171/27773

Limburg
Notruf 06431/24050

Lörrach
Notruf 07621/87105

Lübeck
Notruf 0451/704640
Beratung und Information für Frauen 0451/151368

Ludwigsburg
Notruf 07141/38496

Ludwigshafen
Wildwasser 0621/565721

Mainz
Notruf 06131/613676

Mannheim
Notruf 0621/379700
Notruf und Beratung 0621/10033

Marburg
Notruf 06421/63570
Wildwasser 06421/14466

Minden
Wildwasser 0571/87677

Moers
Notruf 02841/28600
Mülheim an der Ruhr
Notruf 0208/384273

München
Notruf 089/763737

Münster
Notruf 0251/55866

Neuss
Frauenberatungsstelle
02101/271378

Nienburg
Notruf 05021/61163

Nürnberg
Notruf 0911/284400
Wildwasser 0911/331330

Nürtingen
Notruf 07022/54700

Oberursel
Notruf 06272/25331

Offenbach
Notruf 069/871633

Oldenburg
Notruf 0441/882837
Wildwasser 0441/16656

Osnabrück
Notruf 0541/65400

Paderborn
Notruf 05251/26417
Lilith/Beratungsstelle für Frauen und Mädchen
05251/21311

Peine
Beratungsstelle gegen sexuellen Mißbrauch 05171/15586

Pforzheim
Notruf 07231/64747

Ravensburg
Notruf 0751/338559

Recklinghausen
Notruf 02561/13313

Regensburg
Notruf 0941/24171

Rüsselsheim
Wildwasser 06142/561553

Saarbrücken
Notruf 0681/36767

Salzgitter
Beratungsstelle gegen sexuellen Mißbrauch 05341/15600

Schleswig
Notruf 04621/25544

Schwäbisch-Hall
Notruf 0791/7384

Speyer
Notruf 06232/28833

Stadthagen
Notruf 05721/91048

Stuttgart
Notruf 0711/296432

Trier
Notruf 0651/19740

Troisdorf
Notruf 02241/72250

Ulm
Notruf 0731/67057

Unna
Notruf 02303/81991

Villingen
Notruf 07721/4475

Vlotho
Notruf 05733/7808

Warendorf
Notruf 02581/6750

Wetzlar
Notruf 06441/46364

Wiesbaden
Wildwasser 0611/808619

Wuppertal
Notruf 0202/423946

Würzburg
Notruf 0931/284180
Wildwasser 0931/13287

Angriff ist die bessere Verteidigung

„Flüchten oder Standhalten" lautete die Fragestellung des Psychologen Horst Eberhardt Richter in einem seiner Bücher, das in den 70er Jahren populäre Lebenshilfe anbot. Übertragen auf die Problematik von Frauen, die in ihren Beziehungen durch männliche Gewalt bedroht sind, sollte kein Zweifel an der Antwort bestehen. Doch der Begriff der „Flucht" für den Gang in ein Frauenhaus oder das Verlassen des Mannes wäre falsch.

In einer Gewaltbeziehung ist diese Art der Reaktion für Frauen zumeist die einzige Möglichkeit, Widerstand zu leisten, also der männlichen Unterdrückungsmaschinerie „standzuhalten". Der weibliche Glaube, daß der Mann sich ändern werde, die Zuversicht, daß er sie letztendlich doch liebe, die angebliche Verpflichtung, wegen der Kinder, wegen der Familie, wegen der „Leute" die Beziehung fortsetzen zu müssen, das ist die eigentliche Flucht, nämlich der Weg in eine tragisch irreale Welt.

Auch die Existenz von Gruppen wie „Männer gegen Männer-Gewalt" in Hamburg kann nicht darüber hinwegtäuschen, daß die meisten Männer, haben sie erst einmal damit begonnen, das Prügeln zu einer Gewohnheit machen.

Das Gefühl der Überlegenheit, daß sich Mann dadurch verschafft, und der Eindruck von vorgeblicher Unterlegenheit, wie er sich für die Frau ergibt, sorgen dafür, daß wenig Aussicht auf Veränderung besteht. Doch daß darin eine Gesetzmäßigkeit begründet wäre, weil Frauen prinzipiell körperlich unterlegen seien, das ist eine jener Mythen, die nur den Männern dienen.

Frauen können sich durchaus auch physisch und mit guten Erfolgsaussichten gegen die gewalttätigen Herren zur Wehr setzen.

Über Jahrzehnte hinweg wurde von Polizeipsychologen die Parole ausgegeben, daß sich Frauen zum Beispiel bei einer Vergewaltigung keinesfalls wehren sollten, da ihnen sonst Schlimmeres geschehen könne. Einmal abgesehen davon, daß sich manche Frauen lieber den Tod wünschten als vergewaltigt zu werden, bedeuten derartige Empfehlungen indirekt Unterstützung für das männliche Gewaltpotential, denn es ist gerade der geringe Widerstand, der Mann zur Gewaltanwendung reizt. Warum sonst wären Frauen und Kinder seine bevorzugten Opfer.

Die Hauptkommissarin Susanne Paul hatte beispielsweise in Hannover 286 Vergewaltigungen untersucht und dabei festgestellt, daß von 206 Frauen, die sich mit Schlägen und Schreien gewehrt hatten, nur 28 effektiv vergewaltigt wurden. Bei den 80 Frauen, die überhaupt keine Gegenwehr gezeigt hatten, ließen 80 Prozent der Täter nicht von ihren Opfern ab, bis sie ihr Ziel erreicht hatten.

Die sich dahinter verbergende Feigheit von Männern wurde zu Anfang der 90er Jahren mehr und mehr von Frauen entdeckt.

Kurse für Selbstverteidigung und Kampfsportarten versetzen Frauen durchaus in die Lage, sich gezielt und nachhaltig gegen Männergewalt zu wehren. Erstaunlicherweise waren es dann u.a. sogar Polizisten wie Mario Anke und Klaus Seißelberg, die mit „Wehr dich! Das Sicherheitsbuch" den neuen Weg propagierten. Die beiden Ausbilder für Selbstverteidigung beschäftigen sich mit dem Abbau der Schlaghemmung, erklären Tricks und Griffe und zeigen Möglichkeiten der Prävention. Das Buch macht bewußt, daß das Selbstvertrauen für Frauen die ausschlaggebende Basis für die Selbstverteidigung ist, diese oft schon überflüssig macht.

Diese Erkenntnis deckt sich mit sogenannten Opferstatistiken, denen zufolge unsichere und ängstliche Frauen eher Ziel einer Gewalttat werden als selbstsichere Frauen.

Ebenfalls in diese Richtung zielt das Buch „Selbstverteidigung für Frauen, richtig und effektiv" von Annelie Ifftner und anderen AutorInnen. Auch hier lernen Frauen den Umgang mit dem „Erstschlag" gegen Männer, Praktiken der Verteidigung bis hin zu Möglichkeiten, den Gegner nachhaltig außer Gefecht zu setzen. Besondere Bedeutung wird in diesem Buch ebenfalls der psychischen Verfassung einer Frau beigemessen. So schreiben die AutorInnen, alle AusbilderInnen in Kyu Ju-Jutsu und anderen Techniken, im Einleitungskapitel:

„Zur Vermeidung von Angriffsituationen und zur Abwehr von tätlichen Angriffen ist ein angemessenes Selbstbewußtsein ebenso wichtig wie Prävention und die eigentliche Selbstverteidigungstechnik. Man kann sogar sagen, daß das selbstbewußte Auftreten der Prävention dient und die Selbstverteidigungstechnik in ihrer Anwendung verstärkt oder gar überflüssig macht.

Leider läßt sich immer wieder feststellen, daß Frauen in unangenehmen oder bedrohlichen Situationen entweder gar nicht reagieren (sich einschüchtern, demütigen oder verletzen lassen) oder Rückzugsverhalten zeigen. Die Ursachen für dieses ihrer Sicherheit abträgliche Verhalten, Angst, Unsicherheit oder gar Schock, sind erziehungsbedingt, liegen im frauenspezifischen Normverhalten, das gesellschaftspolitisch geprägt ist.“

Für die Gewalt auf der Straße gilt also ebenso wie in der heimischen Wohnung, daß nicht die Muskeln von entscheidender Bedeutung sind. Vor allem zählen selbstsicheres Auftreten, Selbstbewußtsein, und das Vermögen, vorhandene Kraft effektiv umzusetzen, ist auch nicht von Nachteil.

Eine entsprechende Ausbildung in Selbstverteidigungstechniken kann Frauen nicht nur auf der Straße Schutz bieten, sondern auch die heimische Wohnung zur gewaltfreien Zone werden lassen. Der Nimbus von der „schwächeren Frau“ läßt sich damit sicher nicht aus der Welt schaffen, aber er könnte dadurch zumindest schon einmal angekratzt werden. Kampfsportarten allein reichen natürlich noch nicht aus, damit Frauen der Unterdrückung durch Männer erfolgreich entgegentreten können. Doch das Wissen um Möglichkeiten, Widerstand zu leisten, das Image des hilflosen Opfers loszuwerden, können bereits Auslöser für den entscheidenden Schritt sein, männliche Gewalt nicht mehr als „naturgegeben“ zu ertragen, sondern ihr und ihren Propagandisten den Kampf anzusagen. Dazu gehört auch, daß Frauenhäuser, Notrufe, Beratungsstellen oder Kurse für Selbstverteidigung nicht nur als Organisationsstellen für Hilfeleistungen angesehen werden, sondern auch als Möglichkeiten, selber aktiv zu werden.

Frauen können sich und anderen Frauen helfen, sich gegen Männergewalt zu wehren. Daß ihnen Männer dabei behilflich sein werden, ist unbeschadet erfreulicher vereinzelter Gegenbeweise kaum zu erwarten.

Wahrscheinlicher ist es, daß Frauen eine Empfehlung aus dem schon erwähnten Buch „Selbstverteidigung für Frauen" aufgreifen müssen, um sich einmal mehr eines Mannes zu erwehren: „Man kann mit der Handkante oder der Faust in die Genitalien schlagen oder direkt in die Hoden fassen und drükken (Hodenquetschung). Conny, eine erfahrene Frauentrainerin, hält für besonders wirkungsvoll: reinfassen, zudrücken, umdrehen und ziehen."

Der Frau kann nur zugestimmt werden, die Effizienz dieses Handgriffs kann wohl kein Mann leugnen.

NachSchlag

Was würden sie sagen, sie, die Protagonisten von Unterdrükkung und Gewalt, wenn sie nicht mehr ohne Angst auf die Straße gehen könnten und auch in der eigenen Wohnung nicht mehr vor Schlägen sicher wären? Wie sähe wohl das Leben von Männern aus, wenn ein Großteil von ihnen schon als Säugling oder Kind benachteiligt, mißbraucht, vergewaltigt worden wäre. Was würden sie davon halten, wenn sie mit Anzüglichkeiten und Zoten rechnen müßten, nur weil die Hose Rückschlüsse darauf zuläßt, daß ein Mann drinsteckt und nicht zwei Zentner Kartoffeln? Würden sie es wie bei Goethe (Egmont, 1. Aufzug/ 3. Bild) immer noch als Glück empfinden, ein Mannsbild zu sein, wenn sie für eine Stunde Arbeit 1/3 weniger Lohn bekämen als Frauen?

An dieser Stelle könnte der Einwand vorgebracht werden, daß auch Männer Gewalt, Erniedrigung und Unterdrückung erfahren, aber ein solcher Einwand würde zum Bumerang werden. Es sind nämlich fast ausschließlich andere Männer, die dafür verantwortlich sind.

Schließlich war es Nero, der Rom niederbrennen und Tausende Bürger foltern und ermorden ließ, und nicht Octavia oder die spätere Frau Poppäa Salina. Und nicht die angetraute Borte, sondern Dschingis Chan selber war es, der mit seinen Männern ganze Landstriche niederbrannte und entvölkerte. Die Indios Südamerikas wurden von den spanischen Conquistadores mit Francisco Pizzarro an der Spitze niedergemetzelt, nicht von einer Heerschar Frauen in wallender Robe. Die Verbannung und physische Vernichtung politischer Gegner war nicht das Werk von Nadeshda Allilujewa, dafür waren Stalin und seine Gefolgsleute verantwortlich, und schuld an dem millionenfachen Mord an Juden, Kommunisten und anderen „Feinden“ des Nationalsozialismus waren Hitler und seine Anhänger und nicht Eva Braun.

Auch wenn immer wieder der Versuch unternommen wird, die Akzente und damit die Verantwortlichkeiten zu verschieben, Realität läßt sich nicht mehr revisionieren. Wenn sich Zeitungsbeiträge mit „Hitlers Hebammen“ beschäftigen („Süddeutsche Zeitung“, 22. Dezember 1993: „Wie die Damen der Gesellschaft dem ‚Führer‘ halfen“), dann soll damit vielleicht zart angedeutet werden, daß im Sinne einer Gleichberechtigung von Mann und Frau auch die Schuld neu verteilt werden müßte. Doch dieser Versuch ist zum Scheitern verurteilt, denn als bei der Wannseekonferenz der Holocaust begann, auf dem Papier Formen anzunehmen, saß keine Frau am Konferenztisch.

Nicht einmal der Mythos von den Frauen, die 1933 als Wählerinnen entscheidend zu Hitlers Erfolg beigetragen haben sollen, hält einer genaueren Betrachtung stand. Selbst die amerikanische Historikerin Claudia Koonz, die in „Mütter im Vaterland“ sehr kritisch die Rolle der Frauen im Dritten Reich beleuchtete, schrieb diesbezüglich:

„Für mich erwiesen sich diese Behauptungen, die die Frauen zu Sündenböcken machten, als unbegründet. Wahlanalysen zeigen, daß Frauen zu einem etwas geringeren Prozentsatz als Männer zu den spektakulären Siegen der Nationalsozialisten bei den Reichstagswahlen der Jahre 1930–33 beigetragen haben.“

Es soll mit diesem Diskurs nicht der Gegensatz konstruiert werden, daß alle Frauen Engel wären und Männer die Inkarnation des Bösen. Wenn sich ein derartiger Eindruck durch den Text ergeben sollte, dann ist dies vielleicht bedingt durch die Tatsache, daß meine Aufmerksamkeit vor allem anderen Männern gilt und sie die unangefochtenen Weltmeister in den Disziplinen Gewalt und Verbrechen sind.

Und da Männer mit großem Stolz und mit Recht für sich in Anspruch nehmen, das Geschlecht zu sein, das mit seiner Kraft und seiner Intelligenz die vergangenen Jahrtausende geprägt hat, kann man ihnen eben den Vorwurf nicht ersparen, daß sie entscheidend für die Grausamkeiten auf dieser Erde verantwortlich waren und sind. Ebensowenig kann geleugnet werden, daß bevorzugtes Ziel dafür immer Kinder und Frauen gewesen sind.

Das politische und menschliche Desaster, das zum Beispiel die Kolonialisierung Afrikas durch „zivilisierte" europäische Staaten hinterlassen hat, geht vor allem zu Lasten von Kindern und Frauen. Sie sind Kriegsopfer, machen den Großteil der Millionen Flüchtlinge auf diesem Kontinent aus, den überwiegenden Teil der Hungertoten. Die dafür verantwortliche politische Macht ging und geht von Männern aus.

Unter anderem arbeiten Männer mit dem lächerlichen Argument, sie hätten ein „größeres" Gehirn an dem Mythos, sie seien das intelligentere Geschlecht. Wenn dem wirklich so wäre, dann ist nie in der Menschheitsgeschichte Intelligenz so destruktiv genutzt worden wie in den Jahrtausenden der Männerherrschaft. Für den Preis glitzender Raumschiffe, von denen aus wunderschöne Bilder des Planeten Erde gemacht werden können, wurde von Männern die Menschheit an den Rand eines globalen ökologischen „Super-GAUS" manövriert, die negativen Folgen männlicher Fortschrittsgläubigkeit und Wissenschaftshörigkeit werden immer unübersehbarer.

Männer haben sich die Erde untertan gemacht, und sie haben Frauen unterdrückt und zu Untertanen gemacht.

Den Sklaven qua Geschlecht wird von ihren Unterdrückern allerdings gleichzeitig die Schuld dafür in die Schuhe geschoben. In Vertretung für andere Geschlechtsgenossen soll Sam Keen, der an der Männerkaderschmiede Harvard University, USA, Theologie studierte und an der Princeton University promovierte, mit einem Zitat aus seinem Buch „Feuer im Bauch" die bedenkenswerte Begründung liefern: „Viele schöpferische Männer betrachten DIE FRAU als Muse und Inspiration ihrer Arbeit. Sie besitzt eine fast schon göttlich zu nennende Kraft, ihre Kreativität hervorzurufen. Ohne ihre Inspiration können sie nicht malen, schreiben oder ihre Anführerfunktion ausüben. Sie ist die Anima, der Geist und die Seele des Mannes. Ohne sie besteht der Mann nur aus Willen und Intellekt und blinder Gewalt."

Dieser Absatz „über das Mann-Sein" ist näherer Betrachtung

wert. Sollten Keens Behauptungen ihre Richtigkeit haben, würde dies bedeuten, daß Frauen nur ihre „Funktion" als Anima des Mannes erfüllen müßten, um ihn von seiner „blinden Gewalt" zu heilen. Leider führt der Autor nicht weiter aus, wie der Job einer Muse auszusehen hätte, so daß auch diese Chance vertan ist, Männer daran zu hindern, Frauen zu prügeln und zu vergewaltigen. Andererseits scheint das weibliche Geschlecht zumindest partiell musenhaft zu wirken, denn, wie zu lesen ist, ohne die Frau als Muse könnten Männer ihre Anführerqualitäten nicht ins Spiel bringen. Und an männlichen Anführern hat es in der Geschichte ja nicht gerade gefehlt.

Es scheint sich hier also um einen „circulus vitiosus" zu handeln, einen Teufelskreis, in dem die Frauen selber der Teufel sind.

Doch betrachten wir mit Sam Keen auch das „rohe, unbewußte Erleben der FRAU, das der Vergewaltigung ebenso wie der Inspiration des Künstlers zugrunde liegt. In beiden Fällen wird DIE FRAU von den Männern als die aktive, auslösende Kraft erfahren." Gewalt gegen Frauen hat also in den Augen des studierten Theologen eine simple Ursache:

„Wenn wir in Rechnung stellen, daß die meisten ‚zivilsierten' Männer ihre Erfahrung der Macht der FRAU als Göttin, Mutter und erotisch-spiritueller Reiz unterdrücken, lassen sich die Gründe, die in der Geschichte der männlichen Grausamkeit gegenüber Frauen eine Rolle spielen, besser verstehen. Weil wir Angst haben, wird die Macht der FRAU geleugnet, heruntergespielt und (möglichst) unter Kontrolle gebracht."

Doch zum Glück haben Männer etwas, an dem sie sich aufrichten können: das Glied: „Überlebensgroße Erektionen sind Denkmäler überbordender Maskulinität. Schließlich kennt jeder Mann diese Momente, wenn sein Glied sich erhebt, steil stehen bleibt und so prall voll von uralten Mysterien ist, daß es nur natürlich scheint, daß er [ein Phallus] zu einem Gegenstand der Verehrung wurde. Er führt ein Eigenleben, das uns mit Respekt und Furcht erfüllt, und hat es verdient, hymnisch gepriesen zu werden."

Die Ergebnisse einer Studie aus den USA, im Januar 1994

auch in der BRD veröffentlicht, besagten, daß dort mehr als 50 Prozent der Männer über 40 „zeitweilig oder ganz impotent" waren. Bei den jüngeren Männern waren 5 Prozent „total impotent".

Es fällt also und Sam Keen zum Trotz wohl eher schwer, anderweitig mit diesem Ausdruck überbordender Maskulinität Eindruck zu schinden und deshalb – das ist immerhin ein Erklärungsansatz – werden von Männern andere Mittel angewandt, um auch Frauen mit „Respekt und Furcht" zu erfüllen.

Doch verlassen wir nun den mentalen und physischen Mittelpunkt des Mannes und wenden uns wieder höheren Regionen zu. Was dort bisweilen zutage tritt, ist allerdings ebenso unerfreulich.

Neben anderen Autoren hat sich auch ein Friedrich B. Walz Gedanken zu Männern und in der Folge auch zu Frauen gemacht und ist dabei auf erstaunliche Erkenntnisse gestoßen. Walz, der vom Manager und Unternehmer zum Heilpraktiker und Psychotherapeuten mutierte, um dann wieder beim Management zu landen, hat herausgefunden, daß nach dem Zusammenbruch des Kommunismus der Feminismus das „letzte Bollwerk totalitärer Weltanschauung" ist, weshalb er sein literarisches Werk „Der Frauenkrieg oder Die Verdrängung der Männer" nannte.

Walz gelang das verbale Kunststück, Feminismus mit der Ausländerfeindlichkeit Rechtsradikaler gleichzusetzen. Seine Argumentation: So, wie „vernachlässigte Jugendliche und Enttäuschte" zu wissen glaubten, daß „sie wegen der Ausländer benachteiligt seien", so „wissen" Feministinnen, daß „in der patriarchalischen Gesellschaft Frauen von Männern diskriminiert würden, daß Frauen überall zu kurz kämen, daß sie ihres Geschlechts wegen an der ansonsten bombensicheren Karriere gehindert würden". In der Welt des therapierenden Managers sieht folgerichtig vieles anders aus. Er beklagt den „massiven und massenhaft begangenen Mißbrauch kindlicher und heranwachsender Knaben" durch ihre Mütter und kennt auch die Gründe für „die stetige Steigerung" der Prozentzahlen: „Vermutlich besteht ein Zusammenhang mit der parallel laufenden Zunahme der Erziehungsgewalt von alleinerziehenden Müttern über ihre Söhne."

diskurs

Leider kann Herr Walz keine genauen Zahlen nennen, auch die Studie, auf der seine Aussagen beruhen, ist ihm wohl entfallen. Da mag Mann es nicht ankreiden, daß der Autor kritisierte „feministische“ Literatur wohl nur überflogen hat, was die falsche Schreibweise von Autorinnen („Bernard, Cheryl“ oder „Dietfurth, Jutta) erklären würde.

Das Werk hat es sich jedenfalls redlich verdient, als exemplarisch angesehen zu werden für jene Männerphantastereien, die für den gewaltträchtigen Alltag von Frauen mitverantwortlich sind.

Seit der amerikanische Therapeut Herb Goldberg Mitte der 70er Jahre in „Der verunsicherte Mann“ für Geschlechtsgenossen „Wege zu einer neuen Identität“ suchte, gab es eine Vielzahl von Büchern, die sich um vieles ernsthafter mit der Rolle des Mannes auseinandersetzten. Nicht nur, daß Goldberg den „Führungsanspruch“ von Männern in Frage stellt, auch dem Gefühlsleben des „starken“ Geschlechts wurde aus männlicher Feder eine Neuorientierung verordnet. Ob nun hierzulande der Psychologe und Dozent Wilfried Wieck feststellte, „Männer lassen lieben“, oder Peter Lauster, der Anfang der 70er eine Praxis für psychologische Diagnostik und Beratung in Köln eingerichtet hatte, „Die sieben Irrtümer der Männer“ aufzählte – es konnte trotz hoher Auflagen kein durchschlagender Erfolg ihrer Erkenntnisse registriert werden. Im Gegenteil, nach der psychologisch motivierten Aufbruchstimmung mancher Männer in den 70er Jahren ist vor allem durch die Gegenströmungen der 80er und 90er Jahre das Klima zwischen den Geschlechtern wieder sehr viel frostiger geworden.

Vielleicht wäre es effizienter gewesen, wenn sich die holde Männlichkeit auf der Suche nach neuen Leitbildern nicht immer in Relation zum weiblichen Geschlecht gesetzt hätte. Zum Beispiel hätte die Suche nach einer „neuen Menschlichkeit“ im Erfolgsfall zwangsläufig auch die Beziehungen zwischen den Geschlechtern positiv beeinflußt.

Wie sehr es der Männlichkeit an einer derartigen „Menschlichkeit“ mangelt, demonstrierte eine Gerichtsverhandlung in Großbritannien auf besonders subtile Art und höchst aufschlußreich.

Eine Studentin hatte einen Kommilitonen bei der College-Behörde beschuldigt, sie vergewaltigt zu haben. Der 21jährige Austin Donnolly erwirkte daraufhin ein Gerichtsverfahren, das mit seinem Freispruch endete. Die „Süddeutsche Zeitung" berichtete in ihrer Ausgabe vom 23./24. Oktober 1993: „Der Angeklagte hatte die befreundete Studentin nach einer feucht-fröhlichen Party ins College zurückgebracht; sie war so stark betrunken, daß sie sich nicht mehr erinnerte, was in dieser Nacht weiterhin geschah. Als sie in den frühen Morgenstunden wieder zu sich kam, entdeckte sie, daß ihr Begleiter offensichtlich Geschlechtsverkehr mit ihr gehabt hatte. Ihre Anklage begründete sie nun damit, daß sie weder bei vorherigen Begegnungen noch in der strittigen Nacht diesen Geschlechtsakt gewollt habe. Allerdings räumte sie ein, daß sie bei anderen Gelegenheiten und auch an diesem Abend intensiven Umarmungen und Küssen zugestimmt habe. Der Angeklagte dagegen bestand darauf, daß er auf wiederholte Anfragen Zeichen der Bereitschaft und der Zustimmung des Mädchens erhalten habe. Anderenfalls hätte er sich zurückgezogen ‚wie ein Gentleman', versicherte er."

Als Gentleman versteht sich also ein Mann, wenn er nachfragt, bevor er eine Frau vergewaltigt, die alkoholbedingt nichts mehr von ihrer Umwelt mitkriegt. Die Möglichkeit, die Frau ins Bett zu legen, schön zuzudecken, und – wenn es die innere und äußere Erregung nun einmal erfordert – sich einfach selber zu befriedigen, eine derartige „menschliche" Lösung scheint Männern fast nie in den Sinn zu kommen.

Es überschreitet offensichtlich auch ihre Auffassungsmöglichkeiten, sich auf Grund ihrer propagierten körperlichen Stärke für den Schutz von Schwächeren zu entscheiden. Die Mehrzahl der Männer ist offensichtlich nicht in der Lage, dem Leben und der Existenz anderer zumindest die gleiche Bedeutung beizumessen wie den eigenen Zielen.

Bestrebungen, mehr Verständnis für das jeweils andere Geschlecht zu entwickeln und dadurch zu neuen Erkenntnissen zu kommen, sind zwar sicher keine nachteilige Erscheinung, ihre Effizienz ist jedoch insbesondere für Frauen bisher höchst mangelhaft. Vor allem aber werden sie oft dazu mißbraucht, die

Realität zu verschleiern. Die verständnisvollen und einsichtigen unter den Gentlemen fragen nun eben, bevor sie eine Wehrlose vergewaltigen.

Es gibt eigentlich keine Ereignisse oder Entwicklungen in der Geschichte der letzten paar tausend Jahre, die längerfristig Anlaß zu der Annahme gaben, daß Unterdrückung und Gewalt gegen Frauen durch Männer eine aussterbende Spezies menschlicher Unmenschlichkeit wären. Vielmehr erhärtet der Blick zurück den Verdacht, daß das, was von Frauen an Rechten mühsam erkämpft oder von Männern „großzügig" zugestanden wurde, kaum mehr als Kosmetik war. Der Status von Frauen hat sich auf diesem Planeten nur marginal verändert, da sich trotz aller Aufklärung aufgrund von Unvermögen und verinnerlichtem Widerstand von Männern das Bild, das sie von Frauen haben, nicht wesentlich verändert hat.

„Eine Frau ist etwas für eine Nacht/Und wenn es schön war, noch für die nächste!", hat der Dichter Gottfried Benn formuliert und faßte damit ein fundamentales Gefühl aus der Männerwelt in Worte, das auch einem John F. Kennedy nicht fremd war.

Frauen eignen sich auch als billige Arbeitskräfte, in der Familie und in der Zweierbeziehung ebenso wie in der Wirtschaft, dort jedoch nur nach Bedarf, also entsprechend der ökonomischen Lage.

Frauen werden allerdings auch von der Männerwelt geschätzt als seelischer Blitzableiter für viele Frustrationen, die sich die Männlichkeit selber beschert. Streß am Arbeitsplatz, Ärger mit dem Chef werden häufig erst zu Hause verarbeitet. Denn dort herrscht ein Machtverhältnis der besonders seltsamen Art. Frauen regeln zwar zu großen Teilen das familiäre Leben, sind nicht selten Schatzmeister und Ernährer, doch zur rechten Zeit ist es wieder der Mann, der bestimmt und seine vermeintlichen Rechte einfordert, wenn nötig mit körperlichem Einsatz.

Aber Frauen können mehr. Sie können auch „streckenweise durchaus intelligent" schreiben (Dr. Peter Lösche, Professor für Politikwissenschaften, im SPD-Organ „Vorwärts" über Margarita Mathiopoulos, 1987 designierte Pressesprecherin der SPD), und sie sind dem deutschen Staat im Etatentwurf für 1994 immerhin 2,65 Milliarden Mark wert gewesen, die sie sich allerdings mit der Jugend teilen mußten. Daß für den gleichen Zeitraum die Personalkosten des Männervereins Bundeswehr mit 11,58 Milliarden Mark veranschlagt wurden, mag Stirnrunzeln hervorrufen; die Tatsache, daß für Flugzeuge, Flugkörper und flugtechnisches Gerät mit 2,84 Milliarden nur geringfügig mehr als für den Gesamtetat des Frauenministeriums eingeplant wurden, stimmt Frauen dann sicher wieder versöhnlicher.

Frauen werden auch von Männern begehrt, zum Beispiel, wenn sie aus Südamerika oder Asien stammen. Bis zu 30 000 Mark zahlen deutsche Männer für eine „sexuell aktive Thailänderin“, eine „wunderschön verträumte Russin“ oder „rassige Brasilianerin“. „Die Asiatin ist attraktiv, äußerst treu, bescheiden, außerdem einsam und wartet auf einen deutschen Mann“, erfährt Mann in einem der Kataloge, bei einem anderen Menschenhändler wird auch ein Umtauschrecht garantiert. Ist der potentielle Ehegatte nicht zufrieden mit den Aktivitäten der Thailänderin, landet diese fast immer auf dem Strich, wo sie viele Leidensgenossinnen findet, die auf direkterem Weg und mit falschen Versprechungen ins Land gelockt und mit Schlägen und Vergewaltigungen zur Prostitution gezwungen werden. Von Männern.

Doch mit Frauen können Männer auch auf andere Weise Geld verdienen, indem sie sie nämlich massiv und öffentlich diskriminieren. Das hat in der BRD Joachim H. Bürger geschafft, der in Büchern wie „Mann, bist DU gut!“ oder „Mann leb DICH aus!“ Frauen als dumm und geldgierig darstellte, deren einzige Existenzberechtigung in der sexuellen Befriedigung des Mannes bestünde. Derartige geistige und/oder verbale Entgleisungen als Folge pathologischer Befindlichkeiten müßten nicht so beunruhigen, wenn diese Machwerke nicht zahlreiche Käufer fänden und Bürger nicht über Wochen hinweg in den Bestsellerlisten auftauchen würde.

Sein Erfolg war allerdings nicht zu vergleichen mit den Umsätzen des amerikanischen Radiomoderators Howard Stern, der mit sexistischen Zoten und pubertären Erzählungen über sexuelle Erlebnisse durchschnittlich 15 Millionen Hörer erreichte.

Die Verbalinjurien, in Buchform verpackt, fanden innerhalb einer Woche mehr als eine Million Käufer, 75 Prozent von diesen waren Weiße – und Männer. „Howard steht für alle, die genug haben von der ewigen Rücksichtnahme auf Minderheiten und Frauen", resümierte stolz einer der Verlagschefs von Paramount Publishing, und Howard Stern ließ es nicht an Kostproben mangeln, wie ein Ende der Rücksichtnahme aussieht. Die Schauspielerin Sharon Stone bezeichnete er als dumme Nymphomanin, die wohl bald gänzlich vertrocknen werde „wie ein Stück Hundescheiße in der Wüste". Auch für Yoko Ono, Witwe von John Lennon, war das Ende der Rücksichtnahme gekommen, weshalb ihr Stern bei einer Feier für den toten Beatles Trost spendete: „Die gute Nachricht ist, daß er nicht mehr mit Ihnen schlafen muß, der arme Kerl."

Dieses Buch ist alles andere als eine „wissenschaftliche" Auseinandersetzung mit der Gewalt gegen und Unterdrückung der Frauen durch Männer und sollte es auch nie werden. Es war von Anfang an beabsichtigt, Daten, Fakten, Wahrnehmungen und Ereignisse wiederzugeben, die damit in Zusammenhang stehen.

Gewalttätigkeit und die damit verbundene Unterdrückung von Frauen durch Männer lassen sich nicht leugnen. PsychologInnen und SoziologInnen haben über deren Ursachen sowie über allgemeine Schwierigkeiten im Zusammenleben von Frau und Mann zahlreiche Erkenntnisse erarbeitet. Doch was nutzt ein Wissen, das keine wirksame und sinnvolle Anwendung findet.

Durch Erkenntnisse ergaben sich nach bisherigen Erfahrungen keine grundlegenden Veränderungen für den sozialen Status des weiblichen Geschlechts. Auch der Versuch, durch eine Annäherung der Geschlechter, also durch Gleichberechtigung im Sinne eines partnerschaftlichen Verhältnisses, der Gewalt gegen und Unterdrückung von Frauen ein Ende zu machen, kann bis jetzt noch nicht als besonders geglückt angesehen werden.

Die Konsequenz daraus ist, daß ein gemeinsames Vorgehen von Frauen und Männern bisher eher glücklichen Umständen zu verdanken war und weniger einem gemeinsamen Willen, die Situation von Frauen grundlegend zu ändern.

Der Weg zu Freiheit, zu liberaleren Zuständen, zum Ende von Gewalt und Unterdrückung bedarf offensichtlich anderer Strategien, wobei die Befreiungskämpfe vieler Völker und ethnischer Gruppen in der Vergangenheit das Lehrmaterial dazu liefern könnten.

Anpassung oder allzuviel Verständnis sind wohl eher untauglich in einem Kampf um Freiheiten und körperliche Unversehrtheit. Wollen Frauen nicht die ewigen „nigger" dieser Welt bleiben, zu Menschen zweiter Klasse degradiert das nächste Jahrtausend verbringen, dann scheint aus den geschichtlichen Erfahrungen heraus die Mobilisierung und Motivierung von mehr und mehr Frauen ein erstes Erfordernis; der offene Kampf auf allen gesellschaftlichen und politischen Ebenen gegen Gewalt und Unterdrückung durch Männer wäre der mögliche nächste Schritt.

Frauen haben ohne Zweifel in der Vergangenheit schon einiges erreicht, um ihre soziale Stellung zu verbessern. Eine „Abrüstung" männlichen Gewaltpotentials ist ihnen noch nicht gelungen. Es ist also erforderlich, eine effizientere „Sprache" zu finden, eine Sprache, die von Männern auch verstanden wird.

Wichtige Voraussetzung für die Revolutionierung des Geschlechterverhältnisses ist allerdings, daß Frauen die Bilder zerstören, die Männer von ihnen kreiert haben, und neue eigene schaffen.

Es gibt keine Menschen, die durch Hautfarbe, Nationalität, ethnische Abstammung oder Geschlecht anderen Menschen unterlegen wären. Derartige Lügen dienen nur dem Machtstreben von Patriarchen. Die Lügen müssen entlarvt und damit auch die darauf basierende Macht deutlich in Frage gestellt werden. Ein Kampf von Frauen gegen männliche Gewalt und Unterdrükkung hat deshalb Bedeutung und vielleicht einmal Signalwirkung für alle Menschen, die Gewalt und Unterdrückung ausgesetzt sind. Für die einen wie die anderen ist Voraussetzung, daß sie Not und Elend, Diskriminierung und Verfolgung, Leiden und Angst nicht mehr als mehr oder minder „normal" oder „unvermeidbar" betrachten. Frauen können den Herrenmännchen die Peitschen wegnehmen.

Wenn Männer zu laut denken

„Es gibt ein gutes Prinzip, das die Ordnung, das Licht und den Mann, und ein schlechtes Prinzip, das das Chaos, die Finsternis und die Frau geschaffen hat."
Pythagoras

„Ich kann eine Frau lieben, ohne Gegenliebe zu finden, denn der Wein, den ich trinke, liebt mich auch nicht und doch genieße ich ihn."
Aristippos

„Die Frau ist so dumm wie ein Huhn und die intelligente so dumm wie deren zwei."
Konfuzius

„Die Frauen haben lange Haare, aber einen kurzen Verstand."
Thomas von Aquin

„Die erste und wichtigste Eigenschaft einer Frau ist Sanftmut. Geboren, um einem Manne zu gehorchen, der unvollkommen und voller Fehler ist, muß sie frühzeitig lernen, Ungerechtigkeit und Unrecht zu ertragen und zu erdulden, ohne sich zu beklagen."
Jean-Jacques Rousseau

„Wer einer Frau Vertrauen schenkt, ist verloren. Sogar die Beste führt immer nur eine Bosheit im Schilde. Die Bestimmung dieses Geschlechtes besteht darin, die ganze Welt zu ruinieren."
Molière

„Die Völker des Ostens sind vernünftiger und gerechter, indem sie die Frau als Eigentum des Mannes erklären. Die Natur hat sie auch in der Tat zu unseren Sklavinnen bestimmt. Auf eine, die uns Gutes gewährt, kommen hundert, die uns zu Torheiten verleiten."
Napoleon I.

„Himmel, Herrgott, warum bestrafst du uns arme Sünder so? Es gibt doch schon genug Unrat, warum mußtest du auch noch die Weiber in die Welt setzen."
Nikolai Gogol

„Wenn ich an die Frauen denke, an dieses schwache, unbeständige, launenhafte und unvollkommene Geschlecht, so scheint mir, daß die Natur, als sie die Frau schuf, ihr Zweckmäßigkeitsprinzip außer acht ließ."
Rabelais

„Ein Frauenzimmer, das denkt, ist ebenso ekel wie ein Mann, der sich schminkt."
Gottfried Ephraim Lessing

„Denn wozu dient eine Frau, wenn nicht, um gepflückt zu werden?"
Paul Claudel

„Wir hören im Ton höflicher Langeweile selbst der brillantesten unter ihnen zu, da wir ja wissen, daß ihr Geist in mehr oder weniger glänzender Weise nur Ideen zurückstrahlt, die von uns kommen."
Claude Mauriac

„Schon der Anblick der weiblichen Gestalt lehrt, daß das Weib weder zu großen geistigen noch körperlichen Arbeiten bestimmt ist. Das Weib ist ein von Natur aus minderwertiges Geschöpf, das auch geistig ebenso tief unter dem Manne steht und ebenso moralisch. Die Verehrung der Frau ist ein Greuel."
Arthur Schopenhauer

„Die Liebe bleibt im Leben des Mannes nur eine Beschäftigung, während sie das eigentliche Leben der Frau ausmacht."
Lord Byron

„Es ist lachhaft und ungerecht, daß der Müßiggang der Frauen mit dem Schweiß unserer Arbeit bezahlt werden muß."
Montaigne

„Die Bestimmung der Frau und ihr einziger Ruhm liegt darin, die Herzen der Männer schlagen zu lassen."
Honoré de Balzac

„Die Herzen der Frauen sind wie verschlossene Ziermöbel mit Geheimfächern. Man gibt sich Mühe, sie aufzuschließen, man bricht sich die Fingernägel dabei; und man findet zuletzt, gut verschlossen, einige welke Blumen, ein wenig Spinngewebe, oder überhaupt nichts."
Gustav Flaubert

„Der gesellschaftliche Fortschritt läßt sich exakt messen an der gesellschaftlichen Stellung des schönen Geschlechts (die Häßlichen eingeschlossen)."
Karl Marx

„Das deutsche Mädchen ist Staatsangehörige und wird mit ihrer Verheiratung erst Bürgerin."
Adolf Hitler

„Wenn man sagt, die Welt des Mannes ist der Staat, die Welt des Mannes ist sein Ringen, die Einsatzbereitschaft für die Gemeinschaft, so könnte man vielleicht sagen, daß die Welt der Frau eine kleinere sei; denn ihre Welt ist ihr Mann, ihre Familie, ihre Kinder und ihr Haus."
Adolf Hitler

„Emanzipation der Frau von der Frauenemanzipation ist die erste Forderung einer weiblichen Generation, die Volk und Rasse,

das Ewig-Unbewußte, die Grundlage aller Kultur vor dem Untergang retten möchte."
Alfred Rosenberg, Autor

„Der vornehmste und höchste Beruf ist immer noch der der Frau und Mutter, und es würde das unausdenkbarste Unglück sein, wenn wir uns je von diesem Standpunkt entfernen ließen."
Joseph Goebbels

„Machen Sie erst mal Ihr Brutgeschäft."
Partei-Funktionär (CDU) zu einer Kandidatin für einen Parteiposten

„Wer ja sagt zur Familie, muß auch ja sagen zur Frau."
Helmut Kohl, Bundeskanzler

„Meine Hochachtung unseren Müttern, die ein Leben lang ihre Pflicht getan haben, ohne zu protestieren."
Helmut Kohl

„Minderwertigkeitskomplexe? Junger, erfahrener Stuntman läßt sich kostenlos vor den Augen Ihrer Bekannten/Freundin verprügeln!"
Anzeige in der Münchner „Abendzeitung"

„Dem ‚potentiellen Vergewaltiger' steht als teuflischer Zwilling die nicht minder gewalttätige ‚potentielle Verletzte' gegenüber, die prinzipiell mit ihrer Verwundung droht und den tödlichen Bannstrahl der Schuld aussendet."
Karl-Heinz Farni, Autor

„Scharf wie ein Pitbull"
„Die Woche" am 19.8.93 über die Schauspielerin Sharon Stone

„Viele Verbrechen der letzten Zeit haben das gleiche Merkmal: Der Täter hat eine enge Verbindung zu seiner Mutter."
„Bild", München, 12.6.93

„Man hört es in diesen Tagen ziemlich häufig, daß Frauen ganz andere Menschen sind, daß sie überhaupt die einzigen Menschen sind und daß in der Vollkommenheitsskala nach ihnen erst Hund und Katze kommen, dann lange gar nichts, anschließend vielleicht noch die gemeine Stubenfliege und ganz am Schluß erst jene Mißgeburt namens Mann. Dieser Seelenkrüppel kennt zum Beispiel nur Habgier und viele andere Gemeinheiten, die den Frauen allesamt völlig fremd sind."
Guido Fuchs, Redakteur

„Da mich eigentlich nur Frauen großgezogen haben, ist es ein Wunder, daß ich keine Tunte geworden bin."
Jack Nicholson, Schauspieler

„Aus der Kulturgeschichte ist bekannt: Der Mann ist: Jäger, Krieger, Kämpfer. Die Frau ist: Sammlerin. Das heißt, schon zu Urzeiten haben Männer mit primitiven Waffen lebendes Wild unter Einsatz ihres Lebens erlegt, um ihre Familie mit Fleisch zu versorgen. Die Frau hingegen schürte das Feuer, behütete und beschützte den Nachwuchs in Abwesenheit des Mannes. Zu gegebener Zeit, den Umständen entsprechend, sammelte sie Beeren und Früchte. Ich bin der Meinung: Durch die hohe Arbeitslosigkeit und degenerierte Kindererziehung muß die Frau wieder Mittelpunkt der Familie werden. Eine staatliche Hilfe ist angesagt."
Klaus Welz, Leserbriefschreiber

„Der Mann braucht die Frau in Wahrheit gar nicht zu verstehen: Es genügt, wenn er die richtigen Knöpfe im richtigen Augenblick drückt, und schon ist alles unter Kontrolle. Unter seiner Kontrolle."
Rolf Diekhof, Chefredakteur

„Für gewöhnlich handelt es sich bei Traumfrauen um eine optische Täuschung."
Peter Ustinov, Schauspieler

„Frauen gehören an den Kochtopf – und der sollte im Schlafzimmer stehen."
Woody Allen, Regisseur

„Sobald ein Mann eine Frau versteht, interessiert sie ihn nicht mehr."
Warren Beatty, Schauspieler

„Einsamer sucht Einsame zum Einsamen, zwischen 20 und 40 Jahre. Zuschriften unter Z 660 an den A. Beig Verlag, Postfach 1251, 25402 Pinneberg."
Inserat im „Pinneberger Tageblatt"

„Die schöpferische Energie braucht Einsamkeit, störungsfreie Selbstversenkung. Sie ist heilige Feier der Egomanie. Dieses Ego schaut von ferne auf die Welt, nicht in die Welt. Auch der Frau ist nur zu begegnen als Betrachter, sie ist nur Objekt, keinesfalls partnerfähiges Subjekt."
Fritz Raddatz, Autor

„Solange ihr Nagellack noch nicht trocken ist, ist eine Frau praktisch wehrlos."
Burt Reynolds, Schauspieler

„Sie hat geweint und getobt, aber die Abschiedsnummer war dann doch noch phantastisch."
Anonymer Sexomane in „Brigitte", 13/1994

Literatur

Aktionsgemeinschaft gegen internationale und rassistische Ausbeutung. Frauenhandel und Prostitutionstourismus. München 1990

Maité Albistur/Daniel Armogathe, Histoire du feminisme français. Paris 1977

José Maria Alvarez, Der Meister und das Mädchen. Reinbek 1993

Autonome Frauenredaktion, Frauenbewegungen in der Welt. Band 1–3, Hamburg 1988

Nadia Bagdadi/Irene Bazinger, Ewig lockt das Weib? Weingarten 1986

Roland Barthes, Fragments d'un discours amoureux. Paris 1977

August Bebel, Die Frau und der Sozialismus. Frankfurt/Main 1985

Klaus-Peter Becker, Vergewaltigungen in Deutschland. Unterhaching/München 1984

Cheryl Benard/Edit Schlaffer, Die ganz gewöhnliche Gewalt in der Ehe. Reinbek 1986

BMFJ-Pressereferat, Abbau von Beziehungsgewalt als Konfliktlösungsmuster. Bonn 1992

Ernest Borneman, Das Patriarchat. Frankfurt/Main 1991

Ernest Borneman, Sex im Volksmund. Reinbek 1991

Suzanne Brøgger, ... sondern erlöse uns von der Liebe. Reinbek 1982

Barbara Bronnen, Männer. München 1993

Susan Brownmiller, Gegen unseren Willen. Frankfurt/Main 1978

Margrit Brückner, Die Liebe der Frauen. Frankfurt/Main 1991

Bundesministerium für Jugend, Familie, Frauen und Gesundheit, Gewalt gegen Frauen: Ursachen und Interventionsmöglichkeiten. Stuttgart 1987

Bundesministerium für Jugend, Familie und Gesundheit, Hilfe für mißhandelte Frauen. Stuttgart 1981

Roswitha Burgard/Birgit Rommelspacher (Hrsg.), Leiden macht keine Lust. Frankfurt/Main 1992

Ulrich Büscher (Hrsg.), Sexueller Mißbrauch von Kindern und Jugendlichen. Essen 1992

Christine Castelain-Meunier, Männer haben überlebt. Zürich 1990

Phyllis Chesler, Über Männer. Reinbek 1982

Elizabeth Gould Davis, Am Anfang war die Frau. München 1977

Natalie Zemon Davis, Frauen und Gesellschaft am Beginn der Neuzeit. Frankfurt/Main 1989

Angela Delille/Andrea Grahn, Blick zurück aufs Glück. Berlin 1985

Georges Duby/Michelle Perrot, Geschichte der Frauen. Antike. Frankfurt/New York 1993

Georges Duby/Michelle Perrot, Geschichte der Frauen. Mittelalter. Frankfurt/New York 1993

Sibylle Duda/Luise F. Pusch, WahnsinnsFrauen. Frankfurt/Main 1992

Hans Peter Duerr, Obszönität und Gewalt. Frankfurt/Main 1993

Andreas van Dülmen (Hrsg.), Frauen. Ein historisches Lesebuch. München 1991

Siegfried Rudolf Dunde, Geschlechterneid – Geschlechterfreundschaft. Frankfurt/Main 1987

Ruth Eder, Die geschlagenen Frauen. München 1988

EMMA, Jahresband '91, Köln 1991

Constance Engelfried, Vergewaltigung, was tun mit den Männern? Braunschweig 1990

Oriana Fallaci, Das unnütze Geschlecht. München 1969

Susan Faludi, Die Männer schlagen zurück. Reinbek 1993

Anne Fausto-Sterling, Gefangene des Geschlechts. München/Zürich 1985

Frauen gegen Gewalt e.V., verGEWALTigungen gegen Frauen. Mülheim 1988

Marylin French, Der Krieg gegen die Frauen. München 1993

Harry Friebel, Die Gewalt, die Männer macht. Reinbeck 1991
Ingrid Füller, Eine Affäre in Ehren oder Warum Frauen Verhältnisse haben. Reinbek 1992
Karin Gaube/Alexander von Pechmann, Magie, Matriarchat und Marienkult. Reinbek 1986
David D. Gilmore, Mythos Mann. München 1993
Herb Goldberg, Der verunsicherte Mann. Reinbek 1979
Heide Göttner-Abendroth, Die Göttin und ihr Heros. München 1993
Marianne Grabrucker, Typisch Mädchen. Frankfurt/Main 1993
Sarah Haffner (Hrsg.), Gewalt in der Ehe und was Frauen dagegen tun. Berlin 1976
Carol Hagemann-White, Strategien gegen Gewalt im Geschlechterverhältnis. Pfaffenweiler 1992
Michael Hallstatt, Männerwitze. München 1991
Gunnar Heinsohn, Privateigentum Patriarchat Geldwirtschaft. Frankfurt/Main 1984
Jutta Held (Hrsg.), Frauen im Frankreich des 18. Jahrhunderts: Amazonen, Mütter, Revolutionärinnen. Hamburg 1989
Heide Hering, Weibs-Bilder. Reinbek 1987
Florence Hervè (Hrsg.), Frauenbewegung und revolutionäre Arbeiterbewegung. Frankfurt/Main 1981
Dalma Heyn, Die heimliche Lust. München 1993
Michael Sebastian Honig, Verhäuslichte Gewalt. Frankfurt/Main 1992
Irmgard Hülsemann, Ihm zuliebe? Abschied vom weiblichen Gehorsam. Frankfurt/Main 1991
Amelie Iftner u.a., Selbstverteidigung für Frauen, richtig und effektiv. Prävention, Technik, Psyche, mit Nothilfetechnik. Frankfurt/Main – Berlin 1993
Luce Irigaray, Speculum. Spiegel des anderen Geschlechts. Frankfurt/Main 1980
Jahrbuchgruppe des Münchner Frauenzentrums, Frauenjahrbuch ’76. München 1976
Jenny James, Männer im Bett. Berlin 1987
Doris Janshen, Sexuelle Gewalt. Frankfurt/Main 1991

Marielouise Janssen-Jurreit (Hrsg.), Frauenprogramm gegen Diskriminierung. Reinbek 1979
Ann Jones/Susan Schechter, Das ist die wahre Liebe nicht. Reinbek 1993
Cordula Kahlau (Hrsg.), Aufbruch! Frauenbewegung in der DDR. München 1990
Louise J. Kaplan, Weibliche Perversionen. München 1991
Sam Keen, Feuer im Bauch. Hamburg 1992
Claudia Koonz, Mütter im Vaterland. Reinbek 1994
Julia Kristeva, Die Chinesin. Frankfurt/Main 1982
Julia Kristeva, Histoires d'amour. Paris 1983
Ekkehard Lammer, Frauenhandel. Göttingen 1991
Peter Lauster, Die sieben Irrtümer der Männer. Reinbek 1990
Sophie von Lenthe, Die Zukunft den Frauen. München 1993
Ludwig-Uhland-Institut Tübingen, Frauenhandel in Deutschland. Bonn 1989
Brenda Maddox, Die teuflische Doktrin/Der Papst und die Empfängnisverhütung. München 1991
Gabriele Meierding, Psychokiller. Reinbek 1993
Carola Meier-Seethaler, Ursprünge und Befreiungen. Die sexistischen Wurzeln der Kultur. Frankfurt/Main 1992
Jutta Menschik, Feminismus. Geschichte Theorie Praxis. Bonn 1977
Anja Meulenbelt, Über die Unmöglichkeit der Liebe zwischen Mann und Frau. Reinbek 1994
Claudia Meyenburg/Marie-Theres Mächler (Hrsg.) Männerhaß. München 1989
Margarete Mitscherlich, Die friedfertige Frau. Frankfurt/ Main 1987
Anne Moir/David Jessel, Brainsex. Düsseldorf 1992
Gitta Mühlen-Achs (Hrsg.), Bildersturm. Frauen in den Medien. München 1990
Heike Mundzeck, „Als Frau ist es wohl leichter, Mensch zu werden". Reinbek 1984
Bernd Nitzschke, Sexualität und Männlichkeit. Reinbek 1993
Karen Nölle-Fischer (Hrsg.), Zukunft, gibt's die? München 1989

Robin Norwood, Wenn Frauen zu sehr lieben. Reinbek 1986
Simone Odierna (Hrsg.), Liebesgeschichten aus dem Alltag. Reinbek 1989
Simone Odierna, Was Männer von Frauen wollen. Reinbek 1990
Julia Onken, Vatermänner. München 1993
Jean Piaget, Das moralische Urteil beim Kind. Frankfurt/Main 1973
Maria Piontek, Mißbraucht – meine verratene Kindheit. Frankfurt/Main 1990
Projekt Sozialistischer Feminismus, Geschlechterverhältnisse und Frauenpolitik. Hamburg 1984
Prostituierten-Projekt Hydra, Freier. Das heimliche Treiben der Männer. Hamburg 1991
Luise F. Pusch, Alle Menschen werden Schwestern. Frankfurt/Main 1990
Sabine Reichel, Frustriert, halbiert und atemlos. München 1993
Josephine Rijnaarts, Lots Töchter. München 1991
Dieter Schack/Rainer Neutzling, Die Prinzenrolle. Reinbek 1993
Anne Wilson Schaef, Die Flucht vor der Nähe. München 1992
Herrad Schenk, Die feministische Herausforderung. München 1990
Hilke Schlaeger (Hrsg.), Die Herren der Dinge. München 1987
Hilke Schlaeger (Hrsg.), Mein Kopf gehört mir. München 1988
Christiane Schmerl, Das Frauen- und Mädchenbild in den Medien. Opladen 1984
Maruta Schmidt/Gabi Dietz, Frauen unterm Hakenkreuz. Berlin 1983
Joni Seager/Ann Olson, Der Frauenatlas. Frankfurt/Main 1986
Barbara Sichtermann, FrauenArbeit. Berlin 1987
Joan Smith, Misogynies. München 1992
Kristine von Soden (Hrsg.), Der große Unterschied. Die neue Frauenbewegung und die siebziger Jahre. Berlin 1988
Inge Stephan/Sigrid Weigel (Hrsg.), Die Marseillaise der Weiber. Hamburg 1989
Ann Thönnissen/Klaus Meyer-Andersen, Kinderschänder. München 1990

Christiane Tramitz, Irren ist männlich. Weibliche Körpersprache und ihre Wirkung auf Männer. München 1993
Senta Trömel-Plötz, Gewalt durch Sprache. Die Vergewaltigung von Frauen in Gesprächen. Frankfurt/Main 1984
Jill Tweedie, Die sogenannte Liebe. Reinbek 1982
Unabhängiger Frauenverband der DDR, Ohne Frauen ist kein Staat zu machen. Hamburg 1990
Christel Vandré, Spiel mir das Lied vom Mann. Düsseldorf 1992
Jean-Didier Vincent, Biologie des Begehrens. Reinbek 1992
Gerhard Vinnai, Das Elend der Männlichkeit. Reinbek 1977
Jürgen Volbeding (Hrsg.), Die Kraft ist schwach, allein die Lust ist groß. Reinbek 1991
Friedrich B. Walz, Der Frauenkrieg oder Die Verdrängung der Männer. München 1993
Paul Watzlawick, Wie wirklich ist die Wirklichkeit. München 1978
Ingeborg Weber-Kellermann, Frauenleben im 19. Jahrhundert. München 1991
Uwe Wesel, Der Mythos vom Patriarchat. Frankfurt/Main 1980
Wilfried Wieck, Männer lassen lieben. Frankfurt/Main 1990
Lydia Willkop (Hrsg.), Die Hüter der Ordnung. München 1988
Erika Wisselinck, Frauen denken anders. Frankfurt/Main 1991
Heide Wohlers u.a., Die geheimen Verführerinnen. Berlin 1986
Naomi Wolf, Der Mythos Schönheit. Reinbek 1993
Naomi Wolf, Die Stärke der Frauen. Gegen den falsch verstandenen Feminismus. München 1993
Hedi Wyss, Das rosarote Mädchenbuch. Ermutigung zu einem neuen Bewußtsein. Frankfurt/Main 1990
Bettina Zeller/Jolanda Jung, Wenn Frauen hassen. Frankfurt/Main 1991

Zeitungen und Zeitschriften

Abendzeitung, München, 1987, 1991, 1992, 1993
Alternative, Wien, 1992
Arbeiterkampf, 1993
Augsburger Allgemeine, 1991
Aus Politik und Zeitgeschichte, Mai 1992
Bayernkurier, München, 1991, 1992
Bild, 1991
Blickpunkt, 1992
Blitz Illu, 1993
Brigitte, 1988, 1993
Bunte, 1992
Coupé, 1993
Das Neue Blatt, 1993
Das Parlament, 1992
Donau-Kurier, 1990
Die Quelle, 2/92
Die Welt, 1992
Die Zeit, 1991
Eltern, 1992
EMMA, 1993
Esquire, 1993
Focus, 1993
Frankfurter Allgemeine Zeitung, 1992
Frankfurter Rundschau, 1990, 1991, 1992, 1993
Freitag, 1991, 1992
Freundin, 1991, 1993, 1994
gp magazin, 11/1993
Holzarbeiter-Zeitung, 1992
Kieler Nachrichten, 1991
Main-Post, 1991
Mannheimer Morgen, 1991
Münchner Merkur, 1991
Neue Praxis, 1990
Neue Revue, 1991
Publizistik & Kunst, 1993
„recht", 1991, 1992
Solidarität, 1993
Der Spiegel, 1991
Stern, 1988, 1991, 1992, 1993
Süddeutsche Zeitung, 1992, 1993
taz, 1991, 1992, 1993
Tempo, 1992
tz, München, 1992
Welt am Sonntag, 1994
Woche im Bundestag, 1990, 1992
Wochenpost, 1993
Zeitzeichen, 5/1992